JN410096

워싱턴 햄버거

미국생활 체험기

김 낙 영 지음

서문

학교에서 우유가루나 옥수수가루를 타 가지고 와 온가족이 죽을 끓여먹을 때 맡았던 노오란 옥수수 죽 냄새는 우리의 뇌수와 세포 속에 아직도 살아 있다.

노오란 머리와 파아란 눈, 이 사람들이 하는 말을 잘 알아듣는 것은 축복을 더 많이 받을 수 있는 암호를 해독하는 것이나 다름없었다.

영어! 죽어도 영어, 살아도 영어…

요즘은 영어를 잘하기 위해 혀까지 늘여 빼는 수술을 한다는 신문기사가 나오고 있다.

꼭 미국에 잘 보이기 위해서 영어를 하는 시대는 지나갔고 국제인어로서 세계 어디를 가너라도 영어를 해야 하는 시대가 되었다.

나 역시 월남전에 참전하지 않았다면 우리나라 사람이 미국에 대해 갖는 평균적 우호감을 가지고 살면서 영어도 웬만큼 하면서 살았을 것이다.

그러나 전쟁터에서 전쟁의 야만성이나 폭력성을 확인하고 문명의 회의감을 가질 때 그 중심에 미국이 있었다는 것, 강대국이 그 힘을 이렇게 밖에 운영을 못하는가 하는 의문이 미국에 대한 우호감을 잃게 하는 원인이 되었다.

전쟁판에서 얻은 무소유에 대한 화두.

생존을 위한 만큼만 갖고 살겠다는 생각…

무소유는 불편이고 사회 속에서 무시를 당하는 삶이다.

더구나 종교에 귀의하지 않은 일반인으로서는 그 불편이 더 클 수밖에 없다.

미국에 갈 수 있는 기회도 포기하게 했고 문명에 대한 회의감 때문에 편리한 기계들도 한동안은 멀리하고 살았다.

머리 속 깊은 곳, 전쟁의 영상들이 지워지지 않고 나의 삶을 지배했고 좋은 잠자리 호화로운 것들을 보면 그 위에 처참한 죽음들이 떠올라 겹쳐오곤 했다.

인간들의 본질적 불안. 언젠가는 죽어야하는 존재.

그 불안한 존재들이 서로를 죽이지 못해 안달을 하는 전쟁… 한편으로는 평화를 강조하면서 뒤로는 전쟁을 조작해내는 이중성…

문명이 없는 나라, 몽골.

우연한 기회에 몽골을 가게 됐고 허허벌판에 매료되어 떠돌이처럼 헤매고 다녔다. 그 허허벌판을 헤매다가 갑자기 미국에 가보고 싶다는 생각이 들었다.

오랜 꿈에서 깨어나듯.

자본주의의 첨단, 문명의 첨단, 미국을 확인하고 싶었다.

과거의 시선이 아니라 현재의 눈, 그리고 웬만큼은 인생을 경험한 눈으로 미국을 보려고 노력했다. 그들의 삶과 사회를…

그들의 검소함과 효율적 사회 운영, 공무원들의 성실과 친절, 그리고 복지. 그 복지가 곧 자본주의 첨단을 지탱케 하는 버팀목이라는 것이 큰 발견이었다.

그것은 곧 애국심의 원동력이 되고…

지도자들의 도덕적 요구의 충실과 솔선수범, 그런 점을 비교할 때 우리는 미국의 껍데기를 흉내내는 데 시간을 낭비한 셈이다.

열심히 일하면 뭔가가 축적되고 희망이 있는 사회. 그것이 곧 사회의 원동력이 되어 열심히 일하게 하는 것이다.

우리사회에서는 열심히 일하는 사람보다는 이사를 자주 잘 다니며 집을 샀다 팔았다 하든가 땅을 샀다 팔았다 하면서 사회의 과실을 따 먹는 사람들이 똑똑한 사람이요 사회에서 대접도 받고 있다.

결국은 부동산을 통해 열심히 일하는 사람들의 피와 땀을 착취하는 구조이니 노동의 의욕도 떨어지고 물가 상승요인이 되어 일하는 사람들만 고통스럽고 국제경쟁력도 떨어질 수밖에 없다.

솟아오르는 땅 값은 집 값, 전세를 올리게 되고 노동자들은 그 돈을 올려주기 위해 임금투쟁을 해야 한다.

결국은 성실하게 일하는 사람들은 고통스럽게 살아야하고 약삭빠르게 사는 사람들이 행세하는 사회가 되었다.

생산 현장에서 일 하는 사람들은 푸대접을 받는 세상.

생산 현장에 일 할 사람이 없는 사회…

우리도 한때는 땀의 신성함을 이야기하기도 했지만 언세부턴가 땀 흘리는 것을 부끄러워하게 됐다.

놀면서 돈 버는 사람들은 해외 도박여행이다, 골프 여행이다 해가며 얼마나 흥청망청 대는가. 한국병을 치료하겠다고 나섰던 사람들이 나라를 아주 절단을 내버리고 더 큰소리 치는 세상이 됐다.

미국에서 지내는 동안 일하는 현장에서 느낄 수 있었던 것은 땀에 대한 신성함과 성실에 대한 존중이었다.

어느 작업현장에서나 주인들이 팔을 걷어 부치고 종업원들보다 일을 더 많이 하고 있었다.

일하는 것을 자랑스럽게 생각하는 분위기.

성실에 대한 예우. 재주 부리며 놀고 먹을 수 없는 사회.

이것이 힘의 원천이 되어주고 각기 다른 인종을 하나로 묶어내는 요체가 되고 있는 것이 아니겠는가.

미국이 꼭 땅이 크고 자원이 많아서 패권 국가가 되는 것일까?

패권국가가 되는 이유 중에 하나는 그들이 쓸 거 다 쓰고 할거 다 하고 남는 것으로 세계 빈민 문제나 국제 문제에 신경 쓰는 것이 아니란 점일 것이다.

그들의 할램가나 노후된 공공시설, 노숙자 문제 등 그들도 자신들의 국가를 위해 해야 할 일들이 산적해 있지만 우선순위를 국제문제에 먼저 둔다는 것이 눈에 띄는 대목이다.

로마시대에 행해졌던 식민도시 건설을 한다는 차원에서 하는 것인지 모르지만…

짧은 기간을 체류하면서 미국을 보면 얼마나 보았겠는가. 2001년 6월부터 2004년 7월까지 미국을 3번 방문했고 실제로 미국에 체류한 기간은 2년여 기간이지만 미국의 밑바닥 생활을 경험하며 많은 것을 보려 노력했다.

미흡하나마 내가 본 만큼의 미국을 알리는 것도 미국을 이해하는데 도움이 되었으면 하는 생각에 이 글을 썼다.

월드컵 대회가 있을 당시 귀국해 광화문에 나갔다가 인상 깊은 장면을 목격했다.

젊은이들이 붉은 악마가 되어 대한민국을 외치는 장면.

그 누가 이렇게 혼신을 다해 대한민국을 외쳤던가…

대한민국! 대한민국! 대한민국의 긴 어둠의 턴넬 끝에 작은 불빛이 보이기 시작한 것 같았다.

광화문에서의 작은 불빛.

민족의 미래가 조금씩 보인다는 신호가 아닐까

대한민국에서 이렇게 많은 사람이 모이는 것은 선거 철에 정당에서 몇 푼 주면 그 돈을 받고 모이는 사람들이 대부분이었는데… 그리고 돈 받았다고 그 사람한테 표 찍어주고…

미 장갑차에 치인 여중생 사건이 사회 이슈로 떠올라 한미협정, 불평등한 소파협정을 뜯어 고쳐야 한다고 들고일어났다.

이제까지 종속적이고 쩔쩔매던 외교에서 탈피해 민족의 자존심을 찾아야 한다고 많은 사람들이 촛불을 들고 모여들었다.

단순한 촛불 시위가 아니라 민족정기의 불을 밝히는 일이요. 민족자각의 불길이 타오르기 시작했다고 해야 할 것이다.

미국의 외교력. 꼭 성공적이라고 할 수도 없다.

힘은 강대하지만 거기에 걸 맞는 역사적 외교 경험이 짧은 나라라는 한계를 가진 국가다. 모든 것을 미국에 의존만 하고 있을 수 없다. 우리가 비록 힘은 없지만 온갖 풍상을 다 겪은 역사를 가진 민족이다.

우리의 시각과 의견, 그것이 미국의 외교나 우리의 이익에 도움이 될 수 있을 것이다.

구겨지는 자존심과 육체적 고통을 감수하며 살아본 미국생활.

그 세월을 이 책에 꾸밈없이 담았다

어려운 가운데에서도 좋은 분들을 많이 만나 크고 작은 사진 전시회를 6회나 할 수 있었던 것은 개인적으로도 보람 있는 일이었다.

미국에 머무는 동안 많은 도움을 주신 허권 목사님께 감사의 말씀을 드리고 차량을 제공해준 김한수 원장, 여러 가지로 배려를 많이 해준 구용회 사장, 어려운 속에서도 동포애를 발휘해주신 안병선 선생, 권오균 선생, 중고차를 잘 끌고 다닐 수 있도록 손봐주신 이재동 사장님, 조병선 물리치료병원 원장님께도 감사의 말씀을 드린다.

매릴랜드 대학 김영희 교수님과 럼시 교수님의 한국 문학에 대한 사랑으로 학생들에게 특강을 할 수 있도록 해 주신 점에도 감사의 말씀을 드리고 워싱톤 디시 시장 부속실 구수현님의 배려로 사진 전시회를 가질 수 있었던 점에도 감사의 마음을 표한다.

푸로리다 한겨레 저널 이승봉 사장님께서 문학의 밤을 가질 수 있도록 해주신 점과 동포 여러분들의 뜨거운 성원도 잊지 못할 일이다.

스모키 마운틴에 갈 수 있도록 차를 내준 김연순님과 친우 정길웅, 워싱톤 문학원 이규태 원장, 원생 여러분에게도 감사의 마음을 전한다.

무엇보다도 이선명 선생님의 도움이 없었다면 미국에서의 생활이 삭막하기 그지없었을 것이다. 다시 한 번 지면을 통해 감사의 말씀을 드리는 바이다.

뉴욕에서 비행기 시간을 맞춰 공항에 가느라고 너무나 애를 많이 쓴 재송 아우에게도 고마운 마음이다.

내가 미국으로 갈 수 있도록 경비를 조달해준 친지들과, 지구촌 나눔 운동 김혜경 국장님, 친우 강성옥님께도 감사의 마음을 전한다.

특히 2010년 6월 다시 재판을 발행함에 있어 물심양면으로 지원해 주신 신성D&건설 강태숙 대표이사님과 김학재 이사님 박명훈 전 안산 시의원님께 심심한 사의를 표하는 바이다.

김 낙 영

차례

362

JF 케네디 공항

미국.

미국에 첫 발을 디딘 사람들은 약 3만5천년 전에 아시아로부터 건너간 사람들.

그들은 자연과 땅에 대한 외경심을 가지고 살았으므로 유럽인들이 아메리카를 발견 할 때까지 자연 자원이 보존되어 있을 수 있었고 콜럼버스가 아메리카를 발견하기 약 500년 전에 라이프 에릭슨이라는 유럽인이 아메리카를 발견했지만 그 때의 항해술로는 추적 확인 할 수가 없었다는 것이 역사학자들의 정설이라고 한다.

독일 지리학자 마틴 발디세뮬러가 이탈리아 항해사 아메리고 베스푸치(Amerigo Vespucci)의 이름을 따 아메리카라 부르자고 제안해 아메리카라는 이름을 갖게 된 땅.

아메리카의 첫 발견시부터 지금까지 수많은 우여곡절의 역사가 녹아 있는 아메리카.

그 시공을 뛰어넘어 비행기는 한국으로부터 13시간을 날라 아메리카 뉴욕의 상공으로 진입했다.

드디어 착륙의 순간.

땅에 닿은 비행기 바퀴가 드르륵 소리를 내면서 달리다 서서히 미끄러져 간다.

미국에 왔으면 기다리는 것부터 배워야 한다는 듯 사람들이 장사진을 치고 태연히 줄을 서 있다.

입국 심사용지에 어디로 갈 것인지 행선지 주소가 빠져있다고 해 당황하다가 여행사에서 알려준 유스호스텔 주소가 생각나 꺼내어 내밀자 이민국 관리직원이 자기 일이나 되듯 기뻐한다.

갑자기 소란한 소리가 나 돌아보니 한국 아이들이었다.

한국 사람들은 어디를 가나 소란스럽다는 말을 많이 들었는데 어려서부터 몸에 배어 있는 것일까… 아직 어린 아이들이 소란스럽게 떠들어댄다. 이제 초등학생 아이들을 미국에 보낼 정도라면 경제 사정은 괜찮은 집 아이들일 테지만 공중 도덕은 아예 빵점이다.

좋게 본다면 기가 팔팔하게 살아 있어서 좋다고 할 수 있을 지 모르지만…

일본에서 보았던 아이들 모습이 절로 떠오른다. 버스에서나 전철, 기차 안에서 조용하든 아이들 모습이… 바보들이 아닌가 할 정도로 조용하다가도 길을 물으면 퉁겨져 오르는 용수철처럼 벌떡 일어나 적극적으로 가르쳐주던 모습…

미국이라는 대국에 걸맞지 않게 소박한 공항을 빠져 나오자 순식간에 긴장이 몰려들었다.

눈에 설지 않은 얼굴들, 금방 말을 하면 통할 것 같은 친밀감이 들지만 어디가 어딘지 모르는 방향감각에다 말을 붙여보려면 얼떨떨해지기만 한다.

내가 한국 사람이라는 것을 알아보고 한국인이 와서 말을 걸었다.

택시 운전사라고 하면서 어디로 갈 거냐고 물어 암스텔담 에브뉴에 있는 유스 호스텔을 간다고 했더니 한국사람이 하는 민박집으로 가는 것이 어떤가 묻는다.

"하루에 얼마입니까?"

"아침 점심을 먹여주고 50불이에요"

한국 여행사에서 얻은 정보와 비교해보니 유스 호스텔보다 가격이 비쌌다. 물론 말이 통하고 편리한 점은 있겠지만 가난한 여행객은 경비 절감이 우선이다.

유스호스텔을 가자면 어떻게 가야하는가 물었더니 대중교통은 없다고 한다. 난감한 순간이었다. 미국은 공항에 대중교통이 없는 나라인가? 의문이 들었지만 현지인이 그렇다는 데야 어쩔 것인가…

"유스호스텔까지 택시 요금은 얼마나 나옵니까?"

"50불만 주세요 "

베낭 여행자가 택시를 탄다는 것이 격에 안 맞지…

믿을 수 없다는 생각 때문에 얼른 결정을 못 내리고 있는 사이 택시 운전사는 묻지도 않은 말을 한다.

"거길 가자면 언덕이 가팔라서 올라가기가 힘들어요"

내가 가진 짐 보따리를 보고 아예 딴 생각을 못하게 하려는 심산이다. 등에 진 베낭에다 사진 전시회를 할 사진 보따리, 책 보따리가 만만치 않은 짐이다. 나는 이 짐들을 지고 메고 해서라도 대중교통만 있으면 대중교통을 이용할 생각이있다.

그때 또 다른 한국인이 접근해 왔다.

"공항에서 시내로 들어가는 대중교통이 없나요?"

"네! 대중 교통은 없어요"

아무래도 믿어지지 않는다. 공항에 대중 교통이 안되어 있는 나라가 세상 천지에 어디 있을 것인가. 이 사람은 누군가 마중을 나왔다고 한다.

나를 테레비에서 봤다고 하면서 유명한 사람이 아니냐고 묻는다. 내가 유명한 사람은 아니지만 오래 전에 테레비에 나간 것은 사실이지 않는가. 그래도 그렇지 그때가 언젠가.

한때 녹색당을 우리나라에서 처음 만든다고 할 때 MBC 9시 뉴스 보도를 탄 적이 있으니 말이다. 그때 그 녹색당은 말도 많고 탈도 많은 사연을 남기고 실패로 끝났지만 각 정당들은 그 영향을 받아 대표

연설 때 환경을 언급하게 되었고 사회 저변에 환경에 대한 인식을 넓게 확산시키는 효과를 가져왔다.

그 당시 아침이면 정보부에서 그 날 스케쥴이 무엇인가 묻는 전화벨이 울렸고 대답을 적당히 얼버무렸던 기억도 남아 있다.

아침마다 잠이 깰 때쯤 전화벨이 울리고 긴장하던 시절이었다.

미국에서 나를 테레비에서 봤다고 하면서 유명한 사람 취급을 하니 사람은 아무렇게나 막 살아서는 안될 일이다.

마침 최근에 출판된 몽골 기행문을 가지고 온 것이 있어 한 권 선물했다.

이 사람은 그러면 그렇지 자기가 사람을 잘 봤다고 하며 조금만 기다리라고 한다.

밖에 나가 시내에 들어가는 대중 교통이 있는지 알아보겠다고 나갔다 와서 시내까지 들어가는 버스가 있는데 요금은 13불이란다.

조금 전 까지만 해도 없다고 하던 대중교통이 새로 생긴 셈이다.

어디 전화 할 곳이 있으면 쓰라고 가지고 있는 핸드폰까지 내놓는다.

갑자기 친절해진 한국인과 이별을 하고 낯선 거리로 발길을 내딛었다.

아무도 반겨주지 않는 땅.

아는 사람 하나 없는 이국의 거리에 홀로 서는 첫 순간이 어쩌면 이 세상에 다시 한 번 태어나는 순간인지도 모른다. 그리고 짜릿한 긴장이 살아 있음을 새롭게 일깨운다.

지루하고 권태로웠던 일상이 말끔히 씻겨지는 순간이다.

여행의 진수, 여행의 참 맛이 바로 이 순간에 있다고 해도 과언이 아닐 것이다.

다시 태어나는 긴장. 생존하기 위해서 새롭고 낯선 모든 정보를 본능적으로 해독하면서 얻는 쾌감.

본능의 영역이 생존을 위해 작동하는 데서 얻어지는 상쾌함.

내면에 숨어 있던 본능이 작동하면서 몸 안에 생명력이 외부로 분출되는 것을 느낀다는 게 기분 좋은 일이다.

버스에 앉아 있는 얼굴들이 낯설지 않은 것은 왜 일까… 아마도 어려서부터 가졌던 우호감과 수없이 보아온 미국 영화들이 원인이 아닐까.

시내로 들어가는 거리 풍경은 영화에서 보던 것만큼 화려하거나 깔끔하지도 않다. 쓰레기들이 거리에 휘날리고 한낮의 더위가 사람을 늘어지게 한다.

포르투갈과 스페인의 경쟁적인 식민지 건설 다툼 와중에 영국이 끼어들어 1585년에 노스 캐롤라이나에 첫 투자단을 보냈지만 적대적인 인디언들과 자연 재해로 인해 1587년까지 그곳에 남아 있었던 사람은 한사람도 없었다는 아메리카.

현재는 공포와 삭막함이 사라지고 최첨단의 문명으로 무장했지만 이방인에겐 본능적인 긴장감이 온몸으로 흐른다.

지하철

그랜드 샌트랄 역. 버스에서 내려 전철로 바꿔 탔다.

미국에 대한 첫 인상은 꾸미지 않고 있는 그대로 사는 사람들이구나였는데 지하철에 들어 와보니 충격이다.

전철 안

도깨비 소굴도 이보단 나으리라… 다 낡고 녹슬어 금방 무너져 내릴 것 같은 상태다. 이런 전철역을 불안해서 어떻게 쓰고 있을까… 모스코바에서 보았던 전철역이나 우리나라 전철역은 너무도 화려한 전철역이다.

우리 같으면 벌써 때려부수고 새로 만들었을 것이다. 멀쩡한 집을 때려부수고 새로 짓고 아직 얼마든지 쓸 수 있는 물건들도 내다 버리지 않는가.

미국이 꼭 잘 먹고 잘 살아서 못사는 나라를 도와주는 것이 아니란 것을 생각케 한다.

우리 같으면 어떤 이유를 만들어서라도 벌써 새로 만들었을 환경이다.

서울 길거리의 보도 부록만 해도 멀쩡한 것을 주기적으로 새로 갈지 않는가. 그런 것을 보면서 이번 공사에는 담당 공무원이 돈을 얼마나 받아먹고 멀쩡한 것을 갈았을까… 명상에 잠기기도 하고…

북쪽에 대한 지원도 막 퍼준다고 얼마나 비판이 많은가.

뉴욕의 전철을 보고 나면 그 비판 세력들은 아마도 북한으로 식량을 보내주는 미국 사람들을 미친 사람들이라고 할 것이다. 북한에 보낼 그 재물이 있으면 지하철이나 고치고 할램가에나 신경 쓰라고…

뉴욕이라면 국제적 도시가 아닌가.

세계 최강국이라는 체면을 생각해서라도 치장하고 꾸밀 일이지… 아무튼 이런 현장을 본다는 것이 충격이다.

깔끔하게 잘 차려입은 사람을 본다는 것도 흔하지가 않다.

남미계나 흑인들의 얼굴이 뒤섞여있고 가지각색의 옷차림이 정신을 혼란스럽게 한다.

흑인 어린이 두 명은 머리를 너무도 예쁘고 화려하게 꾸몄다.

뉴욕 전철역 풍경

한국에서 흑인들의 원색적인 옷차림을 보고 천박하다고만 생각했던 것을 수정해야 할 것 같다. 단순하기 그지없는 머리를 이렇게 개성 있게 땋아 묶고 장식물을 화려하게 장식한 것이 예술적이기까지 하다.

예술적 감각과 미적 추구에 감탄 할 일이다.

아름다움을 만들어 내려는 그 여유로움과 개성이 대단하다.

흑과 백, 서로 상치되는 색깔로 점철되어지는 역사.

흑과 백으로 인해 요동치고 남북이 갈라져 전쟁을 치뤄야 했던 아메리카.

미국의 역사에 흑색이 없었다면 어떻게 되었을까… 흑색을 배색으로 해 백색의 조형이 형성되는 땅. 동양에 음양이 있다면 미국엔 흑백이 있다고 할 수 있는 일이 아닐까…

강인함과 끈기가 발산되는 검은 구리 빛.

어떤 환경에서도 살아 남을 수 있다고 말하듯이 윤기가 흐른다.

흑인들 즉 아프리카인들은 열등하다는 생각을 가졌던 유럽인들.

흑인들이 스페인 사람들에 의해 노예로 끌려오기 훨씬 전 미국에 온 아프카인들이 AD 800-1650년 사이라는 것과 가나, 마리, 송하이라는 대 왕국 사람들이라는 것을 알게 된 것은 한참 후에 일이다. 그리고 1100-1600년 경 그들의 대도시에는 학자, 무역상, 변호사등이 살았다는 것도…

유스호스텔

891 AMSTERDAM AVE WE S T 103rd ST NEW YORK N.Y 10025

위 주소는 미국을 가는 베낭 여행객이나 경제적으로 여행을 해야 할 사람들에게 도움이 되길 바란다.

유스 호스텔은 공항에서 만났던 택시기사 말처럼 언덕배기에 있지도 않았고 전철역에서 아주 가까운 곳에 있었다.

여행사에서 산 유스호스텔 멤버쉽 카드를 아무리 찾아도 나오지 않았다. 여행사 직원 말로는 멤버쉽 카드를 가지고 있으면 숙박 요금을 할인도 받을 수 있고 숙박도 우선적으로 할 수 있다고 해서 구입했는데 없으니 낭패였다. 그러나 카운터에서 숙박 요금이 얼마인가 물어보니 회원 카드가 없어도 세금을 포함해 30불이 다 안 되는 돈이었다.

4층에 있는 방에는 국적 모를 젊은이들이 대 여섯 명이 있었고 각자의 짐들은 캐비넷에 넣고 잠글 수 있도록 되어 있지만 잠을쇠는 본인이 사야한다고 했다.

샤워장은 그리 깔끔한 편은 아니지만 그런대로 괜찮았다.

전화카드를 사서 여기저기 전화를 시도 해봤지만 통화가 안 된다. 전화카드를 어떻게 쓰는지 아느냐고 미국인들에게 물어봐도 시원스럽게 가르쳐주는 사람이 없다.

한국의 전화카드는 카드를 전화기에 넣고 상대방 전화 번호를 누르면 통화가 되지만 미국 카드는 자신의 카드에 적혀있는 숫자를 누르고 나서 상대방 번호를 눌러야 하는데 설명대로 해도 되지 않았다.

수화기 너머에서 안내 말이 나오지만 도대체 알아들을 수가 없다.

답답하고 은근히 울화통도 치밀어 오른다.

이따위 간단한 말들도 제대로 못 알아듣는단 말인가! 그동안 영어에 익숙해질려고 애쓴 시간들이 아깝다. 해외 여행을 하면서 의사소통이 되었던 것은 가까이서 잘 들을 수 있도록 신경을 써 말을 해주었기에 가능한 것이란 것을 깨닫는 순간이다.

그런데 왜 미국 사람도 전화를 연결 시켜주지 못하는 것일까?

일반 호텔만큼 편리하지는 않지만 세계 각 국에서 몰려드는 젊은이들로 유스호스텔은 북적였고 자유로운 복장들이 낭만과 젊음을 발산해 함께 젊어지는 기분이다.

남미계 두 젊은이는 유스호스텔 앞에 있는 의자에 앉아 기타를 키다가 거리로 돈을 벌러 간다며 같이 가자고 한다.

유스호스텔 맞은편에 있는 편의점에서 간단한 샌드위치도 팔고 있어 끼니는 걱정하지 않아도 되었다.

브로드웨이 32번가

브로드웨이 32번가 한빛은행 근처에 있는 한국어 간판들을 보면 한국인지 미국인지 분간하기 어렵다.

까까뽀까 머리방. 김병두 종합병원. 영생 한의원. MBC 노래방. 그래미 노래방. 고려서적 서울가든. 스타 미용실. 곰의 집. 홍길동 등 한국 간판이 즐비하다.

어느 도시나 마찬가지로 바쁘게 움직이는 인파들의 출렁임이 있고 각양각색의 얼굴들이 지나간다.

생존 경쟁의 패배자가 된 거지는 아직도 이 도시에 미련을 버리지 못해 어슬렁거리고 누구에게 인지도 모를 불평을 늘어놓는다.

아무도 귀담아 들어주는 사람이 없는데도 계속 사람들을 향해 소리 지른다.

서울에서 알고 지내던 최정자 시인을 만났다.

지금은 고인이 되신 박재삼 시인과 함께 자리를 같이했던 기억도 있고 간혹 인사동에서 얼굴을 마주쳤던 여류 시인이다.

여성으로서는 드물게 시의 세계가 가슴으로 깊이 울림 해 오는 것이 있었다는 기억이 떠오른다.

가끔 한국에 나와 시집도 발간하곤 하는데 그 시들은 대부분 외로움과 그리움이 담긴 시들이었다.

오래 전에 발간되어 책방에선 구할 수 없는 내 시집들을 복사해 가지고 온 것들과 몽골 기행문을 한 권씩 내 놓고 식사 대접에 대한 고마움을 대신했다.

서울가든이란 한국인 식당에서 나와 워싱톤으로 가는 기차를 타기로 했다.

전화카드를 가지고 씨름을 하다가 이종사촌 형님과 전화가 연결되었는데 그 목소리가 너무도 반가웠고 나를 끌어당기는 지남철 역할을 했다.

뉴욕에서 워싱톤을 가자면 펜 스테이숀으로 가야한다.

펜 스테이숀은 국제적인 역으로 중국의 북경역보다 화려하고 복잡했다.

어디서 줄을 서야 표를 살 수 있는지… 어떤 표를 사야 싼지 정보를 얻고 그 표를 사는 곳에서 앞에 사람이 오랫동안 꾸물거려도 불평없이 서서 기다린다.

불필요하게 시간을 많이 끈다 싶어 나아가 매표원에게 말을 걸어

봐야 핀잔만 받을 뿐이다.

한국 같으면 대화 중에 누군가 끼어들면 그 사람에게 먼저 신경을 써주지만 미국인들은 그런 사람들에게 인지 손가락을 들어 기다리란 싸인을 하고 먼저 사람의 일을 끝까지 마친다.

새치기, 끼어들기 그런 것들이 전혀 통하지 않는 사회라는 것을 알 수 있다.

나 역시 처음 찾아오는 미국에다 말까지 서툴러 시간을 끌며 물어보고 확인을 해도 매표원은 짜증내지 않고 최선을 다해 답을 해주고 뒤에서 기다리는 사람들 역시 불평이 없다.

미국인들을 반복해 대하면서 느끼는 것은 사람들 말소리가 가슴 속 깊은 곳에서 나는 소리라는 것과 그로 인해 어떤 신뢰감이 전달되어오기도 한다.

워싱턴을 향해서

워싱턴에 인접해 있는 매릴랜드주 뉴케롤톤 역까지 69불, 출발 시간은 오후 1시40분.

양손에 짐을 들고 등엔 베낭을 메고 마치 국제 집시 같다는 생각이 든다. 나는 막연히 미국을 와보고 싶었고 이왕 오는 김에 몽골 사진을 미국인들에게 보여주고 싶었던 것이다.

짐 보따리들을 들고 이동하는 것이 여간 힘든 일이 아니다. 그 와중에 미국에 가면 쓸모가 있을지 모른다며 K가 준 서화묶음은 어디서 빠져버렸는지 잃어버렸다.

기차가 서서히 움직이기 시작한다.

속도가 더해지면서 이종사촌 형님이 미국으로 이민오기 전 세월들

pennsylvania 역

이 떠오른다. 안암동 커다란 게와 집과 이제 가면 언제 또 이렇게 오붓하게 술을 마시겠냐면서 나누던 술잔들…

사실 나는 월남에서 마신 독주 때문에 속이 너무 안 좋아 술을 마시면 안 되는 상황이었지만 그때 이민을 떠나는 형과 술을 안 마신다는 것은 의리 없는 짓 같아 고통을 참으며 술을 마시곤 했다.

그리고 왠지 쓸쓸하게 느껴지던 형이었다.

옆자리 미국인이 어디서 왔는가 묻는다. 코리아라고 하자 자기 아들이 군인으로 한국에 있다가 왔다며 반가워한다.

사진 전시회를 하기 위해 왔노라고 사진을 보여주자 원더풀을 연발하며 사진 전시회를 할 수 있는 장소를 알아봐 주겠다고 한다.

뉴 케롤톤에 누가 마중 나오는가 묻고는 전화 할 일이 있으면 자신의 휴대폰을 쓰라고 전화를 내놓기도 했다.

도심을 벗어나자 자연 그대로 방치되어진 풍경들이 눈에 들어온다. 집들이나 거리들이 치장을 하지 않은 채 허술한 풍경들이다.

뉴 케롤톤 역

빨간 모자에 청바지를 입은 이종 사촌형님.

환갑이 넘은 나이이지만 아직도 젊은 사람들의 옷차림이어서 다분히 미국적이란 것을 풍겨준다.

미국으로 온지 20여 년이 넘은 세월이 흘렀고 그간에 한국을 몇 번인가 다녀갔지만 나는 한 두 번 봤을 뿐이다. 미국에서 이렇게 만나게 된다는 게 꿈같기도 하고 반가운 마음이 컸다.

그간에 어떤 고생을 했는지, 스스로 성공했다고 생각하는지 모를 일이다.

형의 경우는 가난하고 못살아서 온 것이 아니라 더 궁금하다,

그 당시 조금 과장되게 표현하면 대궐 같은 집에 살았고 직장은 미8군 피엑스 였던 데다 어려서부터 고생을 모르고 살았으니 미국에 어떻게 적응하며 살았을까 궁금하다.

말하자면 고생을 사서하러 온 사람이다.

그냥 그대로 한국에 있었다면 부동산 붐을 타고 집과 여기 저기 있던 땅 값이 올라 고생을 하지도 않고 많은 부를 축적할 수 있었을 것이다.

미국에 살고 있는 대부분의 교포들이 그 점 때문에 속이 상하고 한국인들에게 화풀이를 한다는 말도 들은 바 있다.

어쩌다 한국에 와 보면 길을 메우고 다니는 자동차에다 깔끔한 아파트에서 사는 것을 보고 나면 심술이 나서 못 견딘다는 것이다.

자신들은 몇 십 년을 고생해서 겨우 집사고 차 산 것이 전부이고 그것이 곧 대단한 성공으로 알고 살다가 한국에 와보면 헐값에 팔고 간 부동산들은 하늘만큼 오르고 자신들 보다 더 고급 차에 좋은 아파

트에 살고 있는 것을 보면 심사가 뒤틀린다는 것이다.

미국에서 부동산으로 갑자기 돈을 많이 번 다는 것은 꿈에도 생각할 수 없는 일이니 그들에겐 신기한 일이 아닐 수 없을 것이다.

1700년대만 해도 50에이커의 땅을 개인들에게 나누어주고 형편대로 갚도록 한 것이나 목수가 하루에 3실링을 벌 때 1에이커의 땅을 1-3실링에 거래하던 시절은 정말 옛날 이야기가 된 것이다. 뿐만 아니라 1804년에는 160에이커의 땅을 80불에 팔았고 1820년에는 공공토지 거래가 1에이커당 1불25센트였는데 팔리지 않을 때는 1년에 25센트씩 값을 내렸다고 한다. 5년 후 1에이커당 25센트에도 팔리지 않은 땅은 그 지역에 살고 있는 정착인에게 무상으로 나누어주었다고 하니 꿈 같은 일이요 부동산 투기꾼들이 이 사실을 알면 잠이 안 올 일이다.

몽고메리 카우니

워싱톤 디시에서 승용차로 30분 정도의 거리에 있는 몽고메리 카우니.

미국은 도로 표지가 잘되어 있어 지도만 있으면 쉽게 찾아다닐 수 있다고 하더니 아무리 작은 길이라도 길 이름이 있고 길가 건물들엔 숫자가 붙어 있다.(미국에서 돌아와 보니 한국도 미국처럼 되어 있었다.)

길 한편의 건물엔 번호가 짝수이고 맞은 편은 홀수로 메겨져 있다.

형은 하던 일에서 은퇴하고 아들이 사준 벤스차를 타고 놀러 다니는 게 일이라고 한다.

참으로 긴 세월이다.

그 긴 형님 내외의 미국 생활이 강물이 되어 며칠 동안을 흘렀다.

형수는 자신의 고생이 얼마나 뼈에 사무쳤으면 책으로 남기고 싶다고까지 했고 한국에서 들었던 미국의 이민 생활의 밑바닥 이야기를 눈물을 흘려가며 했다.

청소를 하러 다니던 이야기, 아이들을 돌 볼 사람 없이 애들만 두면 정부 시설에 빼앗기기 때문에 조마조마했던 일, 없는 돈에 장사를 하려고 물건을 외상으로 갖다놓고 이튿날 아침에 나갔더니 밤사이 도둑이 다 털어 간 거며 장사를 하다가 권총강도가 들어 강도와 싸웠던 이야기를… 한국에서 같으면 꿈에도 생각해보지 못했을 일들이다.

스스로 원해서 미국에 왔으니 누구를 원망할 입장은 아니지만 그 세월이 사람을 얼마나 변화시키고 풍화작용을 일으키게 했을까.

확실히 이민을 떠날 때의 형수의 모습은 아니었다

강물에 오랫동안 구르고 깎이며 단련된 차돌 같다는 생각을 갖게 했다.

형은 은퇴를 하고 놀고 있다지만 형수는 미국 생활에서 얻어진 생활력 때문인지 아직도 직장을 다니고 있었다.

아이들은 다 나가 살고 형수가 직장에 나가고 나면 형은 텅 빈집을 지키며 술로 시간의 무료함과 이국 생활의 외로움을 달래는 게 일이었다.

새벽부터 술을 한 잔 하자고 권하는 형의 그 허무를 무엇으로 달래야 할까. 이민을 떠날 당시에도 소주를 까놓고 쓸쓸함과 허전함을 달래곤 했는데 미국 땅에서 또 우리는 그 쓸쓸한 술잔을 들고 있는 것이다. 그러나 상황이 예전 같지 않은 것이 유감이다.

아무리 퍼마셔도 이상이 없던 몸뚱아리가 1년여 전부터 정상이 아니다. 술이 몸에서 받지 않는 불상사가 생겨 술 마시는 게 전 같지가 않은 것이다.

형은 내 술 마시는 행동거지를 보고 못 마땅해 한다.

그리곤 그 술 속으로 혼자서 빨려들어 갔다.

이민! 도대체 이민이 무엇인가?

자기가 살아가던 곳에서 뽑혀져 나와 새로운 곳에 뿌리를 내려야 하는 삶. 식물들도 몸살을 앓는데 어찌 사람에게 그런 시련이 없을 것인가. 형은 아직도 돌아가고 싶다고 한다.

이제 살면 얼마나 살 것인가?

인생의 황혼기를 맞으며 고향을 그리는 것은 당연하리라…

가슴에 멈추지 않고 흐르는 강을 품고 살아가는 사람이다.

외로움, 그리고 그리움이 흐르는 강을… 가슴에 흐르는 그 강물에 한 잔의 술잔을 부으며 하루를 보내는 사람.

그러면 그 외로움을 달래주겠다는 듯 부엉이가 울었다.

한 낮의 고요를 뚫고 그 외로운 술잔, 그리움의 술잔으로 부엉이 울음소리가 녹아들었다.

연어의 귀소 본능. 자기가 태어난 곳으로 돌아가려는 본능이 왜 인간이라고 없을 것인가.

워싱턴 부엉이

부엉 부엉
한 낮에 우는 부엉이

숲에 숨어서
숲에 숨어서

부엉
부엉

하루종일
술만 마시는
리타이어 인생

서럽다
서럽다

부엉
부엉

빈 술잔
내려놓으면

돌아가자
돌아가자

부엉
부엉

워싱턴에 밤이 내린다.

도라지 꽃

동네를 돌아보며 느끼는 것은 조용함이다.

푸르게 펼쳐진 잔디밭에 저마다 개성을 가진 집들.

동네를 에워싸고 있는 숲들은 원시림을 방불케 한다.

사람들이 살지 않는 마을처럼 사람들 보기가 쉽지 않고 어쩌다 한 사람 마주치면 오래 전부터 알고 지내던 사람처럼 미소를 가득 머금고 "하이" 인사를 건넨다.

산책을 하다보면 몸빼 같은 옷을 입은 여인이 집 주변을 정리하는 모습을 볼 수 있고 그런 모습에서 여인들의 검소함을 엿볼 수 있었다.

집들은 서로 충분한 거리를 유지해 20-30M씩 떨어져 있고 푸른 잔디가 깔려있는 공간에는 다람쥐들이 평화롭게 뛰어 놀았다.

집 주변의 숲에는 야생 토끼나 여우, 사슴 등 온갖 동물들이 살고 있지만 누구도 그 동물들을 잡으려는 사람은 없다고 한다.

잔디는 한 달에 두 번 정도는 깎아 주어야 하는데 잔디 깎는 날은 온갖 새들이 날아와 벌레를 잡고 다람쥐들도 사람을 피하지 않고 놀아 그림에서 보던 천국 같다.

간혹 야생 토끼들이 나와 풀을 뜯고 황혼이 지면 사슴들도 나와 동네를 어슬렁거린다.

형님 집 뒤뜰에는 한국에서 갖다 심어놓은 것인지 도라지꽃들이 활짝 피어 있었다.

하얀색, 보라색 꽃들이 바람에 휘날리고 있다.

한국의 어느 산골짜기에 피어 있어야 할 도라지꽃을 미국에서 본다는 것이 너무도 엉뚱하지만 그 어느 것보다 한국을 느낄 수 있는 강렬한 것이다.

워싱턴 디시에서 30분 거리에 있는 주택가가 마치 도심에서 멀리 떨어진 전원주택단지 같은 분위기다.

이것도 대국이 가지는 생활환경의 여유로움이 아니겠는가.

다른 그 어떤 것보다도 이런 주거 환경은 부러운 것이다.

숲으로 둘러 쌓여있는 마을.

푸른 잔디와 나무, 호수 그리고 온갖 동물들이 어우러진 자연 환경이 자본주의의 첨단의 도시 같지 않다는 생각을 갖게 한다.

우주 박물관

러시아에서 보았던 우주공원을 연상시키는 우주박물관이다.

러시아의 우주공원은 야외에 우주선을 상징하는 비행체가 하늘높이 곡선을 그으며 솟아오른 탑 위에 얹혀있고 그 당시 공헌한 사람들을 동상으로 만들어 세워 그들을 중심으로 만들어진 공원이라면 미국의 우주박물관은 워싱톤 디시에 있고 국회 의사당에서 그리 멀지 않은 곳에 자리 잡고 있었다. 실내에 비행기의 기술발전사를 토대로 초기 비행기에서부터 우주선까지 일목요연하게 볼 수 있도록 해 놓은 차이점이 있다.

젯트 엔진의 구조라든가 우주선의 켑슐 내부를 훤히 볼 수 있도록 해 놓아 일반인들의 호기심을 풀도록 해주었고 이 분야에 관심 있는 사람들에겐 공부가 되도록 되어 있다.

규모와 전시물들의 양에 있어서 가히 대국답고 이런 정도의 정보를 공개해도 괜찮을 만큼 자신감도 있다는 것을 느낄 수 있다.

우주개발 경쟁에서 소련보다 뒤져서 1년 늦게 암스트롱을 태운 우주선을 띄웠지만 이제는 우주까지도 미국이 독차지하는 세상이 되지 않을까 생각된다.

러시아는 하늘에 띄어놓은 우주 정거장이 고장났어도 그것을 고칠 자금이 없어서 미국이나 다른 나라의 도움을 받아야 할 형편이었으니 말이다.

과연 미국의 힘은 어디서 나오는 것일까?

어떻게 그 힘을 만들어 나가는 것일까?

월남전에 참전했을 때가 생각난다.

한국에서 근무할 당시 일년 내 쏴보는 총알이 기껏 해봐야 영점(조준점) 잡을 때 쏴보는 10발 이내의 숫자였지만 월남에 떨어져 자대에 가자 M16에 익숙해져야 한다면서 총알을 마음대로 쏘아보라고 주어 걸어가면서 쏘아보고 엎드려서 쏘아보고 온갖 자세를 다해가며 실컷 쏘아보았던 일이…

뿐만 아니라 수류탄도 수없이 던져보았고 훈련용으로만 쓴 것이 아니라 수류탄 뇌관을 뽑아내고 그 안에 불을 붙여 라면이나 커피를 끓여 먹기도 했다.

그런 생활을 통해 미국이 얼마나 부자나라인가를 피부로 느꼈던 것이다.

미국이 어떻게 짧은 기간에 강대국이 되었나? 이런 생각 뒤에는 대한민국은 어떻게 하다 일본의 식민지를 당했고 어떻게 하다 분단이 되었을까? 이런 생각을 하지 않을 수 없다.

독립 기념탑

워싱턴의 중심에 위치한 국회의사당을 미국인들은 케피탈 이라고 부른다.

워싱턴의 어느 길에서나 언덕 위에 지어진 국회 의사당을 볼 수 있고 그 맞은편에 169M의 독립 기념탑이 서 있다.

독립기념 탑은 중간쯤에서부터 색깔이 다른데 그것은 독립 기념탑을 축조하다가 남북전쟁당시 중단되었던 것을 종전 후 다시 축조하는 과정에서 그렇게 됐다고 한다.

국회의사당에서부터 독립 기념탑까지는 잔디밭으로 조성되어 있어 시민들의 휴식 공간으로 사용되기도 한다.

독립기념탑

국회 의사당을 중심으로 국무성을 비롯해 연방정부 건물들이 산재

해 있고 각종 박물관들도 자리잡고 있다.

워싱턴의 중심은 백악관이 아니라 국회 의사당임을 일깨워주는 일이고 국회의사당에 비하면 백악관은 그 수많은 정부 청사 중에 하나일 뿐이란 것을 알게 해준다.

거리 이름도 INDEPENDENSE(독립) CONSTITUTION(헌법)이 국회 의사당과 독립 기념탑 양옆으로 되어 있어 미국인들의 기본 정신을 알게 해주는 대목이다.

독립 기념탑을 중심으로 좀 떨어진 곳에 대형 호수를 갖춘 3대 대통령 제퍼슨 기념관이 있고 기념관 벽에는 God who gave life us gave liberty(우리에게 생명을 주신 신은 자유를 주셨다)라는 글도 새겨져 있다. 가까이 루즈벨트 동상이 있는 곳엔 I have seen war …로 시작해서 l have seen the agony of mothers and wives. I

국회의사당 앞에서 독립기념탑 사이에 있는 잔디밭은 시민들의 휴식공간

hate war(나는 전쟁을 보았노라 중략… 나는 어머니들과 부인들의 고통을 보았노라 나는 전쟁을 미워한다) 로 끝나는 글도 새겨져 있어 세계 2차 대전을 치른 대통령다운 면모도 보여준다.

그 주변으로 링컨 기념관을 비롯해 한국전쟁기념공원, 월남전쟁기념공원 등이 자리잡고 있다. 정작 6.25가 일어난 우리나라에는 6.25를 실감나게 만들어 놓은 기념물이 없는데 미국인들은 병사들이 작전지역에서 행군하는 모습을 현장감 있게 만들어 놓았다.

지도자를 중심으로, 한 두 사람 동상을 만들어 기리는 것이 아니라 그 시대 상황과 현장에 있었던 병사들을 중심으로 만들어진 기념물들에서 진정한 민주주의를 느낄 수 있도록 해놓았다.

이런 기념관들은 단순한 볼거리를 제공하는 수준을 넘어 현장감과 실감을 전달해 끊임없는 문제의식이나 관심을 갖도록 하는 효과가 있으리라 생각된다.

어떤 사건을 시간이 지났다 해서 잊어버리는 것이 아니라 쉽게 잊어버리는 속성을 너무도 잘 알고 있어 잊어버리지 않도록 하기 위하여 이렇게 각종 기념물들을 설치해 놓은 것이 아닐까!

워싱턴은 미국이라는 강대국의 수도를 연상케 하는 웅장함이나 화려함보다는 아직 개발되지 않은 지방 도시 같은 느낌을 주고 자연 그대로 방치되어진 숲에 둘러싸여 있어 너무도 부러운 자연 환경이기도 하다.

세계 정치의 중심지 워싱턴.

상업도시와 행정도시를 분리시킨 그 결과이리라.

워싱턴의 경제적 재원은 관광 사업에서 얻어지는 것이 대부분이라고 할 정도로 관광객이 항상 넘쳐난다고 한다.

그 관광객을 대상으로 장사를 하는 이동 판매 장사꾼들의 자동차들이 워싱턴 한 복판에 여기저기 자리를 잡고 있다. 주로 기념품을 많이 취급하는데 그 기념품이라는 것들이 성조기를 새긴 옷이거나 모자, 마후라 또는 워싱턴이라 새겨진 것들이고 대부분 악세사리들이였다.

미국의 상징물 독립 기념탑, 그것은 미국의 지난한 역사를 말하는 것이고 미국의 긍지이기도 하다. 초기 죠지 워싱턴을 중심으로 대륙회의를 열던 대표자들 중엔 영국에서 떨어져 나와 독립을 하겠다는 생각을 가진 사람은 없었다. 본국과 사소한 세금문제나 식민지를 운영하는 법 제정에 식민지 대표들을 참석시키지 않은 것에 대한 대책회의 결과를 본국에서 받아들이지 않음으로서 독립 전쟁의 단초가 되었다. 본인들은 영국의 연방으로 남기를 바랬지만…

1776년 7월 4일 독립선언서를 낭송했고 영국과 프랑스의 싸움에

워싱턴 DC에 있는 한국전쟁(6.25)참전 기념물

서 명성을 날렸던 죠지 워싱턴이 전쟁 사령관이 되어 영국과 7년 간의 독립 전쟁이 시작된 것이다. 영국과 적이 되어 싸웠던 프랑스가 미국의 독립을 돕는 우군이 되었다는 사실은 국제 사회에 영원한 동지도 영원한 적도 없다는 것을 보여 준 것이기도 하고…

알링턴 국립묘지

초기 개척시대부터 스페인, 포르투갈, 프랑스, 아메리카 인디언, 영국 등과 싸운 전쟁의 역사.

자의든 타의든 계속 전쟁의 소용돌이 속으로 끌려 들어가는 피의 역사가 기록되고 있는 국립묘지.

알링턴 국립묘지

알링턴 국립묘지는 국회의사당 맞은 편 멀지 않은 곳에 있었고 많은 관광객들이 모여들고 있었다. 국립묘지가 관광상품이 되어 있는 것이다.

포토멕 강을 내려다보며 구릉지대에 자리잡고 있는 알링턴 국립묘지는 미국의 어제와 오늘을 지켜보겠노라고 말하듯 워싱턴이 훤히 다 보이는 곳에 자리를 잡았고 역사의 현장으로서 많은 사람들에게 사랑받고 있었다.

죤 에프 케네디 대통령과 제크린 여사도 함께 그곳에 묻혀있어 재크린의 두 번째 남편 오나시스는 어떻게 되었을까 궁금했고 죽고 나서는 살았을 때의 부보다도 명예가 더 중요했을까 하는 의구심도 든다.

케네디 대통령에 대한 평가는 국내하고는 달리 미국의 교포들 사이에서 그렇게 좋은 평을 받지 못했다. 그 집안 대대로 위스키를 장사하는 집안이었는데 이권을 독점하기 위해 수많은 사람을 죽인 집안이라 원수가 많다는 것이었다,

꼭 그런 이유인지 아닌지는 모르지만 그 집안의 비극적 사고들은 어쨌든 시사하는 바가 크다 할 수 있겠다.

알링턴 국립묘지는 상당히 넓은 규묘의 면적에 깔끔히 조성되어 있고 묘지의 모양도 각양각색이다.

한국에서도 뉴스나 사진을 통해 간혹 볼 수 있는 알링턴 묘지에 있는 건물은 병참감이었던 Robert E Lee 라는 사람이 자신의 저택을 1864년에 200에이커의 땅과 함께 내놓았기 때문에 결국 그 저택도 하나의 기념물이 되어 관광객들의 관심을 끌고 있는 것이다.

이름 없는 무명용사들의 묘소도 한쪽에 자리하고 있어 그들에 대한 안쓰러움이 가슴속에서 뭉클 솟아올라 한 수 적어 본다.

무명용사

이름도 남기지 않고 가버린
용사
분노로 떨던 피,
사랑의 열정,
모두 내버리고 이름도 없이 돌아온
용사

밤마다 이름 없는 별을 찾는
무명용사

누군가
이름 없는 병사를 위해
깊은 여름밤
한 줄기 눈물을 흘린다면

그 눈물에
다시 피어나는 슬픈 꽃이리
이름 없이 피었다
이름 없이 스러지는

슬픈 이슬…
새벽 꽃이리

포토맥 운하

포토맥 강은 서 버지니아 주 아팔라치아 산맥에서부터 시작해 워싱턴 디시를 지나 대서양으로 들어가는 강.

우리나라의 한강처럼 미국역사의 중심에서 미국인들과 함께 하는 강.

미국인들뿐 아니라 인디언들 시대에도 인디언들의 애환을 함께 한 강으로 포토맥이란 말은 인디언 말로 만남의 땅이란 뜻이라고 한다,

포토맥 강의 주변은 조금도 손을 대지 않고 그대로 두어 자연의 멋을 그대로 느낄 수 있다. 그러므로 시민들에게 자연이 주는 편안함을 더 고조시켜주고 있다.

불필요하게 꾸미고 치장을 하지 않는 사람들이다.

자연그대로의 포토맥 강

워싱턴 시민이나 관광객들이 많이 찾는 포토맥 강의 어느 지점을 great falls park라고 이름 붙인 곳이 있었다.

대 폭포라는 이름에 걸맞을 만큼 장관은 아니지만 거친 바위들이 강을 메우고 있어 풍광이 기이하고 그 사이로 물이 흘러 대 자연의 모습을 보는 것이 가슴을 시원하게 해 준다.

그 옆으론 한때 워싱턴 디시의 구 시가지인 죠지타운서부터 시작해 오하이오까지 배가 다녔다는 수로의 흔적이 남아있고 그 수로 중에 폭포가 있는데 그 폭포 자리를 두 계단으로 물 저장고를 만들어 배를 올리고 내리는 장치를 했던 그림들이 수로 기념관에 비치되어 있었다.

어떻게 그 폭포가 있는 낭떠러지 위로 배를 올리고 내려가며 배를 운행 할 발상을 했을까? 아마도 거기다 그런 장치를 만들어 배를 폭포위로 끌이 올려가며 배를 운항하겠다고 말한 사람을 미친 사람이라고 몰아치며 반대도 많이 하지 않았을까…

그 폭포자리에 물을 가두었다 빼는 장치를 이용하여 배를 올리고 내리는 데 4-5시간 정도가 소요되었고 수로의 상류 쪽에서 물을 조절하는 곳이 다섯 군데나 있었다.

이들의 이런 도전 정신이 오늘의 미국을 만들었고 세계를 운영하는 기본 정신이 되지 않았을까.

이 수로는 발티모어에서 오하이오까지 철로가 깔리면서 경제성이 약해져 역사의 뒤안길로 사라졌지만 역사적 가치를 간직한 곳이기도 하다.

그 옆에 넓게 잔디가 펼쳐진 공원에는 고기를 구워 먹을 수 있는 기구들이 설치되어 있고 의자들도 있었다.

우리 같으면 이런 멋진 잔디밭에서 돗자리를 깔아놓고 친지들끼리고스톱도 치고 술잔도 돌리겠지만 그런 모습은 전혀 보이지 않았다.

사람들이 모이는 이런 공공 장소에서 술을 먹는 것 자체가 법으로 금지되어 있다고 한다.

하지 말아라 하는 것은 애고 어른이고 너무 잘 지키는 것이 미국 사람들.

영화에서 총질하고 싸우고 하는 것을 너무 많이 보아 금방 어디선가 영화 같은 사건들이 일어나지 않을까 하고 생각되지만 그런 일은 전혀 일어나지 않았다.

대부분의 미국인들은 순수하고 보수적이라고 한다.

환영파티

형님과 가까이 지내는 교포들이 나를 위해 환영파티를 하겠다고 해 따라나섰다.

주로 천주교에서 만나는 교우들이었고 내가 고국에서 왔다는 사실 하나만으로도 이들은 반갑고 고국에서 온 사람을 만나는 것 자체가 고국에 대한 그리움을 달래는 시간이 되기도 하는 모양이다.

이민 온 지가 오래된 사람들은 옛날 아주 못살던 시절의 한국을 생각하며 여기서 이만큼이라도 밥 먹고 사는 것을 만족스럽게 생각하며 행복해 보였다.

대부분이 나이보다 젊어 보이고 명랑한 것은 나이가 들어도 일을 할 수 있는 자리가 주어지고 일하는 것을 미덕으로 생각하는 분위기 때문이 아닐까 생각된다.

서로 흩어져 살다가 교회를 중심으로 만나는 사람들.

피붙이나 친구가 되어 끈끈한 유대감을 가지고 사는 모습.

서로 감정을 상하기도 하고 섭섭한 일이 없는 것도 아니겠지만 결정적으로 감정이 상하지 않는 한은 형님 아우 해가며 살지 않을 수 없을 것이다.

모이면 고국에서 있었던 일들이 화제 거리가 되고 조금은 과장해서 자신의 과거 신분을 포장하는 경우도 있지만 누가 확인을 하겠는가.

파티를 주최하는 집에서 음식을 장만하고 사람들은 요즘의 한국의 정치 상황이나 사회 분위기가 어떤가 하는 이야기를 듣는 것이 가장 흥미 있는 일인 것 같다.

1903년 1월 3일 하와이에 첫 발을 디딘 것으로 시작된 한국인들의 이민 사.

그 당시 사탕수수 밭에서 하루 10시간씩 채찍을 맞아가며 노예처럼 일을 하고 받는 돈은 한 날에 16달러 56센트 였다고 한다.

성공한 사람도 있고 낙오한 사람도 있겠지만 여전히 미국으로 가려는 사람들은 계속 끊이지 않고 있다. 합법적인 이민도 있고 카나다나 멕시코를 경유한 불법 입국자들이 끊임없이 잡히고 있다는 것을 미국 신문 보도를 통해 알 수 있다.

사진 전시회

나는 냉정히 말해서 사진 작가는 아니다. 생리적으로도 사진작가하고는 거리가 멀다.

카메라라고 하는 기계가 가지는 한계 자체가 싫은 것이다.

카메라는 기본적으로 빛을 어떻게 응용하느냐가 관건인 물건이다.

카메라를 만지는 지 30여 년 세월이 흐르는 동안 습관적으로 찍는다고 하는 편이 맞는 말일 것이다.

특히 여행을 하다보면 찍고 싶은 충동을 갖게 하는 장면들이 목격되게 마련이다.

그러나 그 장면들을 인화해 뽑아보면 찍을 때 느꼈던 그런 장면이 아닌 경우가 너무도 많다. 오히려 사진이 잘 안 될 것이라고 생각하

인도 아라비아해

며 찍은 장면들이 의외로 잘 나올 때가 많다.

여행 사진의 특징은 날씨나 기후조건이 안 좋아도 셔터를 눌러야 하는 것이다.

어떤 경우에는 달리는 기차나 자동차에서, 또는 배 위에서도 찍을 때가 있다.

조리개를 맞추고 시간을 맞추고 할 겨를이 없는 것이다.

또한 다른 장소로 이동해야 하는 프로그램 때문에 불순한 일기가 좋아질 때까지 기다릴 수 없어 주어진 그 상황에서 셔터를 눌러야 한다.

그렇지만 구도를 어떻게 하고 포인트를 무엇으로 할 것인가는 본능적으로 작동한다.

좋은 조건에 맞춰서 찍으면 좋은 결과물을 얻을 것은 당연한 일이다.

그 당연한 것을 시비로 해서 사진이 잘 되었네 못 되었네 하고 시비를 가리려고 할 때 나는 아무 말도 하지 않고 듣기만 한다.

좋은 날씨에 좋은 카메라를 잘 조작해서 찍는데 잘 되지 않을 사진이 어디 있겠는가.

여행 중에 사진에 너무 집착하면 여행 스케줄은 꼬이고 말 것이다.

풍경 사진일 경우엔 아무리 잘 찍어도 역시 사진을 통해서 그 풍경을 볼 수밖에 없다.

다시 말해 사진은 사진이지 그 풍경을 직접 보는 것만 할 것인가. 그 풍경도 비가 올 때 모습이 다를 수 있고 맑을 때 모습이 다를 수 있는 것이다.

내가 찍는 사진은 사진 찍기를 목적으로 한 사진과는 다를 수밖에 없다.

그러나 사진이 가지는 특성은 아무리 수식어를 많이 갖다 늘어놓는 말이나 글보다는 현장감이나 실감을 생생하게 전달한다는 장점이 있다.

사진작가가 아니면서도 사진전을 여는 것은 사진을 기술적으로 잘 찍어서 그걸 보일려고 하는 것이 아니라 사진에 찍힌 장면이 일반인들이 쉽게 볼 수 없는 것들이기 때문이다.

몽골리아의 오지에서 찍은 사진들은 몽골리아 사람들도 쉽게 갈 수 없는 곳이다.

그리고 그 지역 사람들의 생활 모습을 봄으로서 이 지구상에 이렇게 사는 사람, 저렇게 사는 사람, 여러 형태의 사람들이 있다는 것과 저들 나름대로의 행복을 누리며 살고 있다는 것을 보여주고 싶은 것이다.

몽골리아의 오지의 사람들.

그들은 그 추운 곳에서 아무런 문명의 혜택을 누리지 못하고 살고 있지만 웃음과 인간애를 잃지 않았다.

우리는 그들에 비해 너무 많이 가졌기 때문에 불행한 것인지도 모른다.

온갖 문명의 산물을 다 누리고 살며 권태로워 죽을 만큼 할 일도 없이 빈둥거리며 사는 부류도 많다.

많은 사람들이 새로운 자극을 찾아 나서게 되었고 도덕이나 윤리관도 개인의 문제로 한계가 좁아지고 있다.

무료함이나 권태로워 죽기보다는 불륜을 즐기거나 도덕률을 깨는데서 쾌감을 얻는 부류들도 생겨나고 있는 것이다.

어느 교회 목사님을 소개받아 교회에서 사진 전시회를 갖기로 해,

나의 시집과 몽골 기행문을 선물하자 자신도 시를 쓰는 사람으로 워싱턴 문인회 회장직도 맡은 적이 있었다고 자신을 소개했다.

교회는 미국인들이 오전에 예배를 보고 나면 오후에 한국인들이 빌려 예배를 본다고 한다. 워싱턴 디시 수도권에 포함되는 지역은 매릴랜드 주, 버지니아 주를 통칭하는데 이 지역에 있는 한인 교회가 300여 개 이상 된다고…

미국인들의 교회를 빌려서 예배를 보는 교회도 있고 가족끼리 집에서 예배를 보는 소규모 교회도 많다고 한다.

미국인들도 예배가 끝나면 사진을 볼 수 있도록 시간을 조절했다.

미국인들은 사진 안에 있는 몽골 인들의 원시적 텐트를 보고 인디언 텐트하고 똑같이 생겼다고 하며 사진 안의 풍경에 감탄하여 원더풀! 원더풀!을 연발한다.

인사동에서 전시회를 할 때도 외국인들은 감정을 그대로 드러내며 감탄을 연발하곤 했었다.

그 당시 인상에 남는 장면은 러시아 여성이 아이와 함께 한 시간 이상을 감상하는 것을 보고 러시아에 갔을 때 푸쉬킨 미술관 앞에서 장사진을 치고 기다리던 그들의 예술에 대한 열정을 다시 생각하게 한 일이다.

사진 안에 있는 풍경을 봄으로서 최첨단을 가는 자본주의의 도시 사람들에게 정신 없이 앞만 보고 가던 발걸음을 멈추고 자신을 잠시라도 돌아볼 기회를 갖게 하려는 것이 나의 목적이다.

많은 것을 가지고 있으면서도 더 가지려고 경쟁하느라 주변 사람들에게 상처를 주고 아픔을 주는 삶을 한 번쯤 살펴보자고…

사진전은 북한을 다녀온 분이 북한에서 찍어 온 슬라이드를 함께 보는 일정으로 잡혔고 워싱턴에서 발행되는 몇몇 신문사의 기자들도 참석했다.

북한사진

미국에는 의외로 북한을 돕는 민간 단체들이 많이 있고 그 규모도 크다고 한다.

한국에서도 예전과 달리 북한을 오가는 인적 자원이나 물자도 늘어나 손쉽게 북한의 물품을 구할 수 있는 세상이 되었지만 미국보다는 덜 자유로울 것이다.

이곳 교포들 사회도 친북적인 성향을 가진 사람과 반 북적인 성향을 가진 사람으로 나뉘어 있다고 한다.

친 북이냐 반 북이냐를 가르는 그 기준이 무엇일까?

민족적 문제차원에서 북한을 가거나 접근하면 반 북 단체나 반 북적 사고를 가진 사람들이 친 북으로 몰아세워 친 북이라는 말이 생겨난 것이 아닐까…

과거 박정희 전 대통령이 이제 우리 민족이 적대적인 사고를 버리고 힘을 합쳐 국제 사회에서 공동의 이익을 도모해야 한다고 7.4 남북 공동 성명을 발표하며 미국에 대해서도 자주국방을 외치는 바람에 미군이 일부 철수 해버리는 사태가 있었다. 그러나 그 당시에는 박정희 씨의 정책에 대해 반미라고 비판하지 않고 자주국방이라고 치켜새웠다. 똑 같은 일이라 하더라도 누가 하느냐에 따라 반미가 되기도 하고 자주국방이 되기도 하는 것이다. 자기가 하면 자주정신이요 남이 하면 반미가 되어 사상까지 의심스럽다고 하는 것이다.

자기가 하면 애국이요 남이 하면 역적이 되는 이중잣대를 가지고 있는 것이 우리의 현실이다.

자기네가 하는 것은 무조건 애국이며 자기네만 애국을 해야만 하는 애국독점주의, 자기 최면에 걸려있는 것은 안타까운 일이다.

미국에 오래 살면서 미국 시민권을 가진 사람들은 북한에 가는 데 별 어려움 없이 쉽게 드나들어 한국보다 북한에 대한 정보가 많고 길림성 지역까지 진출해 북한 탈주자들을 돕는 단체들도 있다고 한다.

북한에 가서 슬라이드 사진을 찍어오신 분은 미 노동부에 근무하는 백순 장로였다.

백순 장로는 북한 동포들이 너무 고통스러운 삶을 살고 있다며 경제적으로 도와 줄 것을 호소했다.

이런 분들도 정치적 이념하고는 상관없이 민족애와 인간애의 행위일 뿐이다.

반 북적 인사들이 북한과의 교류나 협력에 대해 어떤 특별한 대안도 없으면서 쌍심지를 돋구어 열을 내다가도 자기네들이 해야 할 때 하는 것은 참으로 당연하고 애국적인 것이라고 하니 언제부턴가 만들어진 사회적 허상이 얼마나 공고한가를 알 수 있는 일이다.

그네들이 주장하는 빨갱이들이 남한 사회에 있다면 천연기념물 같은 존재들이 아닐까? 지금같이 영리하고 영악스러운 세태에 얼마나 신념과 소신을 지키며 살 것인가. 사회 지도자급이라는 사람들도 오늘은 이 말하고 내일은 저 말하고 오늘은 이 당 내일은 저당하면서 이익을 쫓는 세상에 말이다.

더욱 안타까운 것은 그런 허상이 이젠 더 이상 우리 민족에게 도움이 안 된다는 점일 것이다.

7.4 남북공동 성명, 그 성명에서 강조한 것은 북한이 더 이상 우리의 적이 아니라 국제사회 안에서 공동의 번영을 해나가야 할 민족공동체라는 것이다.

아마도 박정희 전 대통령이나 그 추종자들이 6.15 공동성명을 이끌어냈고 북한에 김정일을 만나 냉전적 사고가 아니라 햇볕정책으로 전환해야 한다며 북한을 지원했다면 보수언론이나 보수적 인사들이 어떤 반응을 보였을까…

자기편이 아니라 하더라도 역사적 관점에서 좋은 방향으로 간다면 찬성하고 힘을 합쳐 밀고 가야만 민족의 앞날에 희망이 있을 것이다.

무조건 상대방이 하는 것은 모두 나쁘고 잘못되었다고 비방하며 혼자만 국가 안보를 다하는 것처럼 안보를 떠들어 대고 냉전적 사고로 일관하면서 정작 자기 자식은 군대를 안 보내는 모순을 어떻게 설명 할 것인가.

그 요란한 애국적 언행과는 달리 자식들은 군대를 안 보내고 세금도 제대로 안내는 것은 도대체 뭐란 말인가!

가서 총을 들고 싸워야 안보가 되는 것이지 입으로 떠든다고 안보가 되는 것인가?

무엇보다 솔선수범을 보여야 할 위치에 있으면서 말이다. 그보다 더 우스꽝스러운 것은 일반 서민 대중들이 그들을 지지한다는 점이다. 자기는 그 특권자들의 근처에도 가지 못하면서 말이다.

이점이 우리 사회의 근원적 문제 일 것이다. 그 문제의 원인이 일부 언론에 있다고 자각한 시민 단체들이 특정신문 안 보기 운동을 하는 것은 우리 민족이 한번 걸러내야 할 이 시대의 과제가 되었다.

평양 거리나 이북의 인민들 생활상이 이제는 더 이상 신비한 볼거리도 아니다.

언론 매체나 방송 매체를 통해 너무도 많이 보았으니 말이다.

이제 더 이상 북한이 베일에 가려져 특정인들의 목적에 이용되지 않고 민족의 에너지를 하나로 모아 세계 속에 민족의 자리 메김을 제대로 해 나가야 할 것이다.

비밀 아닌 비밀

"나가 새끼야!"

"못 나가"

"네가 그렇게 째려보면 어쩔 건데! 응 날 칠려고? 쳐봐! 쳐봐! 새끼야!"

"누가 친댔어!

"근데 왜 째려봐! 때려봐 이 새끼야!"

"아휴! 아휴! 정말 아버지만 아니라면 정말…"

"나 네 아버지 아니야 새끼야 자 쳐 봐 쳐 봐"

집 주인은 자기 아들에게 머리를 디밀며 쳐보라고 악을 쓰고 아들도 약이 바짝 올라 아버지에게 대들었다.

나는 이왕 미국에 온 김에 미국을 제대로 알고 싶어 방을 하나 얻어 살고 있는데 집 주인이 툭하면 술에 취해 아들과 싸웠다.

"나가 새끼야! 나가! 너 같은 놈 필요 없어 나가! 나가 새끼야!"

"못 나가!"

"왜 못 나가 여기는 엄연히 내 집이여! 나가!"

"아버지 나가! 아버지가 나가!"

"아버지라고 부르지마 새끼야! 난 너 같은 놈 낳은 적 없으니까 나가!"

아들은 술에 취한 아버지와 댓 거리를 하다 분을 삭이지 못하고 식식거리며 나가더니 자동차를 끌고 어디론가 사라진다.

"김선생님 내가 이렇게 삽니다. 집에 들어오면 마누라가 있나 새끼가 있나 다리가 이렇게 부러졌어도 병 문안 오는 사람이 하나 있나 돈이나 뜯어가려고 하고… 너무 비참해요 흑흑..”

집 주인은 미국에 온지 30여 년이 다 되는 사람으로 온갖 것을 다 해보다가 목수 일을 배워 돈도 많이 벌었었다고 한다. 그 말은 사실인 듯 했다. 어느 정도 돈이 있어야만 가능한 한인 사회 단체 간부로서 감사패를 받은 것들이 데 여섯 개나 있었으니까.

잘 나가다가 부인이 바람이 나 이혼을 청구하면서 50만 달러를 주고 나자 자기가 어려워지기 시작했다는 것이다.

딸도 하나 있는데 딸은 자기 어머니와 함께 살고 있고 돈이나 필요할 때면 나타나 돈을 달라고 한단다. 아들도 뭔가를 한다고 하지만 돈을 벌지 못하고 자기가 뒤치닥거리를 해줘야 한다는 것이다.

다리가 부러졌어도 쉴 형편이 못된다며 절룩거리며 일을 나가는 것을 보면 안쓰러웠다.

전 부인이나 피붙이들이 이렇게 고통스러울 때 위로의 말 한마디 없다는 것에 더 외로움을 느끼는 것 같았다.

생존 경쟁의 살벌함이 있을 뿐인 냉혹한 이민 생활의 단면이기도 하리라.

친형제간에도 공항에 마중을 못 나간다든가 사소한 일이 빌미가 되어 서로 보지 않고 사는 가족도 많다고 한다.

그만큼 서로간에 기대치가 컸기에 실망도 크다는 반증일 것이다.

낯선 이국 땅에서 생존해낼려면 긴장되고 믿을 것은 돈 밖에 없다는 생각에 돈에 집착을 갖게 되어 이민 생활이 정신적 황폐함에 빠져드는 것이다.

집은 이층집으로 아래층은 거실과 주방, 응접실, 차고로 쓰고 이층에만 방이 있다.

집 앞은 잔디밭이었던 것을 파헤쳐 완상용 나무를 심는다고 심었지만 제대로 관리가 안 되어 죽어가고 있었다.

동네는 백인들이 주로 많이 살고 있지만 여러 인종이 섞여 있다.

아침저녁 산책을 하다보면 인도 사람이나 남미계 사람들도 볼 수 있었다.

집들은 여느 동네나 다 마찬가지로 담장이 없어 실제 자기의 공간보다 많은 공간을 느끼며 시야가 확 트인 속에서 살 수 있는 구조다.

푸른 잔디로 채워진 공간들에 집들이 자리잡고 있으니 정말 그림 같은 집들이다.

그러나 가옥의 배치를 보면 만주와 몽골, 러시아 교외에서 보았던 것하고 똑 같다.

만주나 러시아에서도 집 뒤 뜰 쪽에는 판자 울타리를 치고 밭작물을 심었었는데 아주 흡사하게 닮아 있나.

미국은 생활 여유 때문인지 뒤뜰에 판자 울타리를 치지 않은 집도 많고 밭작물을 심지 않았다.

집 주인은 맑은 정신일 때 나에게 한 가지 부탁할 것이 있다며 자기 집에서 보는 것들을 비밀로 해달라고 했다. 그것이 무엇을 의미하는 말인지 며칠 안 가서 알게 되었다.

며칠 후 아주 농염하게 생긴 여인을 데리고 와서 X와이프라고 소개했다.

화통하고 선이 굵게 생긴 여인이었다. 뒤 뜰 쪽에 꽤 넓은 베란다를 만들어 놓은 곳에 술 상을 차리고 술을 한 잔씩 따르니 그 적막하던 집이 사람 사는 집 같았다.

아들과 집 주인이 나가고 나면 집 크기만큼의 적막감이 꽉 차곤 했으니까…

집 주인이 전화를 받는다고 안으로 들어간 사이 여인은 자신의 신세 타령을 했다.

자신도 이혼녀로서 이 사람을 만났는데 이 사람이 보통 바람둥이가 아니라는 것이다.

집 주인이 이혼한 것은 여자가 바람이 나서 한 것이 아니라 집 주인이 바람을 피우다 이혼을 당했다는 것이다.

식구들이 모두 나가면 묘령의 여인이 와서 빨래를 해 놓고 가는데 그 여자도 집 주인의 애인이라고 했다.

나는 본능적으로 그 여인 이야기를 비밀로 해야 하는 것이 아닐까 생각했는데 이미 알고 있었다.

그 여자하고 관계를 끊었다고 해 놓고서는 계속 관계를 유지한다는 것이다.

그 여자는 미국인과 사는 여성인데 그 여성 역시 바람둥이로서 남자가 하나 둘이 아니란다.

무엇보다 한심한 것은 그런 사실을 알면서도 이 남자와 관계를 끊지 못하는 자신이라고 했다. 그러면서 어떻게 했으면 좋겠냐고 자문까지 구한다.

남녀 관계의 그 미묘함을 어떻게 딱 부러지게 말 할 수 있으리…

평화로운 호수

하얀 백조가 있는가 하면 청동 오리도 있고 검은 띠가 목에 있는 거위, 갈매기, 이름 모를 새들이 사람들 가까이 뒤엉켜 몰려드는 장면.

사람들과 얼마나 오랫동안 친숙한 관계를 유지했으면 이런 장면들이 연출되는 것일까.

한국에서는 몸에 뭐가 좋다 뭐가 좋다 해가며 야생동물들을 씨가 마를 정도로 잡아먹는다는데 너무나 대조적인 장면이 아닌가.

미국이 최첨단의 자본주의, 살벌한 경쟁만 있는 것이 아니라 자연과 이렇게 균형 있는 친화력을 가진 삶을 살고 있는 줄은 정말 몰랐다.

돈 몇 푼 때문에 사람들에게도 마구 총질을 해대는 갱의 나라로 생명에 대한 존엄성이란 조금도 없는 인종들인 줄 알았는데 자연을 사랑하고 생명에 대한 경외심이 이렇게 높을 줄이야!

수 년 전에 인도에서 보았던 생명의 존중사상에 뒤지지 않을 수준이다.

푸른 잔디가 모든 공간을 채우고 원시림에 가까운 숲들이 둘러싼 마을들에 온갖 짐승들이 평화로우니 우리가 말하는 천국이 바로 이런 곳이 아닐까.

황혼이 질 무렵 가끔 이름 모를 작은 새들이 때 지어 나르는 것을 목격 할 때도 있는데 그 길이가 2-3km가량 되어 마치 긴 천이 끝없이 바람에 휘날리는 것 같았다.

그런 장면을 보고 있으면 문명의 첨단을 가는 미국이 아니라 아프리카 어느 오지에 온 듯한 기분이 들곤 했다.

미국에서 이런 장면을 보게 될 줄은 꿈에도 생각지 못했던 일이다.

해질력이면 호수에서 놀던 새들도 어디론가 집을 찾아가는지 울음소리를 길게 남기며 머리위로 날아가곤 한다.

그럴 때면 미국에서 또 다른 곳으로 따나온 듯하여 어떤 애수에 젖어들고…

버스정류장

미국에서 마누라는 없이 살아도 자동차 없이는 못산다는 말을 수없이 들었시만 그 말을 이렇게 실감 있게 경험하게 될 줄 누가 알았겠는가.

시야를 가리는 높은 건물들이 없어 먼 거리도 가까워 보여 걸어보면 시간이 걸린다.

동네 입구에 있는 대형 슈퍼에 가는데도 금방 갈 것 같은데 걸어보면 15분 정도 걸렸다.

우리나라 같으면 골목 입구에 슈퍼나 구멍가게가 있어 집에 들어가기 전에 필요한 것을 사기 편리하게 되어 있지만 미국에서는 주택가와 상업지역이 확실히 구분되어 있어 뭔가 필요한 게 한가지라도 있으면 일부러 15분씩 걸어야 하니 여간 불편한 것이 아니다.

대형 슈퍼이지만 술은 아예 팔지도 않으니 법이 얼마나 철저히 지켜지는지를 생활 현장에서 알 수 있다.

그러니 우유를 한 가지 살려고 해도 차를 타고 다녀 동네에서도 걸어 다니는 사람 보기가 힘들고 버스가 다니는 길에서는 사람 다니는 것을 보기가 더 힘들다.

뭘 좀 물어보려 해도 사람이 있어야 물어볼 거 아닌가. 아이고 하느님…

버스 정류장에서 아무리 기다려도 버스가 오지 않으니…

이놈의 버스가 오긴 오는 건지 온다면 언제 오는 것인지 이 버스 정유장에서 버스를 타면 어디로 가는 것인지 궁금해 물어보려도 사람이 지나가야 물어볼 것 아닌가. 이렇게 답답할 수가 있나…

버스 정류장 팻말로 해놓은 기둥에 시간표라고 해 놓긴 해 놓았지만 그 안내문대로 제대로 되는 것인지 물어보려 해도 사람이 없으니 답답한 노릇이다.

근처 한국 사람들이 장사하는 집을 찾아가 물어보아도 아무도 아는 사람이 없다.

심지어 버스 정류장이 어디 있는지 전철역이 어디 있는지도 몰랐다. 대부분의 한국 사람들은 미국에 온 지 20-30년이 되었어도 한번도 버스나 선철을 안 타봤다는 것이다.

빨리빨리 하면 한국 사람들의 트레이드 마크 아닌가.

그 급한 성질에 버스 정류장에서 이렇게 기다리게 한다면 그것 자체가 고문일 것이다.

그러니 버스를 한 번도 안 타봤다고 해도 그대로 믿을 수밖에 없다. 다 썩어빠진 고물 차라도 끌고 다니지 어떻게 마냥 기다리며 살으리… 빨리 빨리 그 조급증에 말이다.

한 여름에 그늘 가리게도 없는 버스 정류장에서 버스를 기다리느라 얼굴이 금방 벌겋게 타버려 얼굴이 화끈거렸다.

버스를 기다리고 있다보면 졸음이 쏟아지고 어느 시간이 되면 흑인들이 유령들처럼 어디선가 나타났다.

흑인들은 버스 다니는 시간을 알고 있어 버스가 올 시간이 가까우면 하나 둘 나타나는 것이었다. 아침저녁 출퇴근 시간이면 15분 단위로 다니다가 러쉬 아워가 지나면 30분으로 늦춰지고 한 낮에는 1시간에 한 대 꼴로 다닌단다.

버스에 올라보면 승객들은 거의 흑인들이고 백인은 어쩌다 한 두 명 보였다.

미국에서 가난한 사람으로 살아간다는 것이 얼마나 힘든 일인 가를 깨닫게 해주는 일이다. 그 뜨거운 햇살아래 버스를 묵묵히 기다리는 흑인들을 보면서 흑인들이 얼마나 착한 백성들인가도 알게 된다.

대형 버스가 수지 타산이 안 맞는 사업이라면 우리나라처럼 마을 버스라도 운영할 일이지 이렇게 불편을 겪으며 살 수 있을까.

그렇지만 모든 버스들이 휠 체어를 끌고 다니는 장애인들이 탈 수 있도록 리프트 장치가 다 되어 있고 버스 안에서도 장애인들이 안정감을 가질 수 있도록 휠 체어의 고정 장치가 되어 있다.

버스 운전사는 여유를 가지고 친절하게 장애인들을 태워주고 내려주었다.

무언가 엉성한 것 같지만 이들이 무엇을 우선시하고 무엇을 중요시하는 가를 사회 현장 밑바닥에서 느낄 수 있으니 사회 상층부에서 사회를 위해서 무엇을 고민하는 가를 알 수 있다.

우리나라의 정치가들이 툭 하면 어디 어디 외국을 방문한다고 해도 의례적인 안내와 대우를 받으며 다니니 그 사회의 진정한 현실을 보지 못하고 오는 것이 아니겠나?

미국도 사람 사는 사회이니 뇌물 사건도 있고 부정 부패도 있지만 기본적으로 해 놓을 것은 해놓았다는 점이 우리 사회의 정치판을 개판이라고 하는 것과 다른 점일 것이다.

랑팡 프라자

워싱턴에는 5개의 전철 노선이 워싱턴 디시를 중심으로 매릴랜드주와 버지니아주를 오가고 있다.

전철역에는 대형 주차장이 설치되어 있어 백인들도 상당수가 전철을 이용하는 편이고 전철 안에서 책을 읽는 사람들 대부분은 백인들이다.

전철 안의 반 정도가 책을 읽는 것을 보면 참으로 부러운 장면이다. 한국의 전철 안을 내 나름대로 조사해 본 결과는 10프로도 되지 않았으니 말이다.

버스 요금은 1달러지만 간혹 75센트를 받는 버스도 있다. 버스비를 내면서 티켓을 달라고 하면 티켓을 주는데 그 티켓을 가지고 다른 버스를 탈수도 있다.

페인트칠마저 되어 있지 않은 랑팡프라자 전철역

전철 요금은 거리별로 다르지만 5불 짜리 티켓을 끊으면 하루종일 타고 다닐 수 있고 전철역에서 나갈 때는 버스를 활인 해 탈 수 있는 티켓을 기계에서 뽑아갈 수 있도록 되어 있다.

흑인들이 왜 가난한지 그 이유는 정확히 알 수 없지만 아마도 뿌리 깊은 인종차별에서 오는 체념 때문이 아닐까 생각된다.

복지부에서 주는 생활 보조금으로 근근히 연명하면서도 이들은 아무 욕심 없이 낙천적으로 살아가는 것이다.

이들 대부분은 아프리카에서 아메리카로 강제로 끌려온 흑인들의 후손들로서 조상들이 어떤 야망, 목적을 갖고 온 사람들이 아니라는 것이 생활 속에 녹아들어 후손들에게 전달되고 있는지도 모른다.

버스에서나 전철에서도 처음 만난 사람과 금방 친해져 수다를 떨기도 하고 길을 걷다가도 흥이 나면 흥얼거리며 몸을 흔들어 댄다.

세계인들의 사랑을 받는 째즈 음악도 흑인들의 흥이 녹아들어 있기 때문일 것이다. 흥이 넘치는 족속들임에 틀림없다.

이런 종류의 인간들을 주변에서 쉽게 볼 수 있다는 것도 축복 받은 일이 아닐까.

어떻게 하면 한 푼이라도 더 빼앗고 더 사기 치고 더 챙기나 경쟁만 하는 사람들 속에서 산다면 얼마나 삭막한 일이겠는가.

어쩌면 미국의 산소 같은 사람들이요 생활의 윤활유 같은 사람들인지도 모르겠다.

그렇다고 흑인들이 다 좋은 것은 아니다. 몇 푼 안 되는 돈 때문에 사람을 너무도 쉽게 죽이는 것도 흑인들이니 말이다.

랑팡 프라자는 워싱턴 디시 (washington district of columbia) 중심부에 자리 잡고 있는 지명이지만 원래 워싱턴 디시를 설계한 불란서 사람 이름이라고 한다.

랑팡 프라자 역에는 전철 4개 노선이 교차하는 곳으로 워싱턴 시민들이 많이 이용하는 역이다. 뉴욕의 전철에 비하면 좀 나은 편이지만 서울의 전철역과 비교하면 너무도 초라하다.

벽이나 천장이 세멘 콘크리트로 처리된 채 페인트칠도 안 되어 있고 불의 밝기도 밝지 않아 어둡고 음침하다.

워싱턴의 전철과 서울의 전철을 비교하면 서울은 천국의 전철이라고 해도 과언이 아닐 것이다.

우리의 꾸미고 겉치레하는 모습이 뚜렷이 비교된다. 워싱턴의 전철이 우리와 비교해 화려하진 않지만 이들이 진정 무엇을 중요시하는가를 보여주는 것이 있다.

그것은 장애인들이 쉽게 이용 할 수 있도록 기본 시설을 다 해놓은 점과 혹 내려야 할 역에서 깜박하고 내리지 못한 사람들이 반대편으로 가서 바로 탈 수 있도록 해 놓은 것이다.

페인트칠이나 타일을 붙여서 꾸미는 데 돈을 쓰기보다 승객들의 편리를 우선적으로 한다는 것을 보여주는 것이다.

서울에서 나는 너무도 자주 내려야 할 역에서 못 내리는 경우가 많다.

그것은 신문을 읽거나 공상을 하다가 그러는 것인데 내려야 할 역을 지나쳐 내려서 바로 반대편으로 건너 갈 수 없을 때면 다음 차가 올 때까지 기다렸다가 다음 역까지 가야 하는데 그 역에서도 갈 수 없을 때는 또 다음 열차를 기다려야 해 여간 시간 낭비가 아닌 것이다.

서울에서 그런 불편을 수 없이 겪었기 때문에 워싱턴의 지하철의 편리 위주로 운영되는 것을 보고 과연 국민을 중요시하는 나라다 하는 것을 느끼게 해 주었다.

서울의 불편은 시민의 편리보다 행정 책임자의 과시 행정이 낳는 불편이라고 해야 할 것이다.

국민의 불편을 감추는 화려한 꾸밈으로 자신의 업적을 과시하려는 데서 비롯되는 것이다.

이것저것 일을 만들고 물자를 사입하는 가운데 콩가루가 떨어지고 부스러기가 남을테니 불필요하게 치장하고 꾸미는 일에 치중하는 것이 아닐까…

어쨌든 하루 이틀 탈 것도 아니요 자손 대대로 이용해야 할 교통수단인데 좀더 심사숙고해 건설해 나가는 것이 다음세대들의 일을 줄여주는 것이 아니겠는가.

미국의 대중 교통을 보면 장애인들의 천국이라고 할 만큼 장애인들을 배려한다는 점이 부럽고 사람들이 사는 사회라는 것을 느끼게 해준다.

대한민국에서는 장애인들이 이동권을 부르짖으며 길거리로 나와 소리쳐야 하는 형편이니 언제나 약자를 배려하는 나라가 될는지…

이제 언제 어디서 누가 교통사고로 장애인이 될지 모르는 세상이란 것을 생각하면 자기 자신이나 가족을 위해서도 장애인을 위한 일에 게을러서는 안 될 것이다.

우람한 엉덩이들

거대한 몸뚱이를 어기적거리며 걷는 사람들.

우리나라도 비만 때문에 살 빼주는 업종이 생겨나고 살을 빼려는 사람들이 늘어나는 현실이지만 미국인들의 거대한 몸뚱이가 바로 눈앞에서 움직이면 무슨 괴물 같다는 생각이 들곤 한다.

특히 여인들의 우람한 엉덩이나 유방이 시야로 들어오면 신기한 물건이라도 되는 듯 한번 만져보고 싶은 충동이 일어나니…

혹시라도 그런 충동을 참지 못해 만져보다가 말썽이라도 일어나면 어쩌나 하고 은근히 걱정이다.

목사님에게 내가 그렇게 될까봐 걱정된다고 했더니 실제로 어떤 사람이 그 큰 유방을 만져본다고 만졌다가 법정에까지 끌려간 적이 있다지 않는가…

축구 공만한 유방이 가슴에서 덜렁거리고 배는 하마 배처럼 나온데다 엉덩이는 말 궁뎅이만 하다. 엉덩이 살이 밖으로 튀어나와 서 있는 상태에서 간단한 물건을 올려놓아도 흘러내리지 않게 보인다. 그뿐 아니라 허벅지 살이 너무 쪄서 걸을 때면 두 다리의 살들이 서로 밀려 걸음이 제대로 걸어지지 않으면서도 뭔가를 먹는 것을 보면 기가 막힌다.

흑인, 백인을 가리지 않고 병적으로 비대한 사람들이 상당히 많아 그들과 맞닥뜨리면 마치 큰 바위 덩어리가 앞을 가로막고 있는 듯 했다.

그늘진 곳이나 해가 질 무렵 흑인들을 좀 떨어진 곳에서 보면 얼굴이 분간이 안 되고 어둠과 한 색깔로 묻혀 버린다.

왜 피부가 검은 인간이 있어야 하는 것일까?

본래부터 검은 인간들이었을까… 아니면 어떤 천재지변으로 검어졌을까…

피부색이 검다는 이유 하나만으로 이들이 사람 취급받지 못하고 살아온 세월이 얼마인가.

킹 코부라

헤이! 깁미 킹코부라 투웨니 훠 아운즈!

깁미 스틸 리저브 투웰브 아운즈!

깁미 마일러 식스 펙케이즈!

흑인들의 독특한 코 소리와 억양, 꼭 도깨비가 나타나서 중얼대는 것 같다.

어떤 감정도 읽어낼 수 없고 살벌함만 가득한 방탄 유리를 사이에 두고 질질 흘리는 듯한 발음이 흘러들면 사람이 갑자기 멍청이가 되어버렸다.

위에서 말하는 것들은 흑인들이 주로 찾는 맥주 상표와 용량을 말하는 것이고 킹 코부라는 흑인들이 제일 좋아하는 싸구려 맥주회사 상표다.

여행 경비도 충당 할 겸 미국을 좀 더 알기 위해서 일을 해보기로 한 곳이 워싱턴에서 30-40분 떨어진 볼티모어에 있는 liquor store(술 가게)였다.

볼티모어는 개척 시대에 노예를 팔고 사던 노예시장이었던 곳으로 지금도 흑인들이 집단으로 모여 사는 지역이다.

내가 일을 하는 것은 법적으로 불법인 셈이다.

여행자나 노동 허가서가 없는 사람은 일을 할 수 없기 때문이다.

그래도 한국 사람들은 사람을 구하다 못 구하면 아쉬운 대로 불법 취업자들을 쓰는 것이다. 그리고 불법 취업자라는 약점을 잡고 인건비를 싸게 쳐주거나 일방적으로 갑자기 해고를 하는 횡포도 서슴지 않는다.

가게 주인은 술 가게를 해서 상당히 돈을 많이 번 사람으로 교포사회에 알려져 있는 사람이었다.

나보고 물건을 팔아보라고 해 놓고선 옆에서 지켜보는데 흑인들의 말이 귀에 들리지 않으니 더 긴장되고 진땀이 났다.

무슨 말인지 들린다 하더라도 그 물건이 무엇을 말하는지 알 수가 없는 것이다.

우리나라에서 진로하면 상표지만 소주를 말하는 것으로 금방 알 수 있는데 이곳에서는 그런 감각이 없으니 어쩔 수 없는 일이기도 하다.

돈도 우리나라에서 쓰지 않는 단위의 돈이 있고 달러나 쿼터는 많이 보았지만 뭐가 다임이고 니클인지 알 수가 없다. 영어사전에서나 보았으니 어찌 알 수 있으리… 그러니 돈을 계산하려면 쩔쩔매는 것이었다.

이러한 나를 지켜보던 주인은 요즘 한국에서 오는 사람들이 다 영어를 잘 하는데 왜 영어가 안 되느냐고 타박을 하니 더 긴장되어 제대로 몸놀림이 안 될 정도였다.

와 미치고 환장 할 일이다.

말을 똑똑 떨어지게 또박또박 하면 누가 잡아가냐!

이 거지 같은 놈들아! 진땀이 나다 못해 울화가 치밀어 소리쳐주고 싶다.

이놈들이 약을 올리듯 내가 말을 못 알아듣는 듯 하면 더 실실 웃어가며 웅얼웅얼 대니 정말 하느님 맙소사다.

영어가 근본적으로 한국말처럼 똑똑 떨어지는 발음이 아니긴 하지만 흑인들의 발음은 유난히 비음의 소리가 크고 억양도 독특하다.

아마도 나 같은 사람은 한국에서도 구멍가게를 차리면 석 달 열흘은 헤매야 할 것이다.

물건 이름 익힐랴 물건 값 익힐랴 정신 못 차릴 일이다. 이런 사정을 감안하여 여유를 가지고 옆에서 가르치고 기다려야 할텐데 한 시간도 안 되어서 영어를 못한다 계산을 못한다 타박하는 주인이 점점 야속해지기 시작했다.

주인은 또 흑인들 모두가 도둑이고 강도라도 되는 듯 그들을 조심해야 한다고 하니 더 긴장이 되었다.

방탄 유리에 돈이나 물건을 내주고 받을 수 있도록 반을 쪼개어 설치해 놓은 회전식 원통에 흑인들이 돈을 얹어 놓으면 그 원통을 돌려 돈을 집어들면서 얼마를 받았다고 큰소리로 확인을 하라는 것에서부터 물건을 먼저 주지 말고 꼭 돈을 받고 물건을 줘라. 잔돈을 줄 때는 물건 값에 잔돈을 더하는 식으로 계산을 하면서 잔돈을 줘라. 하고 잔소리를 반복했다.

작은 단위의 돈을 주고선 큰돈을 주었다고 하거나 돈을 안 주고도 주었다고 떼를 쓰고 잔돈을 제대로 주었는데도 한 참 있다 와서는 돈이 안 맞는다고 억지를 쓴다는 것이다.

주인은 흑인들 때문에 돈을 벌면서도 별로 친절하지도 않고 오히려 흑인들이 자기한테 예의를 갖추지 않는다고 큰 소리를 쳤다. 흑인이라고 업신여기는 것이 역력하다.

담배를 팔 때는 생년월일을 확인해야 하는데 흑인들의 얼굴을 보고 나이를 짐작한다는 것이 여간 어려운 일이 아니었다.

주인은 흑인들이 백인에 비하면 인간성이 좋다고 한다.

백인들은 뱀 같이 찬 사람들이라고…

장사를 하다보면 실수로 물건을 잘못 팔 수도 있는데 그럴 경우에 사정을 하면 백인들은 앞에서는 웃지만 거의 100%로 신고를 하고 흑인들은 거의 그냥 넘어가 준다는 것이다.

가게는 술과 간단한 과자봉지도 팔지만 복권도 파는데 현장에서 복권 번호를 찍어주는 기계도 설치해 놓고, 원하는 번호를 찍어 주며 팔았다.

복권을 사겠다고 몰려오는 흑인들이 얼마나 많은지 복권만 전적으로 취급하는 사람이 있어야 할 형편이다.

가게는 방탄 유리와 뒤 벽까지의 거리가 두어 발자욱 정도로 좁았고 길이도 뎃 발자국 정도의 거리였다.

옆에는 냉농고가 있어 술늘을 넣어두는데, 너무노 비좁아 일의 능률을 낼 수 없다.

무엇인가 진열장 안에서 꺼낼 것이 있어 두어 평 정도의 냉동고에 들어가 필요한 것을 꺼내려면 다른 상표의 박스를 몇 개씩이나 치워내고 그것을 꺼내야 하니 하나의 필요한 박스를 꺼내기 위해 수많은 박스를 치우는 데 힘을 소모하게끔 되어 있었다.

그리고 옆으로 치웠던 것을 제 자리로 다시 놓아야하는 데 시간과 힘을 또 써야 하는 것이다. 술 박스는 무게에 비해 약해서 언제 터질지 몰라 불안했고 머리 높이보다 더 높은 곳에 올릴 때면 박스가 터져 병들이 떨어져 깨질까봐 조마조마 했다.

그야말로 작업환경이 너무도 안 좋은 작업장이다.

그만두겠다고 하는 사람이 있어 내가 대신 온 것인데 그 친구는 주인의 눈에 안 들어 2주일만에 그만 두는 것이라고 했다.

일도 열심히 안하고 미국에 온지 2년이 다 됐다는 사람이 영어도 제대로 못한다는 것이 해고의 이유였다.

이 사람은 한국에 가족이 있고 자신은 불법 체류자로 여기 저기 떠도는 신세라고 했다.

뉴욕에서 야채 가게라든가 궂은 일 하는 곳을 전전하다 왔는데 이곳 흑인들 말은 정말 못 알아듣겠다고 머리를 흔들었다.

한국에서 흔히 말하는 3D직종을 대부분 유태인들에게서 물려받아 한국인들이 하기 때문에 한국인들이 하는 일은 대개 미국인들이 하지 않는 힘든 일이라고 한다.

세탁소라든가 그로서리(편의점) 목수일, 캐리아웃(일종의 간이 스넥), 리쿼 스토아 등을 하는데 장사는 대부분 위험한 흑인동네에서 한다는 것이다.

자기들은 요리조리 미국의 혜택을 다 받으면서 같은 한국 사람을 불법 체류자라는 약점을 잡아 인건비를 착취하고 해고 할 때는 2주일 전에 알려 주어야하는 규정을 무시하고 기분 나는 대로 해고를 한다는 것이다.

뿐만 아니라 종업원을 못 믿어 돈 통을 중심으로 감시카메라까지 버젓이 설치 해 놓았다.

주인은 이렇게 감시 카메라를 설치 해 놓아도 종업원들이 돈을 해 먹는다고 푸념을 했다. 한국에서 같으면 인권 침해라고 항의를 받을 일이지만 당연한 일을 하는 걸로 생각하고 있었다.

주인의 변덕은 팥죽 끓듯 해 금방 잘 하시겠네요 해 놓고선 5분도 안되어 우리 집에서 일하기 어렵겠는데요를 반복한다.

이틀 동안을 흑인들이 질질 흘리는 영어를 듣다보니 대충 무슨 말인지 알 것 같은데 주인의 변덕은 여전히 죽 끓듯 했다.

또 하나의 라스베가스

한국인들이 라스베가스의 카지노에 가서 노름을 하다 돈을 다 잃고 망신을 당하는 신문 보도를 심심치 않게 본 기억이 떠오른다.

외화를 다 탕진하고 빚까지 지고 와 빚쟁이가 돈을 받기 위해 한국에까지 쫓아왔다고 떠들썩하기도 하고…

그 유명한 노름장이 라스베가스에만 있는 것이 아니었다.

교회에서 야유회를 가는데 아트렌틱 바닷가로 간다고 해 따라나섰다.

워싱턴에서 약 3시간 거리에 있는 바닷가로 유흥가가 화려하게 자리를 잡았고 상공으로는 경비행기가 떠다니는데 꼬리에 선전문이 적힌 천이 매달려 있었다.

한 두 대가 아니고 여러 대가 떠다녀 그야말로 장관이다.

과연 미국적인 발상이고 무엇이고 못하는 것이 없는 나라다. 온갖 선전문구들이 하늘에 펄럭이고 다니니 사람들의 시선을 끌만해 선전효과도 크리라.

모래사장 가로는 금속탐지기를 든 사내가 이리저리 오고가며 사람들이 흘리고 간 귀금속을 찾아다니고 갈매기 떼들은 사람들이 던져주는 과자 부스러기를 먹으려고 떼를 지어 모여들었다.

평화로운 대서양.

거기에 거대한 도박장이 있었다. 도박장 안이 서울 운동장만큼 컸고 그야말로 정신을 쏙 뽑아낼 듯 소란스러웠다.

여기까지 와서 노름을 안 해본다면 사람이 아니지… 10불만 해보자… 10불을 코인으로 바꿔 빠찡꼬 기계 앞에 앉았다. 빠찡꼬 기계 돌아가는 소리가 요란하다.

50센트 짜리 코인을 넣고 돌리면 어쩌다 한꺼번에 와르르 쏟아질 때도 있고 하나나 두 개가 나오거나 아니면 꽝이 될 때도 있다.

20개의 코인으로 200개까지 올라갔다가 다 날렸다.

10불로 100불을 땄다가 다 잃은 셈이다.

노름의 심리가 어느 시점에 만족하는 만족 선이 있다면 패가망신을 하는 사람이 없을 것이다. 십불로 미국의 빠찡꼬를 한 번 놀아봤다 하고 만족하기로 했다.

주변에는 할머니들이 주로 많았고 10센트나 5센트 짜리 게임을 즐기는 사람들이 대부분이었다. 떼돈을 따겠다고 달려드는 것이 아니라 무료한 시간을 즐기려는 사람이 대부분인 것이다.

노름장에서 벼락부자가 되려는 심리, 한탕 심리.

대한민국에서 벼락부자가 됐다하면 거의 부동산 투기를 해 한 밑천 잡은 사람들이 아닌가. 부동산을 매개로 해 거의 평생 모은 돈을 한 순간에 강탈해 가는 것이나 마찬가지다.

강도는 그 당시 있는 돈만 털어 가지만 부동산 투기는 알뜰살뜰 모은 장기간의 재산을 털어 가는 것이다.

건전한 정신을 가진 사람들은 투기를 못하는 낙오자가 되어 사회의 밑바닥에서 허리가 휘도록 일해야 한다.

부동산을 사고파는 것을 되풀이 해 부동산 가격을 올려놓으면 결국 물가가 올라가 국제경쟁력이 약해지는, 참으로 망국 병이련만 역대 정부가 이것을 바로 잡기보다 상류층들과 함께 부동산 투기를 조장해왔으니…

운전 면허증

운전 면허증을 따 두는 것이 좋을 거라고 목사님이 권유해 면허를 따 보기로 했다.

목사님은 미국 생활에서 얻은 경험인데 관공서에 드나드는 것이 기분 좋은 일이라고 한다. 무슨 일이든지 부정적이지 않고 되는 쪽으로 배려를 해준다는 것이다.

특히 재판정에 가면 그런 것을 더 느낄 수 있다는 것이다. 한국에서는 법이 힘있는 자, 가진 자 편이지만 미국에서는 약자편이라는 것이다.

약한 자가 믿을 것이 법 밖에 더 있겠는가.

그리고 법이 그 약자들 때문에 필요한 것이 아니겠냐 하는 철학이 있다는 것이다.

운전 면허를 따기 위해 필요한 서류 작성을 목사님이 알아서 다 해주고 우선 필기 시험을 보라고 해 면허 시험장을 찾아갔다.

필기 시험은 컴퓨터로 할 수도 있고 필기도구로도 할 수 있는데 영어에 자신이 없는 사람은 한국어로 된 시험지를 받아서 할 수도 있었다.

시험 문제를 받아보니 시험공부를 한 문제는 거의 나오지 않았고 엉뚱한 문제들이 대부분이었다.

한국에서 오랫동안 운전을 한 경험이 있으니 상식적인 수준에서 답안을 만들었는데 시험관이 떨어졌다고 다시 오라고 한다.

두 번째 시험에 합격을 하고 실기는 목사님 차를 시험장에 끌고 들어갔다.

시험관의 말을 제대로 알아듣지 못하고 긴장 되 실력 발휘가 안 되었다. 실기에는 자신을 가졌는데 의외로 두 번이나 떨어지고 세 번만에 합격을 하였다.

언어의 섬세함까지를 이해한다는 것이 얼마나 어려운 가를 경험하는 계기가 되었다.

두 번째 떨어질 때는 떨어지지 않았는데도 떨어졌다고 말하는 줄 알고 우선 멈춤에서 멈추지를 않아 떨어졌으니 말이다.

직원들은 너무도 친절하고 분위기가 사무적이지 않아 가족 같은 분위기를 느끼게 해주었다. 한국에서 공무원이나 공공기관, 공익요원들을 대해보면 큰 벼슬이라도 하는 것처럼 세도를 부리고 은근히 위세를 부리지 않는가.

교포들은 미국에 사는 것이 육체적으로는 고달프지만 관공서에 가면 스트레스를 안 받아 살만하다고 한다.

민주주의라는 말에 걸맞게 국민을 위해 일하는 기관이라는 것이 피부로 느껴진다는 것이다.

한국에서는 공장을 하나 차릴려면 200여가지가 넘는 도장을 받아야 되고 시간을 질질 끌면서 이것저것 트집을 잡아 돈이나 뜯을려고 한다는 신문기사를 너무도 자주 읽지 않았던가.

무언가를 도와주어야 할 사람들이 오히려 훼방을 놓는 꼴이다.

경찰청에서 경찰 비리 사례를 적발해 책을 발간했는데 심지어 돈을 주면 가해자가 피해자가 되고 피해자가 가해자가 되는 경우까지 있다지 않는가.

뿐만 아니라 내가 알고 지내는 K는 평소 가지고 있던 골동품을 팔려고 들고 다니다가 장물 취급자로 몰려 그 물건을 빼앗기고 감옥에까지 갔다왔다.

조선 시대에나 있을 법한 일이 이 시대에 일어나고 있는 것이다.

더 한심한 것은 그 일로 변호사를 선임했는데 변호사가 돈만 받아먹고 검사하고 한통속이 되어 일을 하더란다.

그런 일을 겪고 난 K는 예전의 K가 아니다.

우리나라 공무원들의 현대적 행정의 시작은 일정 때 조선 총독부를 위해서 일하는 것으로 시작해 군사독재의 하부 기관으로 존속해와 국민을 위해 진심으로 봉사한 경험이 없기 때문에 그야말로 독특한 집단으로 존재하고 있다.

정권만 바뀌었지 그 조직이 바뀌지 않기 때문에 국민들은 민주주의를 피부로 느끼지 못하고 있다.

공무원 스스로 바뀌기는 어렵다는 것을 몇 번의 정권 교체를 통해서 경험했기 때문에 그야말로 특단의 조처가 있어야 할 것이다.

공무원, 공익요원, 공공기관, 모두 공자가 들어가는 곳에서 업무를 보는 사람들은 근본적이고 과감한 개혁을 해야만 한다. 권부의 핵심들은 재야에 있다가 권력을 잡으면서 공무원들이 예전과 달리 일을 잘 처리 해주니 모든 국민들이 그런 서비스를 받는 것으로 알고 공무원들의 개혁을 망각하는 것이 아닐까. 그들의 조직 속에 내려오는 일본식 행정, 군사독재에 협조하며 권위를 부리던 습관이 아직도 그대로 남아 있다는 것을 잊어서는 안 될 것이다.

꼭 부정 부패가 아니더라도 직권 남용이나 임의적인 법 해석으로 권위를 부리는 자세를 뜯어 고쳐야만 할 것이다.

미국이 짧은 시간에 강대국이 된 이유는 공무원들의 성실과 국민에게 봉사한다는 철저한 철학이 있기 때문일 것이다. 아무리 귀찮은 일이고 시간이 걸리더라도 자기 일처럼, 자기 친구의 일처럼 해주는데 어찌 애국심이 안 나오겠는가.

법의 원칙위에 누구에게나 평등하게 업무를 보는 데야 무슨 불평이 있겠는가. 아무리 잘 아는 사람이 와도 줄을 서서 순서대로 해야 하고 아무리 높은 사람이 와도 줄을 서서 자기 차례를 기다리는 데서 민주주의가 실행되고 있음을 확인 할 수 있다.

미국의 공무원들이 시민들에게 철저한 봉사를 하게 된 것이 거저 된 일은 아니다.

1824년 대통령이 된 잭슨. 그의 개혁 정책을 지지하는 사람들을 잭슨파라 부를 정도로 그들의 열정과 숫자가 대단했다. 잭슨은 소규모 농가, 소 기업가 기능공과 노동자들을 보호하는 정책적 지원을 아끼지 않았고 공무원들의 장기 근속을 기피했다. 공무원들의 장기 근속은 힘을 강화시킬 수 있고 무사안일주의로 빠질 수 있다고 생각했다.

잭슨 이전에 임명직이던 것을 거의 선출직으로 바꾸었고 선출직이라 할지라도 자주 바꾸는 정책을 펼쳤다. 뿐만 아니라 국회는 정부 공무원 선발에서 성적제도를 채택했다.

이 잭슨파 운동은 사회 각방면에 영향을 끼쳐 종교계까지 영향을 미쳤고 남북 전쟁에도 그 정신이 밑바탕에 깔려 있다고 할 수 있다.

미국에서도 시간을 끌면서 시험을 본다는 것이 귀찮은 사람은 돈을 주고 면허 따는 사람도 있다고 한다.

미국이 부정이 없고 철저한 나라로 알려져 있지만 개중에 부정을 저지르는 사람이 있다는 증거 일 것이다. 돈을 1.000불 정도 주면 시험을 안 보고도 면허를 딸 수 있다고 한다. 또 면허를 받기 전에 마약이나 알콜 교육을 받아야 하는 데 50달러를 주면 교육을 안 받고도 교육 이수증을 받을 수 있다고 했다.

미국 사회가 톱니바퀴 돌아가듯 빈틈이 없는 것 같지만 부정을 저지를 수 있는 허점이 있는 것이다.

어쨌든 면허증을 받고 보니 한가지 문제가 풀리듯 홀가분하고 기분이 좋았다. 목사님의 노고가 커 고마움을 표하기 위해 한국 음식을 대접하기로 했다.

도깨비 영어

한국 식당은 한국인들이 좋아하는 갈비탕, 설렁탕, 대구매운탕을 주 메뉴로 했지만 일식도 겸해 부패로 운영하고 있었다.

미국인들 사이에 언제부턴가 생선이 몸에 좋다고 알려져 생선을 먹는 사람들이 많아 교포들이 일식 식당을 많이 한단다.

식당에 들어갔다가 목사님과 알고 지내는 분을 만났는데 이분은 서울의 명문 S대 영문학과를 나오신 J라는 분으로 70대가 다 된 분이었다.

미국 생활이 20여 년이 넘어 한국이 그립고 지금이라도 한국으로 돌아가고 싶다고 했다.

미국에서 사업가로 성공해보겠다고 사업을 벌였다가 실패를 해 지금은 벼룩시장을 돌며 장사를 한다고 하는데 소박하고 털털한 성품이 넘치는 분이었다.

자기가 영문학을 전공했고 학원 강사도 해 영어는 자신하고 왔는데 막상 현지에서 부딪혀 보니 그게 아니더란다.

지금도 장사를 하면서 모르는 말이 있으면 반복해 묻고 수첩에다 적는다고 한다.

한국에서 간혹 미국 생활을 오래하고 방문하는 분들을 만나 듣던 말이 생각났다.

대학생들이 영어 연수를 한다고 몇 달이나 1-2년하고 와봐야 개네들이 뭘 알고 오겠냐고 하면서 10-20년 미국에 살아도 안 되는 것이 영어라고 하던 말이…

또 어떤 분은 평생을 학교에서 영어를 가르치다가 미국을 갔는데 무슨 말인지 들리지도 않고 입도 안 떨어져 애만 먹고 와 자신이 얼마나 엉터리 영어를 가르쳤던가 하고 자책이 되고 학생들 시간만 축내며 월급 받기가 미안하다고 학교를 그만 둔 분도 있다.

왜 우리는 노력하는 만큼 영어의 성과가 없는 것일까.

그것은 외정 때 그 독특한 일본식 영어 발음을 배운 사람들이 다시 교단에 서면서 학생들에게 그대로 가르치고 게다가 언제부턴가 영국식 발음에서 미국식으로 바뀌며 더 혼란을 겪는 것은 아닐까.

한국 사람들끼리 영어를 한다면 알아듣는데 정작 미국인들과 대화를 하면 서로가 못 알아듣는 영어를 배우는 꼴이니 쓰지도 못하는 영어를 배우기 위해 그 많은 시간을 보낸다는 것이 한심한 일이다.

J선생은 집에서도 5-6살 먹은 손자들한테 영어를 배우는데 그 손자들이 자신보다 영어를 훨씬 잘 한다는 것이다.

물론 단어라든가 문법은 손자들보다 월등하지만 발음이나 회화는 못 따라간단다. 교포들 영어 수준은 대개 자기가 하는 일의 영역 안에서 가능하지 그 영역을 벗어나면 언어가 통하지를 않는단다.

세탁소 하는 사람은 세탁소에서 쓰는 영어를, 식당 하는 사람은 식당에서 쓰는 영어를 벗어나면 못 알아듣는 다는 것이다.

심한 경우에는 미국에 십 년이 넘게 살아도 영어가 안 통해 혼자서 미국 식당에 가서 밥도 한 번 못 먹어 봤다는 사람도 있단다.

그러니 그 영어가 십년공부 나무아미타불이라는 말도 있고 바로 손에 잡힐 듯 하면서 잡히질 않으니 도깨비 같은 놈이 아닐까.

정말이지 바로 앞에서 정신없이 살라거리면 도깨비가 나타나서 혼을 빼는 것 같기도 하고 하늘에서 ET가 내려와 지껄이는 것 같지 않은가.

셉템버 일레븐

"오늘은 꼼짝 말고 집에만 계세요!"

"왜요?"

"아직 모르고 계세요? 지금 큰일났어요."

"무슨 일인데요?"

"뉴욕에 있는 무역센타가 무너지고요 펜타곤에도 비행기가 떨어졌데요. 오늘은 절대 밖에 나가지 말고 집에만 있어야 한데요. 펜실바니아에도 비행기가 떨어졌고요. 아직도 하늘에 떠 다니는 비행기가 몇 대나 더 있는 지 모른데요."

"아니 왜 비행기들이 떨어지지요."

"저도 확실히는 몰라요. 이라크에서 그랬다는 말도 있고 빈 라딘이라는 말도 있고… 하여튼 집에만 계세요. 절대 밖에는 나가지 마세요!"

평소 알고 지내던 분한테서 공포에 질린 목소리를 듣고 얼마 안 있다 한국에서 안부 전화를 받고, 텔레비전 뉴스를 보고 나서야 대충 그 사건의 윤곽을 알 수 있었다.

구월 십일일.

정말 역사적인 날이다.

이날부터 내가 미국을 떠나오는 날까지 1년 동안 뉴스 시간이면 라디오에서 매번 듣는 단어가 되었고 다음에 두 번을 더 가서도 계속 들어야 했다.

셉템버 일레븐이라든가 나인 일레븐이라는 말을 지겹게 들어야 했다. 절대로 잊어버릴 수 없다고 다짐이라도 하듯이 그 말은 이어졌다,

그야말로 미국은 9.11일을 계기로 너무도 많은 것이 변하게 되었다.

미국이라는 거대한 국가도 이렇게 공격을 받을 수 있다는 것을 세계에 보여 준 셈이다.

거대한 힘과 조직이 있는데도 이렇게 당할 수 있다는 점에서 미국은 허탈해 하는 것이다. 누가 그런 공격을 꿈에라도 생각했을 것인가.

그 무자비함과 냉혈적이고도 자학적 공격, 인간이 전쟁터가 아닌 평화로운 곳에서도 그토록 무자비해질 수 있단 말인가. 옆에서 동료가 죽고 피가 뿌려질 때 이성을 잃고 공격적으로 변할 수 있다고 우리는 생각지 않았나.

각 국가들이 국방비를 늘리는 것은 자국의 국민과 재산을 보호하고 지키기 위한 것이다. 그러나 그 정규군이 있고 세계적으로 막강한 군사력을 가지고도 자신들의 국민을 지켜내지 못한다면 그 정규군과 군사력은 공허할 뿐이다.

정규군을 상대하지 않고 적국에 피해를 입힐 수 있는 전쟁. 정규군을 무용지물로 만들어버리는 전쟁. 미국 본토 밖에서 전쟁을 벌이는 것은 본토의 국민을 가장 효과적으로 보호하는 전략이 될 수 있다. 미국 본토 밖에서 아예 피해의 싹을 잘라버리겠다는 생각. 그것은 강자가 가질 수 있는

매력이다. 상처받은 맹수가 된 미국, 이성을 잃어버릴 수 있는 사건이 아닐 수 없다.

인류사에 수많은 전쟁이 있었지만 이런 형태의 전쟁은 처음이다.

왜 이런 일이 일어났는가?

현실에서부터 과거까지를 검증하고 점검하는 일이 필요한 사건이다.

인간이란 무엇인가? 하는 철학적 사고까지 해야하는 사건이 되었다.

이 사건에 대해 문명의 충돌이라든가 미국이 너무 이스라엘 편을 들어 사고를 자초한 일이라는 평도 있고 여러 논란이 있지만 무엇보다 미국은 급부상한 강대국으로서 그 힘을 어떻게 쓰는 것이 지혜로운 것인가 하는 경륜이 짧은 나라인 것이 제일 큰 요인일 것이다.

강대국이 약소국을 경영하는 노하우가 부족한 나라…

불칼 맞은 멧돼지처럼 힘만 믿고 돌진하는 것은 아닌지, 적이다 아군이다 너무 쉽게 편을 갈라 여기 저기 적을 만들어 놓는 것은 아닌지 생각해 볼 일이다.

외교술이나 외교전략의 취약함… 그 이유는 뭐라해도 역사가 짧은데서 오는 것이다

미국에서 간혹 만날 수 있는 중동 사람들이 가지는 유대인들에 대한 반감은 우리의 상상을 초월하는 것이고 그들은 미국이 유대인 편을 드는 것에 분노하고 있다.

기원전부터 그리스인이나 로마인들은 많은 신들이 있고 그 신들을 제 마음대로 섬길 수 있다는 생각을 가진 반면 유대인들은 오로지 하나의 신만을 믿어야 하는 것으로 선택의 여지가 없다.

또한 오랫동안 평화스럽게 잘 살고 있던 팔레스타인 땅에 갑자기

자기네 조상들이 살던 땅이요 성지라고 밀고 들어가니 분쟁이 안 일어날 수가 있겠는가.

우리나라가 고구려 땅이었던 만주가 우리민족의 성지라고 지금에 와서 밀고 들어간다면 분명 중국과 분쟁이 일어 날 것이다.

인간 세상에 성지가 어디 따로 있겠는가?

인간이 살고 있으면 성지가 되는 것이지 어찌 성지를 그렇게 집요하게 따져 분쟁을 일으키고 사람을 서로 죽일 수 있단 말인가.

제 자신의 생명도 귀하게 여기지 않아 연일 자살폭탄 테러를 일삼고 사람을 파리 목숨 죽이듯 하는 곳.

매일 서로를 그렇게 잔인하게 죽이는 곳이 저주받은 땅일지언정 어떻게 성지가 될 수 있단 말인가!

매일같이 저들의 하는 짓을 보면 오히려 하느님이 없다는 것을 증명하는 것은 아닐까.

새로운 모세가 나타나 새로운 가나안을 건설하는 것이 오늘날 이스라엘 민족이 해야 할 일은 아닐까.

미국의 정책이 이스라엘을 편들어 중동에서 끊임없이 분쟁이 일어나게 하기보다도 미국의 그 큰 땅을 어느 한쪽 뚝 떼어서 유대인들을 살게 한다면 어떻게 될까…

분명한 것은 인간이 사는 곳은 어디나 성지가 있을 수 있고 또한 새로운 성지를 만들 수도 있는 것이 아닐까.

인간이 사는 곳이면 어디나 다 성지가 될 수 있다고 생각하면 안 되는 것일까.

이번 9,11 사태로 미국인들이 얼마나 애국심이 강한가를 보여주는 계기도 되었다.

집집마다, 차량마다 성조기가 물결을 이루었고 처녀들은 성조기를 들고 길가에서 미국을 사랑한다고 외치기도 했다.

미국인들을 성조기 아래 하나로 모이게 하는 그 힘.

마치 일본의 군국주의 시절 일장기를 들고 열광하듯이…

다양한 인종이 모여 국가를 이룬 미국인들, 이들을 성조기를 중심으로 이렇게 하나로 뭉치게 하는 그 원동력은 어디에 있는 것일까?

현실에서 일어난 사건이지만 마치 꿈속에서 본 것처럼 믿어지지 않는 사건이다. 한동안 공포스러운 충격에서 벗어나지 못하고 멍해진 상태로 지냈다.

다음 글은 갑자기 죽은 영혼들을 생각하며 쓴 것인데 주간 워싱톤에 실렸던 글이다.

세계무역센디의 죽음

친구여!
나의 죽음을 잊지 말아다오
나는 아무것도 모른 채
그 날 세계무역센터에
갔었을 뿐

친구여!
그대 곁에
내가 없음을 슬퍼 말아다오

내가

나의 죽음을 모르고
갑자기 죽었듯이
그대는 나를 갑자기 잃었을 뿐

친구여!
나의 죽음이 헛되지 않기 위해
무엇을 할 것인지
한 번쯤 생각해다오

나는 아무것도 모른 채
그대 곁에서 사라졌을 뿐

친구여!
나의 죽음을 잊지 말아다오

친구여!
친구여!

Death at the World Trade Center

By Nak-Youmg Kim

Dear friend,
please remember me
for my death which I met so Violently
at the World Trade Center

I visited on that day of final destiny
without much thought.
Dear friend,
do not be made sad
by my sudden disappearance.

Just as I met Death
Without much knowledge,
You could not help
losing me all of a sudden.

Dear friend.
Will you think once
of the worth of my fate
If you can.

I disappeared from you,
but no, I knew nought of
what had happened.

O my friend,
do not forget me
For my death.

My friend!

My friend!

위 영문은 이선명 선생님께서 번역한 것임

망명 기자

간혹 한국인들 업소 앞에 비치되어 있는 신문들을 주어다 읽곤 하는데 워싱톤을 중심으로 발간되는 교포 신문들이 의외로 많았다.

일간지는 한국일보가 자리를 완전히 잡았고 중앙일보는 몇 번인가 실패를 한 후 다시 제기를 위해 노력하고 있는 중이라고 한다.

조선일보는 무료로 배포되는데 한국에서와 달리 가장 독자가 없는 신문이다.

요즘 한국에서 조선일보 안 보기 운동을 한다고 하는데 나는 개인적으로 노태우씨가 대통령 할 때부터 안 보고 있다.

왜냐하면 전두한씨 때까지는 정말 살벌하게 탄압을 했지만 노태우씨 때부터는 상당히 자유로워져 물태우라는 말까지 듣지 않았던가 그런데도 신문의 질이 전혀 좋아지지 않고 그야말로 기자정신이 뭔지를 모르는 사람들이 만드는 신문이란 이유 때문에 안 보게 되었다.

그런데 요즘에 느닷없이 조선일보가 언론 자유화 운동이라도 하는 태도를 보이는 것은 너무도 엉뚱하다.

그런 이유인지 어째서인지 모르지만 워싱톤 지역에서 조선일보는 제일 인기 없는 신문이다.

워싱톤 지역 교포들의 언론관이 그만큼 수준이 높아서일까?

내가 자주 보는 주간 워싱톤이란 주간지는 젊은 여성이 만드는 신문이라고 하는데 거기 실리는 칼럼이 너무 좋았다.

그 글에는 어느 곳으로 치우치지도 않고 또 현실을 파악하는데 과거부터 점검하는 역사 의식과 우리 민족이 세계 속에서 어떻게 해야만 살아 남을 수 있는가 하는 민족의 미래를 바라보며 쓰는 글이었다.

어느 한편에 치우치지 않고 글을 쓸려면 자유로운 정신과 지적 균형이 잘 갖추어져 있어야 할 것이다.

미국을 바라보는 것도 우방이라는 편향적 시각을 벗어나 객관적으로 바라보고 내면의 세계를 분석해내는 힘을 바탕으로 했을 때 미국에도 이익이 되고 한국도 민족의 문제를 냉엄히 바라보며 대처 할 터이니 결국 애국이 되는 길이다.

신문의 사명은 바로 거기에 있을 것이다.

얼마나 객관적으로 보아내느냐. 그리고 미래에 어떤 영향을 미칠 것인가를 생각하며 쓸 때 그 시대를 사랑하고 민족을 사랑하는 일이 될 것이다.

사주(社主)나 어느 집단의 이익이 아니라 민족의 장래와 다수의 대중을 사랑하는 것이 무엇인가 고민하는 정신이 들어 있어야 하는 것이다.

그동안 신문은 특정 집단의 분장사 역할을 하였으나 그때는 어쩔 수 없었다고 이해해주는 공감대가 있었다.

살벌한 군사독재 시대라는 환경을…

그러나 지금은 그것이 아니다.

대한민국에서 태어나 반공 교육을 받으며 생활한 사람이라면 그 신문에서 말하지 않아도 그 정도의 정신 무장은 이미 다 되어 있다.

설사 교육을 받지 않은 사람이라 할지라도.

적어도 신문은 그 이상의 무엇을 갖고 신문을 만들어야지… 그저 밥 먹고사는 데 이상 없으면 되었지 하고 쓴다면 그놈의 것이 정신적 똥을 양산하는 것이나 다름없다.

지식적 편식과 정신적 편집증 환자처럼 사고가 굳어서 자기 자신이 어떻게 되어 있는지 객관적으로 자신을 직시하지 못하고 있음을 반증하는 행위일 뿐이다.

아무리 다수의 수로 밀어부쳐도 소수의 생각이 바른 것일 때 역사는 움직여 왔다.

그 소수의 바른 생각 때문에 역사는 변하고 있다.

그 칼럼을 보면서 외국에 나와서도 이렇게 조국의 안위를 생각하는 애국자가 있구나 하는 감탄과 균형 잡힌 지식과 세계를 보아내는 그 힘에 매료되지 않을 수 없었다.

동서고금을 넘나들며 써나가는 그 필치는 정말 신선한 충격과 세계를 바라보는 시야를 열어주는 글이었다.

춘추필법이란 말에 걸 맞는 글이 실리는 신문을 읽는 다는 것은 즐거운 일이다.

신문사로 전화를 걸어 인사라도 하는 것이 도리이다 싶어 전화를 했다.

칼럼을 쓰시는 분은 이선명 선생님으로 후에 안일이지만 미주 언론계에 필명을 날리시는 분이고 교포들의 어려운 일이 있으면 발벗고 나서서 도와주시는 분이라고 했다.

좋은 글을 쓸려면 넓고 깊은 지식도 중요하지만 우선 사람이 되어 있어야 한다는 것을 보여주는 일이다.

나는 그 후로 이 선생님으로부터 여러모로 도움을 많이 받았다.

미국에서 별 같은 분을 만날 줄이야! 살아생전에 정말 사람 같은 사람을 몇이나 만나보고 죽을까?

이 선생님은 한국에서 기자생활을 하시다가 박정희 대통령 시절에 불란서로 망명해 지금까지 외국 생활을 하신다고 한다.

그렇게 오랫동안 외국생활을 하면서도 자신의 소신을 꿋꿋이 지켜 나가시는 게 자랑스럽다.

외로움과 경제적 궁핍을 이겨내면서…

한밤중의 응급실

"선생님! 큰일났습니다."

"왜 그러세요!"

"제가 얼굴이 붓고 눈이 안 보이는데 이러다 혹시 장님이 되는 것이 아닌가 걱정입니다."

"안되지요. 차를 제가 알아봐서 보내드릴 테니까 조금만 기다리세요. 전화 끊고 기다리고 계세요 ".

며칠 전부터 얼굴이 붓고 가렵기 시작하더니 이제 눈까지 제대로 안 보일 지경이었다.

시간이 지나면 좋아지려니 했는데 계속 증세가 심해졌다.

이런 상황에 도움을 청할 사람은 이선명 선생님뿐이다 싶어 전화를 드렸더니 곧 전화가 왔다.

미국 생활을 그토록 오래 하시면서도 자동차가 없으신 선생님은 주변의 아는 사람들에게 부탁을 해 차를 보내 주셨다.

차를 가져온 사람은 선생님을 통해 소개받은 김한수씨였다. 김한수씨는 어느 학원의 원장으로 일을 하고 있다고 하는데 늦은 시간인데도 차를 가져왔으니 여간 고마운 일이 아니다.

병원의 응급실로 찾아가면 어떤 경우에도 치료를 받을 수 있다는 정보까지 얻어 병원을 찾아갔다.

여행중이라 돈이 없다고 하자 안내원은 노 프라브렘! 이라고 답하며 미소를 짓는다.

잠시 후 진찰실로 안내 해 의사의 진찰을 받게 해 주었다.

의사는 나의 얼굴을 이리저리 살펴보고 몸에까지 돋아나는 붉은 반점들을 확인하고 나서 왜 이러는 것 같은가 물었다.

내가 말하는 것을 김한수씨가 옆에서 거들어 주는 도움을 받으며 최대한 영어로 설명을 하느라 진땀을 쏟았다.

다른 건 몰라도 몸에 관한 영어만은 필수적으로 해두어야 한다는 경험을 한 셈이다. 카페트 위에 얼굴을 대고 깜박 잠이 들었는데 그 후부터 가렵고 붓기 시작했다고 했더니 알았다고 미소를 짓는다.

의사가 기다리라고 하고 가더니 한 시간이나 지나서 나타났다. 의사는 손에 들고 있던 A4용지 3장을 내게 내밀었다.

그 용지 첫 장 맨 위에는 자기네 병원을 찾아줘서 고맙다는 인사말이 들어있고 내 병에 대한 소견과 처방이 있었다. 그리고 전화로 문의 할 일이 있으면 전화하라고 전화번호도 들어 있었다.

시간이 걸렸던 것은 이 서류를 만들어 오느라 늦었던 것이다. 돈이 없다고 했는데도 이렇게 친절하게 대해준다는 것이 꿈만 같았다. 돈은 어떻게 하느냐고 했더니 걱정하지 말라고 했다.

집에 가 있으면 청구서를 보낼 거라고.

오 하느님 지구상에 이런 나라도 있습니까? 감탄이 절로 나왔다.

한국 같으면 병원 문 앞에서 정신이 이상한 놈이 나타났다고 쫓겨났을 것이다.

병원 문전에서 응급환자가 돈이 없다고 쫓겨나 이 병원 저 병원

돌다가 길바닥에서 죽었다는 뉴스도 많이 보았으니 말이다.

나는 병치레가 잦고 근육통에 시달려 병원을 자주 드나들었는데 한 번도 서류상으로나 입으로나 고맙다는 말도 못 들어봤고 오히려 의사가 대단한 벼슬이라도 되는 것처럼 할머니 할아버지 벌되는 사람들한테도 반말을 해대며 거만 떠는 것을 더 많이 보았다.

또한 약을 먹었다고 해서 좋아져 본적도 별로 없다.

언제부턴가 병원 갈 돈이 있으면 술이라도 한 잔 더 먹겠다는 오기 아닌 오기도 갖게 되었다.

특히나 한국에서는 보험료를 잘 내다가 3개월만 밀려도 보험 혜택을 못 받지 않는가.

10여 년을 꾸준히 잘 내다 3개월을 못 냈다하여 보험 혜택을 안 주는 것도 억울한데 재산을 압류하겠다고 괴롭히기까지 하니 한심한 일이다.

공 보험이라는 것이 사 보험과 달리 어떤 형편이 되어서 보험료를 못 내게 되었는가 잘 알아봐서 복지 쪽으로 처리를 하는 것이 공 보험의 사명일 것 같은데 정 반대로 재산만 압류하겠다고 대드니 세상에 이런 복지국가가 어디 있을 것인가.

결과적으로 보호를 받아야 할 처지가 되었을 때 국가로부터 시달리게끔 되어 있는 복지이니 전 세계에 내놓고 자랑해야 할 일이다.

아이엠에프를 가져와 온 국민들을 고통 속에 몰아넣어 하루하루 살아남기도 힘들고 전세 보증금 만들기도 어려운 사람이 얼마나 많은가.

잘 보살펴야 할 사람들을 오히려 전세보증금까지 압류하겠다고 하니… 대한민국이 진정 언제나 나라다운 나라가 될는지…

자기 몸이 아파도 병원을 가지 못하는 사람들, 수입이 없는 사람들의 재물을 강제로 뺏어 다른 사람을 치료해주겠다는 발상이 누구 머리에서 나왔는지 기가 막힐 일이다.

약도 한 톨 안 먹었고 주사도 한 대 안 맞았는데 말이다.

21세기 민주 국가에서 도저히 있을 수 없는 일이 벌어지고 있다니… 아 대한민국이여!

심한 중병이 들면 보험을 들었는데도 집을 팔고 재산을 다 탕진하고 죽는 것이 대한민국의 보험 현실이다.

보험의 의미가 전혀 없고 그 방면의 종사자들 생활보장만 시켜주는 꼴이다.

북한산 밑 약수터에서 자주 만나는 할머니는 수입도 없는데 하꼬방 같은 집을 갖고 있다고 보험료를 5만원씩 낸다고 한다. 아들에게서 용돈 받아 보험료를 내고 나면 어디 나다니지도 못한다는 것이다.

그리고 정작 아파도 병원을 안 가게 된다고 한다.

병원에 가면 또 돈을 내야 한다는 부담 때문에 병원을 가지 않는다고 했다.

의료계가 보험을 빙자해 그런 할머니 돈까지 뺏어 가는 꼴이다.

미국이 아무리 자본주의의 첨단을 가는 나라라고 하지만 보험도 없는 남의 나라 사람을 이렇게 친절하게 해 준다는 것은 인도주의적 정신이 살아 있음을 보여주는 것이 아니겠나.

사람에 대한 사랑과 국민에 대한 신뢰가 있음을 알 수 있다.

보험료를 안 낸다고 재산을 압류하겠다는 발상은 국민을 못 믿는 데서 나오는 것이다.

낼 수 있는데도 안 내는 사람이 있다는 전제 하에 그런 강제 규정을 두었을 것이다.

오죽하면 가족의 건강 문제가 걸린 보험료를 못 내겠는가 하고 선의적으로 생각하는 것이 아니라 거짓말쟁이 사기꾼 대하듯 국민을 생각한다는 증거다.

설사 보험료를 낼 형편인대도 안내는 사람들이 있다하더라도 그런 사람들은 따로 분류해서 처리해야 할 일이지 선의의 모든 사람들까지 왜 볶아대는지 도저히 이해가 안 되는 일이다.

복지부 공무원들이 그런 사고방식을 그대로 가지고 법무부에 가서 일한다면 매일 범죄가 일어나지 않느냐고 국민 모두를 범죄 예비자로 취급해 감옥에 쳐 넣겠다고 죄도 없는 사람들에게 매일 소환장을 보내지 않을까…

보험료를 낼 형편인데도 안 내는 사람들은 제도에 문제점이 있기 때문이 아닐까.

이 영리한 세상에 자신에게 이익이 되는데 안 할 사람이 어디 있을 것인가. 강제적으로 밀어붙일 것이 아니라 제도를 보완해 스스로 참여하게 하는 것이 진정한 민주주의 일 것이다. 제도를 잘 보완 할 생각은 안 하고 무조건 밀어붙이는 것은 군사정권 시절에 하든 유물을 그대로 따라 하는 것이나 다름없다.

대한민국의 상층부에서 부정으로 왔다갔다하는 뭉치 돈의 일부만 써도 보호받아야 할 사람들의 재산을 강제 압류하겠다는 짓은 안 해도 될텐데…

어쨌던 미국에서는 돈이 있든지 없든지, 말이 통하던지 안 통하던지, 병원에 일단 오면 어떤 경우라도 치료를 해주어야 한다. 말이 안 통하면 통역회사에 연락해 통역원을 불러 치료를 해야 한다. 말이 안 통해 치료를 못 해주었다는 것이 용납 안 되는 사회인 것이다.

TORNADO(旋風 선풍)

가끔 뉴스를 통해서 보던 회오리바람이 지나간 자리를 실제로 보고 놀라지 않을 수 없었다.

회오리바람이 지나간 자리에 있었던 집들은 모두 부서지고 나무들은 뿌리채 뽑혀 있었다. 아름드리 나무들이 부러지기도 하고 회오리바람이 지나간 숲은 그야말로 쑥대밭이 되듯 망가져 있었다.

매릴랜드 대학 주변을 휩쓸고 간 바람은 매릴랜드 대학 여학생 두 명이 타고 있던 자동차까지 끌어 올려 건물 벽에 부딪혀 그 자리에서 죽게 했다.

그야말로 공포스러운 바람이다.

폭격기가 한바탕 폭격을 하고 난 후처럼 처참한 광경이다. 월남에서 보았던 팬텀기의 폭격이 있고 난 후처럼 너무도 처참하다.

나무가 쓰러진 곳은 모래밭이 드러나 있어 미국이 언제인가 바다속이었다는 것을 증명하고 있다. 평퍼짐한 구릉지대에 나무만 없다면 몽골에서 보았던 구릉지대하고 무엇이 다르랴.

아메리카 대륙도 상전벽해가 몇 번이나 반복되었는지 어찌 알리.

죽으나 사나 세탁소

주인 여자는 아무리 힘들어도 이놈의 세탁소를 안 할 수 없으니 죽으나 사나 할 수밖에 없다고 한다.

새벽 5시면 일어나서 얼굴 씻고 자동차로 한 시간 거리의 세탁소로 달려가 아침은 먹는 둥 마는 둥 하고 일을 시작한다.

그야말로 별 보고 나가서 별 보고 들어오는 생활이다.

얼굴엔 윤기가 하나도 없고 피곤에 지쳐있다.

여자들의 얼굴을 보면 미국에 온지 얼마나 됐는지 금방 안다고 한다.

미국에 온지 1년 정도까지는 어느 정도 윤기가 있지만 시간이 지날수록 얼굴이 망가지기 시작한다는 것이다.

그만큼 미국생활이 여성들에겐 힘들다.

한국에서도 힘들게 살아가는 여성들이 있지만 미국에서는 거의 모든 여성들이 그렇게 힘들게 살 수 밖에 없다고 한다.

주인 여자는 옷을 찾으러 오는 사람들의 옷을 내주고 세탁물을 가져오면 컴퓨터에 무슨 옷을 몇 개 가져왔는가, 받을 돈은 얼마인가를 입력시키고 옷에 번호 붙이는 일을 하는데 눈코 뜰 새 없이 바빴다.

세탁물 주머니에 볼펜이나 옷을 상하게 할 물건이 없나하고 확인하면서 채워진 단추를 클르는 것도 일이다.

소매단추나 앞단추를 클르는 데 시간이 많이 걸렸다.

세탁물 주머니를 뒤지다가 돈이 나오는 경우도 있는데 그럴 때는 주인에게 돌려주는 것보다 돈을 발견한 사람이 갖는 편이 좋다고 한다.

돈을 돌려준다고 했다가 돈이 그보다 더 많았다고 옷 주인과 시비가 일어나 골치 아프게 되는 경우가 많기 때문이란다.

남자 네 명은 각자 하는 일들이 따로 정해져 있다.

이씨 성을 가진 영감은 안하무인격으로 아무한테나 반말을 하고 성미에 안 맞으면 그때그때 "에이 니미붙을" 쌍 욕이 튀어나오는 사람이다. 영감은 양복 윗도리를 다리는 사람으로 세탁소에서 제일 기술자 대우를 받는 일이다.

그야말로 기술자 곤조를 부리는 꼬라지는 옆에서 보는 사람도 이

맛살을 찌프리게 한다.

세탁소는 한국하고 달리 완전히 기계화되어 있어 육체적으로 힘든 일은 아니지만 단순한 것을 반복하는 일이라 젊은이들에게 인기 없는 일이다.

프레스 압력 장치가 되어있는 큰 다리미를 조정해 다리는 일은 대단한 기술을 요하는 일도 아니다.

온 지 한 달밖에 안됐다는 박영감은 맘먹고 배우면 한나절이면 다 할 수 있는 일이지 그깐 놈의 게 무슨 기술이냐고 이영감이 안 듣는 데서 중얼거리곤 한다.

박영감은 미국에 온 지 20년이 넘었다는데 강한 경상도 사투리를 그대로 쓰고 있다.

박영감은 와이샤쓰 다리는 것을 에콰도르에서 왔다는 여성과 한 조로 일을 하며 간혹 여성을 웃겨보겠다고 애를 쓰는 영감이다.

미스터 리는 30대 정도 되어 보이는 사람으로 바지를 다리기도 하고 다 다려진 옷을 비닐로 포장하는 일도 한다.

다 포장된 옷은 기계화된 옷 걸게 틀에 걸면서 거는 자리에 붙어있는 번호를 컴퓨터에 입력시켜 둔다.

고객이 자기 번호를 가져왔을 때 금방 찾을 수 있게 되어있어 그야말로 모든 게 자동화 된 세탁공장이다.

내가 하는 일은 와이샤쓰를 색깔별로 분류해 다른 옷에 물이 들지 않도록 하고 목에 때가 많이 낀 것은 솔로 세제를 묻혀 박박 문질러 때를 대충 빼고 난 후 세탁기에 넣는다.

풀 먹일 옷은 구별이 되도록 망으로 된 자루에 넣어 빤 후 바로 풀을 먹이고 다 다려진 옷들을 고객 이름이 적혀있는 옷걸이에 모아 포장하도록 해준다.

한 사람이 20-30개씩 가져오는 사람들도 있어 세탁비가 만만찮은 금액이다.

미국인들의 대부분이 맞벌이를 해야만 살 수 있기 때문에 집에서 여성들이 옷을 빨고 있을 시간이 없단다.

그리고 틈틈이 핫 프레스로 와이샤쓰가 잘못 다려진 것들을 바로 잡아주는 일도 하는데 핫프레스의 열기가 얼마나 뜨거운지 목이 마르고 땀이 비 오듯 해 물을 몇 병씩이나 마셔야 했다.

거기다 밥 먹는 시간외는 앉아 있을 시간이 없으니 다리가 보통 아픈 것이 아니다. 이런 사정을 안다는 듯 박영감이 간혹 "선생님 제가 좀 할테니 밖에 나가 바람 좀 쏘이고 오소" 하는 것이다.

강단 있게 생긴데다 온갖 풍파를 다 겪은 풍운아 같은 인상을 풍기는 영감이다.

얼굴에 주름이 지고 자세가 좀 무너지긴 했지만 아직도 눈에선 빛이 나고 강골로 생긴 체구가 만만찮은 사람이다.

이영감의 그 안하무인격의 태도와는 달리 나에게 꼭 선생님이라고 호칭을 하며 사근사근하게 대해주는 박영감이다.

풍류

세탁소 주인 남자는 미국에서 만난 사람 중에 제일 낭만이 있는 사람.

세탁소는 여자에게 맡겨놓고 자신은 미국인 골동품가게에서 골동품 수선하는 기술자로 일하는 사람이다.

거실에 놓여있는 가구들은 모두 불란서나 영국의 오랜 가구들을 수리한 것이라는데 우아하고 아름다움을 간직해 거실이 화려하다.

천장에 메달린 고급스러운 샹들리에 불빛을 받아 가구들은 빛을 발하고 그 우아한 분위기에서 주인 남자는 아코디온을 키는 것이다.

몸을 흔들어가며 흥을 내는 남자의 모습은 필경 미국에서 성공한 사람으로 풍류를 즐길 줄 아는 사람같이 보인다.

한 편으론 사람 키보다 더 큰 하아프가 놓여있는데 그것 자체가 화려한 장식물일 뿐 아니라 간혹 주인 아들이 그 하프를 뜯으면 그 소리가 얼마나 우아하고 아름다운지 다른 세상에 와 있는 기분이었다.

참으로 행복한 집안이다.

주인은 양주 칵테일에도 일가견이 있어 맛있게 만들어 한 잔씩 권해 그 호화로운 분위기에서 술잔을 홀짝거리는 맛은 참으로 별났다.

주인 남자는 서울 제기동에서 살다가 미국으로 온지가 30년이 다 된 사람으로 내가 전농동에서 어린 시절을 보냈노라고 했더니 많이 본 얼굴 같다는 것이다.

아코디온을 켜지 않을 때는 자신은 여호와 증인이라며 성경을 20년 이상 배웠노라고 성경을 나에게 설파하기도 한다.

모든 것은 자신만이 정확히 알고 있으며 그것은 절대 진리라는 투로 말하기 때문에 무슨 말을 꺼냈다가는 피곤한 논쟁으로 이어질 사람이다.

그리고는 나에게 2주 동안은 공짜로 일을 해야한다고 자기 나름의 규칙을 늘어놓기도 했다.

겉으로 드러나는 화려함이나 여유로움하고는 달리 비상식적인 말을 거리낌없이 하는 것도 어찌 보면 연구 대상이다 싶어 몇 일 동안을 말없이 지켜보았다.

떠돌이 영감

어둑한 지하실 큰방을 천으로 칸을 만든 한편은 주인의 장모가 쓰고 나머지 한 칸은 미스터리와 내가 쓰고 있다. 장모 되는 노파는 세탁소에 나가 잡다한 일을 도와주다 병이 나 병원으로 실려갔고 그 옆으로 있는 작은 방은 이영감과 박영감이 쓰고 있다.

"이 선생님 앞으로 잘 좀 부탁드리겠습니다."

"부탁은 뭐… 집이 어디요 서울?"

"네 수유리입니다."

"나는 경기도 용인이요. 미국 온 지는 얼마나 됐어!"

"이제 5개월 정도 됐습니다."

"5개월! 그럼 아무것도 모르겠네."

"네… 아무 것도 모릅니다."

"근데 니미붙을 뭐 어쩌고저쩌고…"

"네?"

"아니 미스터 김보고 그러는 거 아니고 승옥이 아빠 말이야"

"네…"

"지배인을 시키네 어쩌네 그러던데…"

"아휴 제가 뭐 안다고 지배인을…"

"지미붙을! 더러워서… 딴 데로 뜨든가 해야지 밥을 먹을 수 있어야지 그걸 밥 먹으라고 내놔… 지내끼리 먹으면 그렇게 먹겠어!"

"미국에 오신 지는 얼마나 되셨습니까."

"20년이 넘었어…"

이영감은 20년이 넘는 미국 생활을 독신으로 혼자 지내고 있다고 한다. 고향을 갈려고 준비를 해놓으면 강도를 만나 돈이고 뭐고 다

털려 지금까지 한국에도 한 번 못 가봤노라고 했다.

참으로 불운한 사람이다.

한 번은 한국을 가겠다고 가방을 들고나서다 권총 강도를 만나 돈을 다 털려 고향을 못 갔다고 했다. 아마도 고향에 갈 팔자가 못되는 것 같다고 넋두리다.

그동안 큰아들이 한 두어 번 와서 보고 갔노라고 한다.

인생살이라는 것이 별에 별 인생이 다 있겠지만 참으로 기막힌 인생도 다 있구나 하는 생각이 들었다.

가정에 어떤 문제가 있는 것도 아니고 부인은 아이들 다 잘 키워 대학까지 졸업을 시켜 직장에도 잘 나가고 있단다.

"나는 올해 할 일은 다 했어요. 집으로 만 불 보내 줬으니까."

영감은 돈을 벌어 집으로 보내주느라 고향에도 못 가보고 고생을 하는 것 같았다.

굵게 주름이 잡힌 이영감은 미국 온 지 20여 년이 넘었지만 전 재산인 옷 가방 하나를 들고 이곳 저곳 떠도는 떠돌이였다.

카지노

미국의 거의 모든 직장이 토요일부터 놀아 금요일 오후면 교외로 자동차들이 빠져나가느라 교통이 복잡해지기 시작한다.

세탁소는 토요일 오전까지 일을 하고 오후면 쉬는데 이영감과 박영감, 미스터리가 아트란틱에 있는 카지노로 노름하러 간다며 같이 가자고 한다.

주인 남자는 이들을 카지노에서 손님을 태우러 나오는 버스를 탈 수 있는 워싱턴의 어느 곳까지 대려다 주겠다고 왔다.

노름장에서 손님을 모시러 3시간 거리까지 버스를 내보낸다는 것이다. 뿐만 아니라 카지노를 자주 드나들어 아무개다 하고 알려지면 음식이나 호텔 방까지 공짜로 제공해준다고 한다.

미스터리가 노름장에 가지 않으면 늦게까지 세탁소에서 일해야 한다고 같이 가자고 하는 것을 내키지 않아 안 가겠다고 했다.

평일보다는 일을 조금 일찍 끝내고 집에 돌아와 주인 남자와 마주한 식탁은 세 사람이 노름을 하러 간 탓에 조용했다.

"김선생님도 가보시지 그랬어요."

"나중에 가보지요 뭐… "

"안 가시길 잘 했어요. 한 번 가면 자꾸 가게 되고 거기 드나들면 돈이 안 남아나요. 이영감님은 방 하나 얻을 돈도 없는 거지나 마찬가지에요."

"네? 저한테는 올해도 돈을 한국에 보내고 매해 돈을 보낸다고 하던데요."

"하하하… 그래요. "

주인 남자는 어이없다는 표정을 지으며 완전히 거짓말이라고 했다.

매월 일해서 모은 돈을 카지노에 가 다 잃고 차비도 없어 못 오다 새벽에 카드로 돈을 뽑아 차비를 해서 오는데 무슨 돈을 보낼 수 있느냐고 한다.

어떻게 그렇게 능청스럽게 거짓말을 할 수 있을까. 참으로 신기하고 신비로운 사람이다.

한 달 내내 열심히 일해서 모은 돈을 한 번에 카지노로 잃어버리고 빈털터리 인생으로 미국생활을 하다니… 도저히 이해가 안 되는 사람이다.

유별나게 강도를 많이 당했다는 그 말도 강도를 당해 잃어버렸다고 생각하는 것이 마음이 편해서일까.

핫 참! 기가 막힐 일이다.

박영감도 똑 같은 사람이라고 한다. 이영감이 카지노장에서 돈을 다 잃고 갈 데가 없는 사람을 데려와 같이 일을 하게 해달라고 해 같이 있게 됐다고 한다.

나중에 미스터 리 한테 들어 알게 된 것은 자신한테도 돈을 빌려달라고 해 잃은 돈이 5천불이 넘는다고 하며 어느 날엔가 도망갈 것만 같아 불안하다고 했다.

이영감은 미국오기 전에도 한국에서 노름을 하다가 와 부인이 원수로 생각하고 한국에 안 오길 바란다고 한다.

돈을 다 잃고 아트란틱 바닷가에서 햄버거를 씹을 때의 그 허전함이란 이루 말 할 수 없다고 넋두리를 늘어놓는 이영감… 미국생활 20여 년, 그 세월을 카지노 노름으로 다 날린 인생, 그 허무와 공허함을 바닷가에 앉아서 햄버거 하나로 달래는 영감의 기분은 어떨까…

한 달 내내 번 돈을 다 잃고 무슨 기분으로 일을 할 수 있을까…

그래서 카지노장에 갔다 온 다음날은 신경질이 더 많아져 세탁소 분위기가 영 안 좋단다.

먹여주고 재워 준다는 조건으로 이영감은 한 달에 2천불을 받고 특별 수당으로 몇 푼 더 받는 것 같은데 그 돈을 고스란히 카지노장에 갖다 바치고 빗쟁이 인생을 사는 것이다.

미스터 리

틈만 나면 한국의 연속극 비디오 테이프를 틀어놓고 텔레비죤 앞에 앉아 시간을 보내는 사람이다. 미스터 리 뿐만 아니라 한국인 대부분이 비디오 테이프 중독자들처럼 매달린다.

미국에서 한국인들 상대로 하는 장사 중 짭짤하게 재미를 보는 업종이 비디오 테이프 대여점이다.

한국에 대한 그리움과 외로움을 달래는데 이보다 싸고 좋은 게 없으니 너도나도 모두 몰려들어 한 보따리씩 빌려다 눈이 벌게지도록 보는 생활의 반복이다.

미스터리는 미국 온 지 2년이 됐다는데 이영감이나 박영감처럼 신분 보장이 안 되는 불법체류자다.

세탁소가 한국 사람들이 살지 않는 곳에 있기 때문에 사람 구하기가 힘들어 모두 신분 보장이 안 되는 불법체류자들만 일 하고 있는 곳이다.

영주권자나 시민권자들은 집 가까이에 있는 직장을 다니는 것이 기름 값도 안 들고 시간이 절약되기 때문에 멀리 있는 곳은 기피하게 마련이다.

그러니 주인네는 불법 체류자들을 쓰면서 적당히 그 약점을 이용하여 임금을 싸게 쳐주거나 오버 타임으로 일을 시키기도 하는 것이다.

주인은 성경을 20년이나 공부했다고 하면서도 그런 점엔 무감각이다.

더군다나 미스터리는 무슨 병인지 발목 부위가 썩어 들어가는 병을 앓고 있는데 그 냄새가 너무 지독해 송장 썩는 냄새보다 더했다.

아침저녁으로 함께 차를 타고 출퇴근할 때면 사람들은 수건으로 코를 막고 가야 할 형편이다.

그 지경인데도 병원에 데려갈 생각도 안 하니 사람이 사는 세상에서 어떻게 이럴 수가 있을까. 그것도 미국이라는 나라에서 말이다.

"어이 미스터 리! 병원에 가보지 그래 그러다 발목을 자르게 되면 어떻게 할려고 그래. 아직 한창 젊은 나이에…"

몇 번이나 병원에 가보라고 해도 뚱하니 말이 없다가 자기가 병원에 다니게 되면 그만두라고 할까봐 병원에 못 가노라고 했다.

그도 그럴 것이 대부분의 한국인들은 불법 체류자들을 썼다가 걸리면 벌금을 내야 하기 때문에 미스터 리 같은 사람은 직장 잡기가 쉽지 않으니 주인 눈치를 봐야 할 수밖에 없는 노릇이다.

칵테일

보드카에다 도마도 쥬스를 타고 핫 소스와 후추 가루를 쳐서 내주는 칵테일은 그런대로 별난 맛을 냈다.

일을 끝내고 집으로 돌아와 저녁식사를 하고 난 후 주인 남자는 칵테일을 한 잔씩 만들어 주면서 다짐을 해두려는 듯 2주일은 공짜로 일을 해야 한다고 한 마디씩 했다.

"미국 사람들은 그렇게 일을 시키나 보지요."

"아니에요. 안 그래요."

"그런데 왜 그런 규칙을 만들었습니까?"

"우리 세탁소는 내 방식대로 하니까요."

"그래요…"

술기운이 돌 때는 아무 말도 안 하는 게 좋은데 주인 남자와 대화를 나누며 서서히 오르는 술기운이 사람을 충동 속으로 밀어 넣었다.

잠자리가 제공되고 여행경비를 벌 수도 있어 나에겐 안성맞춤인 곳인데 주인의 입에서 나오는 그 공짜라는 말이 자꾸만 비위 살을 긁었다.

아무리 불법 체류자들이나 노동 허가가 없는 사람들이라고 해도 무임금으로 일을 부려먹으려 하는 것을 참을 수 없었다.

그리고 태연히 그런 말을 반복해서 하는 주인 남자의 사고방식을 뜯어 고쳐놓아야 속이 시원할 것 같았다.

전후 사정을 잘 살펴서 어떻게 일을 벌여야 효과적일까 생각하기도 전에 나의 술기가 입술을 열게 했다.

"그래요… 그럼 난 내일 부로 그만 두겠습니다. 다른 사람 데려다 쓰세요 2주일씩 공짜로 일할 사람을…"

주인은 당황했다.

이영감을 짜르기로 결심한 뒤끝이라 더 할 것이다. 영감이 카지노에 갔다가 월요일 오후가 다 되서야 오는 통에 주인 남자는 애타게 기다리다 도저히 그냥 둘 수 없다고 결심했던 뒤끝이라 더 할 것이다.

가뜩이나 사람 구하기가 어려운 곳인데다 잔일을 도와주던 주인의 장모도 병원에 있는 형편이니 당황하고 남을 일이다.

신분이 불안한 사람들을 떡 주무르듯 하며 인건비를 착취해 먹으려는 심보를 생각하면 그냥 그만둘 것이 아니라 따귀라도 한 대 때려주어야 속이 풀릴 일이다.

주인은 내가 불쑥 그만두겠다고 하자 당황하던 표정을 감추고 금방 부인에게 주급을 올려 신문에 내라고 하며 나의 기를 죽이겠다는 표정이다.

여우같이 약은 데다 오기로 똘똘 뭉쳐있는 사람이다.

한국에서 외국인 노동자들이 당하는 인권 유린을 여기 미국에서는 같은 동족한테 당하는 꼴이니 얼마나 모순적인 일인가.

해외 봉사단을 제 3국으로만 보낼 것이 아니라 미국의 한인 불법체류자들을 위해 파견해야 할 일이다.

미스터 리 같은 경우는 빨리 병원에 가 봐야 할 처지인데 가지도 못하고 있으니 보통 문제가 아니다.

워싱톤의 집시

세탁소 주인에게 술김에 그만두겠다고 말했지만 그래도 언행일치를 보이겠다고 아무대책 없이 세탁소를 나와 워싱톤의 집시가 되어 이 사람 저 사람 집을 떠돌며 잠을 자기도 하고 간혹 아는 분 사무실에서도 잠을 자는 신세가 되었다.

싸늘한 날씨에 사무실에서 잠을 잤다가 안면 마비증세가 와 며칠 동안 고생을 하기도 했다.

정말로 역마 귀신이라는 것이 있는 것일까…

다른 친구들은 이 나이에 편안히 잘들 있는데 나는 왜 가만히 있지 못하고 이렇게 싸돌아다니는 것일까… 이놈의 역마 귀신이 사람을 봐가며 달려드는 게 틀림없는 모양이다.

몽골에서는 그 매서운 눈보라 속에서 물에 빠져 얼어죽을 번하고도 정신을 못 차리다니…

어느 날 허권 목사님한테서 전화가 왔다.

워싱톤 미디어에서 전화를 해달라고 하는 전갈이었다.

워싱톤 미디어는 한때 코메디언 구봉서씨 아들이 운영하던 주간지였는데 현재는 어느 여성이 운영하고 있다.

그 여사장이 사진전시회 때 왔다가 몽골 기행문을 보고 자기 신문에 연재하고 싶다고 해 연재하고 있는 중이다.

신문사 여사장은 내 친구라는 사람한테서 전화가 왔었는데 전화번호를 남겨 놓았다며 알려 주었다.

글을 통해 예상치 못했던 일이 종종 생기긴 하지만 미국에서 친구의 연락을 받을 줄이야. 워싱톤 미디어에 실리는 내 글을 보고 연락을 했다니… 미국에 오기 전 내가 그 친구 연락처를 알아내려고 하다 결국 못 알아내고 온 친구였다.

어려서 한 동네에서 같이 자란 친구로 미국으로 떠난 지가 10여 년이 넘은 친구인데 바로 워싱톤 근교에 살고 있었다니… 행정 구역으로는 버지니아 주이지만 워싱턴 디시에서 30-40분 거리에 살고 있었던 것이다.

수화기 저 너머의 친구 부인의 목소리는 반가움에 가득 넘쳐있고 당장에 만나자고 했다. 나는 버스 타기나 전철 타기는 미국에 오래 산 사람들보다 더 숙달되어 만나기로 한 전철역으로 곧 바로 갔다.

전철역 의자에 앉아있는 나에게 말을 걸어오는 사내.

이 사내가 분명 J이란 말인가…

도저히 믿어지지 않았다.

미국 생활이 얼마나 참혹했으면 얼굴이 이 지경으로 됐을까?

얼굴이 새까맣고 주름투성이로 70이 넘어 보이는 늙은이가 되어 있었다.

왜 이렇게 됐는가라는 말도 못했다. 혹시라도 자존심이 상할까 해서…

끌고 다니는 차도 몇 십 년은 된 것 같고… 한국의 폐차장에서 끌어와도 이보다는 훨씬 나으리라.

집으로 가는 동안 아무 말도 못하고 의례적인 이야기만 나눴다. 혹시 몸이 안 좋아 얼굴이 이런가 하고 어디 아프냐고 물어도 몸은 정상이라고 했다.

돈

친구는 말이 없고 친구 부인이 미국에 와 겪은 이야기들을 모두 쏟아냈다.

미국에 오기 전 친구는 미국에서 정착이 안 되고 어려우면 다시 돌아 갈 계획으로 집을 판돈 중에 일부를 누이에게 맡겼을 뿐만 아니라 아파트 한 채와 운영하던 가게도 관리를 부탁하고 왔단다.

세월이 흘러도 취직은 제대로 안되고 돈도 떨어지고 해서 미국 온지 2-3년 후에 한국에 나가 누이에게 돈을 달라고 했더니 무슨 돈을 달라고 하냐며 돈 받은 사실을 완전히 부인하더란다.

남도 아니고 친누이인데도… 돈만이 아니라 가게나 아파트도 모두 친구가 재산권을 행사 할 수 없도록 해놓아 그야말로 거지가 되었다고 한다.

돈, 돈이 무엇이기에 인간을 이렇게까지 만드는 것일까.

돈보다도 믿음에 대한 배신감 때문에 상처가 더 컸으리라.

결국 누이에게 무릎꿇고 빌다시피 해 돈을 몇 푼 가져오고 나서 친구는 얼굴이 망가지기 시작했고 한국이라면 온갖 정이 다 떨어졌다고 했다.

그리고 한국에서 누이에게 당한 충격도 벅찬데 며느리에게도 사기를 당했다고 한다.

그야말로 인간에게 불운이 올 때는 겹쳐서 온다더니 그 말이 맞는 말인지도 모르겠다.

친구는 친지들에게 돈을 빌려 세탁소를 차려서 아들과 며느리에게 운영을 맡기고 자신은 세탁물 배달이나 허드렛일을 도와주었다고 한다.

그러던 중에 며느리가 세탁소에서 일하던 인도 남자와 눈이 맞아 세탁소 돈을 빼돌리기 시작했고 끝내는 세탁소를 아무도 몰래 은행에 잡히고 돈을 챙긴 후 어디론가 도망을 쳤다는 것이다.

친구는 술이 체질적으로 안 맞아 술도 한 잔 못하고 그 고통을 삭일레니 얼마나 괴로웠을까. 남의 일 같지가 않았다. 친구의 불행이 현실에서 생길 수 있는 일이 아니라 소설이나 영화에서나 있을 법한 일이다.

너무도 기가 막혀서 무어라 위로의 말도 할 수 없었다.

친구는 결국 빈털터리가 되어 지금은 어느 학교 청소 일을 하러 다닌다고 한다. 한국에 있을 때 같으면 꿈도 꾸어보지 못한 일일 것이다.

며느리는 미국에 온 지 오래된 집안의 딸로 L.A에 사는 사람인데 친정으로 전화를 해 전후 사정 이야기를 했더니 집에서는 죽은 사람으로 생각하는 딸이니 아무 말도 듣기 싫다고 하더란다.

며느리는 태어난 지 100일된 딸마저 버리고 떠나 친구가 거두어 기르고 있었다.

며느리 하는 행동을 보면 괘씸해서 아이를 고아원에 갖다줄까 했다가 아이가 무슨 죄가 있나싶어 기르고 있다고 한다.

아이는 4살이 되었다는데 예쁘고 똘똘한 아이였다.

친구 부인은 몸이 부서져라 일을 해가며 아이들 학교를 보내고 어렵게 살아온 이야기를 하는데 정말 얼굴이나 몸이 정상이 아니었다.

예쁘장한 얼굴에 균형이 잡혀있던 몸매가 이제는 다 무너지고 얼이 빠진 듯한 얼굴이었다. 얼마나 사는 게 힘들었으면 사람을 이렇게 무너트렸을까.

친구 부인은 거기다 암까지 걸려 죽을 지경이었는데 병원에서 우선 치료부터 해주고 형편대로 조금씩 돈을 내라고 해 치료를 받고 살아났노라고 한다.

친 핏줄이나 며느리한테 당한 고통을 미국이 가지고 있는 복지 혜택에서 위로를 받은 셈이다.

미국의 의료 정책.

합리적이고 인간적인 정책 때문에 살아남은 것이 아니겠는가.

한국에서 미국으로 올 때 아이들 교육을 많이 생각하고 오지만 그것이 생각처럼 잘 안 된다는 말을 여러 사람들한테 들었는데 친구네도 마찬가지인 것 같았다.

아이들이 영어에 익숙해지기 위해서는 적어도 초등학교 때 오던가 아니면 미국에서 태어나야만 영어가 매끄럽다고들 한다.

고등학교나 대학을 다니다가 온다는 것은 늦다는 이야기다.

그 대신 일찍 미국에 온 아이들이나 미국에서 태어난 아이들은 한국말을 제대로 못해서 아이들이 한국말을 잘하면 자랑거리다.

대부분은 한국말도 영어도 두 나라말을 제대로 못해 반 거둘충이가 되어 미국사회에 적응 못하고 낙오자가 되어버리기도 하는 것이다.

오나가나 아이들 교육이 그렇게 간단치가 않으니 어쩌랴.

뿐만 아니라 어려서부터 미국 생활을 하다보니 부모 세대하고 사고방식이 안 맞아 갈등의 벽이 크고 노후에는 외로움이 더 크다는 것이다.

기독교 방송국

워싱톤 수도권에 교포들을 위한 방송국이 너 뎃개가 된다고 한다.

그 대부분은 단파 방송국으로 그 방송을 들을 수 있는 라디오가 있어야만 청취가 가능하다. S목사가 운영하는 방송국은 기독교 방송국으로 알려져 있기도 하고 유일하게 A.M주파수를 가지고 방송하기 때문에 제일 잘 알려진 방송국이다.

교포 사회의 문화 생활을 위해 이바지하는 바가 크기도 하지만 영업적인 측면에서도 짭짤한 수익을 내고 있다고 소문이 나 있었다.

자동차를 타고 가면서도 들을 수 있는 유일한 한국말 방송이기 때문에 거의 모든 교포들이 매일 듣는 방송이다.

그래서 무언가 방송매체에 선전을 해야 할 사람들이 몰려들어 상당한 부를 축적했다고 알려져 있는 방송인데 몇 개월 째 교포들 신문에 오르내리고 있다.

그 문제점은 직원들의 인건비 착취와 해고로 직원들과 사업주간의 문제이고 다른 하나는 불우 이웃돕기 모금을 비롯한 각종모금 금액의 사용처에 대한 의혹 사건이었다.

시민단체나 방송국에 근무했던 사람들의 모임에서는 미 정부의 회계감사를 받으라고 촉구하는 데모를 하기도 하고 기자 회견을 갖기도 했지만 어떤 실마리도 찾지 못하고 있다.

S사장은 목사 안수를 받은 사람인데 어떻게 그런 파렴치한 짓을 할 수 있는가 하고 교민들이 분노하고 있었다.

직원들 대부분을 몇 개월씩 부려먹고 트집을 잡아 내쫓거나 감사패 하나를 주고 내보내는 방법으로 인건비를 착취했다는 것이다.

대개가 노동 허가를 받지 못했거나 영주권을 받지 못한 사람들을 채용하고 그 약점을 잡아 사람들의 인건비를 떼어먹는 수법을 썼다고 한다.

한국에서도 간혹 신문사나 방송국에서 모금한 돈을 어떻게 처리했는가가 투명하지 않아 말썽이 있었지만 미국에서도 그런 일이 일어난 것이다.

교포들은 모금한 돈을 방송국에서 그냥 삼켜버렸다고 분노를 하고 방송국 사장은 절대 그렇지 않다고 결백을 주장하고 있었다.

영업을 중시하여 돈벌이를 철저히 하면서 마치 복음방송을 하는 것처럼 하는 것도 용서 할 수 없다고 들고일어나 사장은 공개적으로 상업방송이라고 시인을 했다.

방송사 사장의 목사 안수도 시비가 되어 진짜 목사인가 하는 의문도 제기 하였고 워싱턴으로 오기 전에도 불미스러운 일이 있었다고 그에 대한 소문이 떠돌았다.

S사장은 의지할 데가 교회 밖에 없다고 생각했는지 워싱턴 지역 목사들을 만나 구명운동을 한 결과로 교회협의회에서 교민들의 화합을 위한 기도회를 갖기도 했다.

그러나 입이 걸직한 사람들은 목사들이 모여 기도회를 가진 것에 대해 불평을 늘어놓았다.

목사들이 약자들의 편을 들지 않고 S사장 편이 되어 기도회를 가졌다고 목사라는 말 뒤에 새끼들이라는 욕설을 붙이곤 했다.

우리나라는 유독이도 이 지구상에 기독교가 가장 잘 전파되고 번성되는 지역이다.

여러가지 이유가 있겠지만 일제 치하를 거치며 우리민족 종교의 소멸과 주관을 가지고 살 때 당하는 불이익이 우리를 하느님이라는 안식처로 내몰았을 것이다.

제 정신으로 의식을 갖고 살며 당하는 고통보다는 하느님을 선택해 사는 편안함이 사람들을 끌여 들였다고 해야 할 것이다.

너무도 오랫동안 경직되어 있던 사회가 그런 환경을 조성한 것이 아닐까.

더군다나 미국에서는 어디 의지할 곳도 없고 외로움을 달래기 위해 더 교회로 몰려들 수밖에 없다.

교회가 양적으로 팽창만 하려고 할 것이 아니라 일찌기 미국의 교회들이 사회 복음주의로 접어들면서 사회개혁에 동참하여 사회악을 뿌리뽑는데 앞장섰다는 것을 본받아야 할 것이다.

잭슨파들이 사회 개혁 운동을 하기 전 찰스 피니, 피터 카트 라이트 같은 목사들이 사람을 구하고 죄 없는 사회를 만들자는 메시지로 설교를 했던 것이다.

팬타곤

팬타곤은 미국의 국방을 담당하는 곳으로 지나칠 때마다 그 생긴 모양새나 느낌이 철옹성 같다.

그 요새가 9.11테러로 파괴되어 한동안 공사를 하느라 분주했고 그 주변을 지나는 차량들은 검색을 받아야 했다.

그야말로 살벌한 분위기로 워싱턴에 평화란 찾아들 것 같지가 않았다.

사람들은 어딘지 불안하고 도시 분위기는 침울해졌다.

팬타곤은 단순히 미국의 국방뿐 아니라 전 세계에 신경을 뻗치고 있는 총 본부인 셈인데 테러를 당했다는 것은 미국의 자존심만이 아니라 세계 사람들에게 미국의 허술함을 보여준 것이다.

공룡처럼 큰 나라, 세계 제일의 강대국이 그렇게 당할 수 있는가 하는 당혹감이 미국인들의 자존심을 더 손상시킨 사건이기도 하다.

뿐만 아니라 탄저균을 실은 경비행기가 워싱턴 상공을 나르며 무차별 뿌려 댈 거라는 소문이 떠돌기도 해 사람들을 공포에 떨게 했다.

국회 의사당 앞에 있는 조각상

분명 새로운 형태의 전쟁인 셈이다.

기존의 병법서들로는 감당 해낼 수 없는 전쟁이 시작된 것일까.

어쩌다가 이렇게 됐을까?

미국인들은 불안을 감추지 못했고 각종 행사를 벌이고 종교단체들은 평화운동을 펼치기도 했다.

그 평화 기도는 중동 국가들을 위한 기도도 빠트리지 않는 것을 텔레비죤을 통해서 볼 수 있었다.

월남에 참전했을 때 미국에 대한 의문을 가졌던 것이 다시 생각난다.

월남전 당시 내가 보았던 그 막강한 미국의 힘, 그 힘을 꼭 전쟁이라는 방법을 통해서 행사해야하는 이유가 무엇일까였다. 그 힘을 평화적으로 운영 할 수는 없는 것인가…

왜 전쟁이라는 방법을 선택하는가?

그 힘을 평화적으로 잘 행사한다면 전쟁을 하는 것보다 훨씬 좋은 결과를 얻어 낼 수 있을 텐데…

미국은 너무도 쉽게 적을 만들어 내는 것은 아닐까.

월맹을 적으로 규정해 싸우다가 지금은 통일된 월남과 수교를 하고 있지 않은가.

2차 대전 당시에도 현지 사령관이 모택동과 친구가 되어야 한다는 건의를 했지만 무시하고 중국에서 너무 일방적으로 장개석을 편들어 모택동과 적이 되었고 그 결과로 중국에서 얻은 것이 없을 뿐만 아니라 그 결과가 한반도의 남북 전쟁에도 촉매 역할을 하게됐다고 봐야 할 것이다.

강한 힘은 있는데 거기에 걸 맞는 외교력이 없다는 증거가 아닐까. 강한 힘만 믿고 서두르는 외교를 펼치다 실패를 하는 것이다.

평화로운 도시에서, 평화로운 시민들이 그렇게 많이 죽었다는 것은 외교의 실패뿐만이 아니라 정부의 존재마저 의심받을 일이지만 부시를 비판하는 여론은 형성되지 않았다.

오히려 부시의 인기가 올라가는 결과를 가져왔다.

아마도 우리나라 같았으면 대통령자리를 내놓고 어디론가 사라지라고 연일 시끄러웠을 것이다.

특히 몇몇 특정 언론의 지지를 받지 못하는 사람일경우를 상상하면…

미국의 힘

미국의 힘은 어디서 나오는 것일까?

미국이 단순히 땅이 크고 자원이 풍부해서 강대국이 됐을까?

아마도 그 힘의 원천은 다양한 민족과 이해집단을 하나로 묶어내는 것이라고 생각된다.

각기 이해가 다른 집단이나 인종을 하나로 묶어내는 힘과 그 힘을 효율적으로 쓴다는 점, 그리고 무엇보다도 공무원들의 봉사정신이라고 해야 할 것이다.

관공서에 가 공무원들을 접해보면 안 된다는 말은 없고 가르쳐주고 일이 되도록 해주어 미국에 처음 온 사람도 미국에 대한 애국심을 갖도록 해주는 것이다.

그러니 공무원들의 봉사 정신과 인권 존중 사상이 강대국을 만드는 데 중심적 역할을 했다고 해야 할 것이다. 보통 사람들이 국가를 피부로 느끼는 것은 말단 공무원들일 수밖에 없고 공무원들이 어떻게 하느냐에 따라 국가에 대한 신의의 척도를 젤 수밖에 없다. 그리고 그 사회가 가지는 정의로운 제도가 보통 사람들이 살만한 세상임을 일깨워 줄뿐이다.

보통 사람이 답답한 일이 있다 하여 대통령을 만날 것인가! 장관을 만날 것인가! 말단 공무원을 통해 국가를 느낄 수밖에 없는 데 공무원이 불친절하다던가 비합리적 제도에 의한 불이익을 당하면 국가에 대한 원망만 가득할 것이다.

한국의 권위적인 공무원과 밀어부치기 행정에서는 도저히 애국심을 가질래야 가질 수가 없다는 것이 미국의 합리적 제도와 공무원들이 비교되는 점이다.

또한 초기 개척시대의 성향이 다른 집단이 정착한 주의 성격을 그대로 인정하면서 각 주를 하나로 묶어 연방정부를 만들어 낸 것은 절묘한 정치 예술이라고 해도 과언이 아닐 것이다.

그 당시 죠지 원싱턴을 비롯해 사회 지도자들이 4년이란 긴 시간을 논의한 끝에 만들어낸 결실이다.

그것은 그들이 가지는 현실주의와 능률을 우선하는 가치관의 결과라 해야 할 것이다.

우리를 비교한다면 우리는 단일민족이라고 하면서도 남북이 분단되었을 뿐만 아니라 남한 내부에서도 영,호남이 갈라져 있다.

상대방이 아무리 좋은 일을 해내도 그것은 자기편이 아니기 때문에 인정 할 수 없다.

운전을 잘 하는 사람이 필요한 사항이라고 할 때 잘 하는 사람이 다른 편이면 용납이 안 되는 것이다.

가다 죽더라도 자기편이 해야하고 차가 망가지고 사람이 죽게되면 상대에게 덮어씌우는 논리를 개발해 선전하는 것이다.

그러면 또 이상스럽게도 그것이 먹혀 들어가는 사회가 우리 사회다.

반대로 상대가 잘하는 것이 있으면 깎아 내려야하고 하늘에서 별을 따다 놓아도 그것을 인정하지 않는다.

임진외란 때는 한참 전쟁 중인데도 잘 싸우는 이순신 장군을 끌어다 감옥에 집어넣었고 해방 이후에는 외놈들이 그렇게 잡을려고 해도 잡지 못했던 김구 선생을 우리 손으로 쏘아 죽이지 않았던가.

누군가 제대로 잘 하는 사람이 있으면 그것을 두고 보지 못하는 나라… 그것을 죽어도 인정하지 않는 나라…

무언가 깊이 멀리 생각하는 사람이 있으면 참고 기다리지 못하고 조급증을 가진 사람들이 그 사람을 제거 해버린다. 마치 목마르다고 독이 있는 물을 마시고 죽는 일을 하는 꼴이다. 김구 선생을 제거하지 않고 멀리 깊이 생각했다면 어떻게 되었을까… 남북이 갈라지지 않았다고 가정해 생각해본다면 만주 일대를 우리의 영토로 쉽게 편입시킬 수 있지 않았을까…

한 호흡 길게 내다보는 사람들을 매도해버리는 조급증환자들이 너무 많고 개인 이기주의가 집단 이기주의를 만들어내 사회의 바른 길을 가로막는다.

그러니 힘이 나올 리가 없다.

또한 힘있는 다른 나라를 모시려는 근성과 거기에 안주하려는 근성도 있다.

우리가 미국의 영향을 받으며 사는 지도 반세기가 넘었다.

거의 미국화가 다 되어 못하는 것이 없다. 남녀간의 내외를 하던 것도 없어졌고 핵가족도 그렇고 이혼율도 미국과 비교해 지지 않을 만큼 되었고 생활수준 역시 큰 차가 없다.

그런데 정작 배워야 할 좋은 점, 뭉치는 힘은 배우지 못하고 있다.

능률을 올려 함께 잘 살 수 있는 것보다 끼리끼리만 잘살아야 한다는 생각이 깔려 있는 것이다. 민주 공화국이 아니라 끼리끼리 해먹는 끼리끼리 공화국인 것이다. 자기지역이 아닌 다른 지역이 잘 되는 것은 용납이 안 된다.

그것이 어쩌면 신라만이 역사의 주체인양 교과서에 기록되어 우리도 모르는 사이 신라 선민의식이 배어 있어서 일까.

언젠가 문교부 장관까지 지냈다는 분이 교양 세미나를 한다기에 갔다가 충격을 받은 일이 있다.

그분 말씀이 요즘 고구려가 통일을 해야 옳았다느니 백제가 했어야 했다느니 이런 말을 하고 다니는 빨갱이들이 있는데 이런 사람들 큰일 낼 사람들이라고 하는 것이였다.

학자들이 자기의 생각을 얼마든지 말을 할 수 있는 것이고 그것이 민주 사회일진데 자기생각을 말했다고 그것을 빨갱이라고 매도하는 것이었다.

더구나 문교부 장관까지 지냈다는 사람이 그런 말을 대중 앞에서 거리낌 없이 하는 것을 보고 그 당시 너무도 충격을 크게 받았다.

우리의 편협스러움. 우리의 분열, 진정 어디서부터 문제일까?

고구려나 백제가 통일을 했어야 했다고 말하는 사람들은 아마도 신라의 정신과 비교하여 정신적 차이 때문일 것이다.

고구려나 백제가 통일을 했다면 아마도 그 당시 우리민족이 확보하고 있던 영토를 다 아우르고 외부로 진출을 하려 했을 것이고 그 과정에서 민족을 하나로 묶어내야만 하는 필요를 느꼈을 것이다.

그래서 민족은 하나다 하는 개념이 우리민족 정신 속에 뚜렸이 자리 잡았을 것이다 하는 생각 때문이 아닐까.

신라의 통일과 도요도미 히데요시의 일본통일, 징기스칸의 몽골통일과 비교해보면 바로 그 차이가 드러난다.

그들은 모두 통일 후에 외부로 힘을 뻗어나가는 방향을 제시했고 그것은 내부를 하나로 묶는 정신적 촉매 역할을 했던 것이다.

신라는 고구려 땅의 대부분과 백제의 해상권을 포기해버리면서 신라가 좀 더 커졌다는 것에 만족했던 것.

냉정히 말하자면 강토의 분단이요, 민족의 분열인 셈이다. 반도의 구석지에 있던 신라가 좀 커졌다는 결과에 만족하는 정신, 그 정신은 고구려의 영토를 아우르며 중원을 경영해보겠다는 원대한 정신의 상실이다.

또한 민족이 하나되어 더 큰 세계로 가야한다는 방향제시가 없었던 결과로 민족을 하나로 묶어내지 못하고 오늘날까지 내부에서 서로 편을 가르는 갈등을 겪고 있다고 해야 할 것이다.

그리고 공무원들의 권위적인 자세와 민주 시민에 대한 공복의식이 없으므로 있던 애국심까지 말살시키고 사회 분열을 조장하고 있다는 것을 위정자들은 크게 깨달아야 할 것이다.

신라통일을 이 시점에서 말한들 무슨 소용이겠는가마는 과거를 거울삼아 앞으로 나아가기 위해 역사를 뒤돌아보는 것이 아닐까.

과거의 통일, 영광, 다 좋았다.

그러나 지금은 세계의 벽이 무너지고 있다.

신라만이 최고다 하는 생각을 갖고는 살아갈 수 없는 세상이 되었다. 지금은 신라의 정신, 신라만이 최고다 하는 정신을 뛰어넘어야 살아남을 수 있나.

미국은 197개의 민족이 모여 강대국을 만들었다.

그들을 하나로 묶어내는 비결, 그것은 무엇일까?

세계적인 정복자 징기스칸의 조상 알랑고아는 어느 날 아이들에게 가느다란 회초리를 꺾어 오라고 말한다.

아이들이 회초리를 꺾어오자 한 아들에게 회초리를 한 개 주면서 꺾어보라고 한다.

회초리는 쉽게 꺾였다. 다음엔 형제들이 꺾어온 것을 모두 한데 모아 주면서 꺾어보라고 하자 잘 꺾이지 않았다.

그때 알랑고아는 아이들에게 훈계를 한다. 너희들 하나하나는 이 가느다란 회초리처럼 힘이 약하지만 하나로 뭉치면 이 회초리 묶음처럼 강한 힘이 생기는 것이다라고… 하나로 뭉칠 때의 힘을 회초리를 통해서 보여준 것이다.

오! 징기스칸의 조상이여! 지금이라도 대한민국에 오셔서 정치가들에게 그 훈계의 가르침을 주소서…

오 미국의 공무원들이여! 한국의 공무원들에게 공무원의 철학을 가르쳐 주소서…

책방

전철을 타고 가다 보면 미국의 국방부가 있는 곳을 펜타곤이라 부르고 그 다음 역을 펜타곤 시티라 부른다.

펜타곤 시티 역에는 대형 책방이 있다.

이선명 선생님과 만날 일이 있으면 그곳 책방에서 만나곤 한다.

책방 한 구석에 차와 간단한 간식거리를 팔고 있어 책방을 찾는 사람들의 휴식처가 되어주기도 한다. 책꽂이가 있는 사이사이 의자가 놓여있어 책을 사지 않고 그 자리에서 읽는 사람들을 배려한 것을 보면 한국과 비교되기도 하는 점이다.

아마도 한국의 책방들 같으면 의자를 놓아야 할 공간에 책을 진열할 진열대를 더 만들어 매상을 올리는 데 신경을 썼을 것이다.

미국이 아무리 자본주의 첨단이요 경쟁의 나라라고 하지만 이런 배려하는 마음이 사람들이 사는 사회임을 일깨워 주는 것이다.

아무리 시간을 끌며 편안한 소파에 앉아 책을 보아도 무어라 말하지 않는 사회.

이것이 미국을 미국이게 하는 것이 아닐까.

온갖 종류의 책이 다 있고 규모가 큰 책방, 그 책방이 돈벌이에만 급급한 것이 아니라 인간이 살아가는 사회가 어떤 것인가를 보여주고 있는 것이다.

종류도 온갖 것이 다 있어 인도의 성서(性書) 까마스트라도 있었고 포르노의 사진들도 파격적이다.

1821년 제임스 쿠퍼라는 사람이 최초의 미국 소설가로서 "스파이"를 쓴 이후 개척자, 모히칸의 사막 등을 써 미국 문학의 이정표가 되었고 그 후에 나타난 워싱턴 어빙같은 사람이 미국 문학에 큰 족적을 남긴 것이 미국인들의 독서에 영향을 준 것일까… 전철 안에서 많은 사람들의 독서열은 정말 부러운 것이고 미국의 저력이 되어준다고 생각된다. 거저 오늘날의 미국이 된 것이 아니고 저절로 미국이 유지되는 것이 아니라는 생각을 갖게 한다.

마드리안느 빵집

죠지타운 구 시가지.

빨간 벽돌로 지은 건물들이 늘어 선 거리.

서양 동화책에 나오는 그림들처럼 생긴 건물들.

워싱톤 디시의 현대식 건물들이 있는 옆에 자리잡은 낭만이 있는 거리.

현대에서 타임머신을 타고 과거의 세상으로 온 것 같다.

훠기보듬(Foggy bottom)역은 그 유명한 죠지 워싱톤 대학이 있는 동네에 있고 거기서 멀지 않은 곳에 워터게이트 호텔도 있다.

죠지 워싱턴 대학은 우리나라처럼 대학과 일반인들 생활공간이 구별되어 있지 않고 함께 뒤섞여 있다. 대학 켐퍼스와 일반인들 사무실이 함께 있어 시내거리가 바로 켐퍼스인 것이다. 죠지타운 대학만이 그런 것이 아니라 미국의 대학 대부분이 그런 식으로 되어 있다.

그것은 처음 동네가 형성될 때 학교와 마을이 같이 시작됐기 때문이라고 한다.

훠기보듬 역에서 10분 정도를 걸으면 죠지타운 구 시가지가 나오는데 구 시가지를 걸으면 웬지 마음이 느긋해진다. 비록 주머니에는 몇 푼 되지 않는 돈이 있을지라도 마음에 여유가 생긴다.

적은 돈으로 끼니를 떼울 수 있는 불란서 빵집.

마드리안느 빵집이 죠지타운 구 시가지에 있다.

버섯으로 만든 스프가 입에도 맞고 값이 싸다. 작은 사발 한 그릇에 3불, 이 한 그릇을 사면 식빵은 자기 마음대로 먹을 수 있다.

소화도 잘 되고 값싸게 한 끼를 떼울 수 있는 곳.

훠기 보듬역은 대학이 있는 곳이라 그런지 낭만이 넘치는 곳이기도 하다.

기타를 키는 흑인도 있고 드럼을 치는 백인이 있는 훠기 보듬역.

훠기 보듬역

황혼이 내리는
훠기 보듬
화려한 곳은 아니지만

감미로운
흑인의 기타소리
흐르고

백인의
드럼소리 가득한
훠기 보듬역

모든 슬픔
모든 괴로움
다 잊어버리고
다 잊어버리고

앞으로 나아가라
앞으로 나아가라

가로등
하나 둘
불이 밝혀지는 거리

워터게이트 호텔

훠기 보듬역에서 그리 멀지 않은 곳에 있는 워터게이트 호텔.

닉슨 대통령이 선거 기간 중에 워터게이트 호텔에서 상대 당 선거 전략을 도청했다는 이유로 대통령직에서 물러나야 했던 역사적 사건이 일어났던 곳.

그 유명한 워터게이트 호텔을 찾아갔다.

호텔은 그 명성만큼 크지도 않았고 아담한 분위기를 풍기는 호텔이다.

호텔 카운터에서 여행자 수표를 달러로 바꾼 후 호텔 로비에서 사진전을 할 수 없겠는가 묻자 남자 직원이 지배인을 불러 왔다.

가지고 간 사진을 보여주며 호텔 로비에서 사진전을 하고 싶다고 했더니 자기 상관하고 의논한 후에 연락을 주겠다고 연락처를 두고 가라고 한다.

자기 호텔을 찾아주어 고맙다는 말도 빠트리지 않았다.

9,11 사태로 사정이 안 좋은 때라고 하는 지배인에게 그럴수록 시민들에게 활기를 다시 찾아주기 위해 문화활동을 할 필요가 있지 않느냐고 서툰 영어로 임기웅변을 한 것이 얼마나 먹혀들어 갈는지 모를 일이다.

닉슨 대통령을 곤경에 빠뜨렸던 사건.

그 비슷한 시기에 일본 다나까 수상이 록히드 사건으로 수상직을 사임하기도 했다.

두 사건의 공통점은 저널리스트의 집요한 추적과 보도로 도덕성의 상처를 받아 결국 자리에서 물러나게 한 사건이다.

우리나라에 사는 사람들은 이 두 사건을 보면서 왜 우리나라는 그런 기자 정신이 없는가 하는 절망감을 느끼기도 한 일이다.

그렇게 끈질기고 용기를 가진 기자들이 있었다면 군사 정권이 그토록 장기적으로 집권하지 도 못했을 것이고 억울한 일을 당하는 사람들이 많이 생기지 않을텐데 하는 아쉬움도 있는 것이다.

무섭고 독한 군사 정권 시절에는 숨을 죽이고 아부를 떨다가 이제 무슨 독립운동이나 하듯 하는 언론사들은 역사에 부끄러워 할 줄 알아야 할 것이다.

역사와 사회 정의의 눈으로 본다면 진짜 사이비 언론인이 어떤 사람들인지 판명되지 않을까?

미국 사람들은 닉슨을 불명예스러운 대통령으로만 생각하지 않는다고 한다.

그것은 월남의 종전과 1972년 2월 중공 방문, 1972년 5월 소련을 방문해 소련의 지도자 레오니드 브르즈네프를 워싱턴 디시에 오게 함으로서 동서의 해빙무드를 조성하는데 씨앗을 뿌렸기 때문이다.

몽골대사관

몽골 대사관도 죠지타운 구 시가지에 자리잡고 있었다.

몽골의 오지 사진을 몽골 대사관 사람들에게 보여주고 사진전을 열 장소를 의논하러 왔다가 한국에 있는 주한 몽골 대사관 직원을 만났다.

한국에서 몽골 대사관에 자주 드나들어 낯이 익은 사람인데 뜻밖에 장소에서 만나니 반가웠다.

부인이 해산을 하러 미국에 있는 부인의 친정에 왔는데 자기는 미국이 한국보다 불편해 못살겠다고 빨리 한국으로 가고 싶다고 한다.

그만큼 한국 생활이 익숙해져 있기 때문이고 한국의 대중 교통이 잘 발달되어 있다는 것을 알 수 있다.

미국은 땅이 크고 인구가 적어 대중교통 영업이 잘 안될 조건인데다 집집마다 자가용이 몇 대씩 되니 대중교통 영업이 잘 될 수가 없다.

그러니 한국에서 편리한 생활을 하던 사람은 당연히 불편을 느낄 수밖에 없을 것이다.

이 친구의 도움으로 영사를 비롯해 다른 직원들을 만날 수 있었다.

몽골에서나 한국에 나와 있는 몽골 관리들을 접해보면 어떤 한계를 느끼게 되는데 그것은 오랫동안 베어 있는 사회주의 생활습관 때문이 아닐까 생각된다.

머리로는 자본주의를 받아들인다고 해도 몸에 베어 있는 사회주의 생활습관이나 가치관에서 완전히 벗어나지 못했다는 것을 느끼게 한다.

유니온 스테이션

워싱턴으로 기차를 타고 오는 사람들의 종착지, 유니온 스테이션은 워싱턴 시내를 관통하는 전철이 지나가는 역이기도 하다.

어둑한 역사의 실내를 나오면 온갖 음식 장사들이 음식을 진열장에 넣어놓고 손님을 기다리고 있는 역.

시장기가 도는 사람은 도저히 그냥 지나치지 못할 것이다.

다양한 인종만큼이나 다양한 음식 종류들.

밀가루를 재료로 하는 빵 종류라든가 닭고기를 기름에 튀긴 것, 국수와 야채를 섞어 만든 음식, 유목민들이 휴대해 가지고 다니기 편리하게 만들어진 전통적인 음식도 있다.

미식가라면 시간 여유를 가지고 이집 저집 돌아다니며 음식을 맛보는 것도 괜찮을 것이다.

역사를 빠져나와 오른쪽으로 길을 건너면 우체국 기념 박물관 건물이 있고 그 건물엔 낭만적인 맥주 집이 있다.

미국에서는 어느 영업집이나 마찬가지지만 빈자리가 있다고 해서 제 마음대로 아무데나 가서 앉아선 안 된다.

종업원이 자리를 정해주며 안내 할 때까지 기다리고 있어야 한다.

홀 중앙에는 스탠드빠처럼 자리를 만들어 놓아 가볍게 한 잔 할 사람들이 자리를 잡고 일반석에는 식사를 겸해 한 잔 할 사람들이 자리를 잡는다.

대부분의 교포들이 각박한 생활에 낭만이 없고 여유가 없는 것에 반해 이선명 선생님이 가지는 여유는 지성인의 여백이라 할 수 있을 것이다.

어느 정도 여유로운 생활을 할 만큼 경제적인 부를 축적했으면서도 마음의 여유를 갖지 못 하고 황폐한 삶을 사는 사람들이 대부분이다.

우리는 간혹 이 낭만적인 술집에서 만나곤 했다.

맥주를 발효시키는 커다란 탱크들이 위층에 놓여져 있고 그 통에서 파이프가 연결돼 내려와 바로 손님에게 따라 줄 수 있도록 되어 있는 집이다.

그 많은 탱크들에 맥주가 가득 채워져 있다는 것이 사람을 얼마나 느긋하게 하는가.

또한 종류도 다양해 종류별로 맛을 보인 다음에 마음에 드는 것을 선택하면 잔을 가득 채워 주었다.

같은 술장사라 해도 여유가 있는 집이다.

맛보기로 이술 저술 마시다 보면 웬만큼은 술기운이 돌기도 하고 저절로 흥이 난다.

그렇게 비싸지도 않고 안주는 과자나 땅콩이 거저 나오는 집이다.

에난데일

워싱턴 디시에서 395번 도로를 타고 가다 리틀리버 턴파이크 안내판을 보고 빠져나가면 한국인들이 모여 사는 에난데일.

한국인들이 많이 모여 사는 곳.

식당이 있고, 횟집이 있고, 해장국집이 있는 마을.

이국의 향수와 고단함, 눈물과 한숨, 웃음이 흘러나오는 곳, 외로움을 달래느라 술을 따르는 소리, 온갖 소리들이 뒤엉켜 교포들의 자화상이 되는 거리.

바람이 한 번 불고 지나면 황량함만 남는 거리.

에난데일.

왜 왔던가! 왜 왔던가! 후회를 해도 소용없는 일.

죽으나 사나 악착같이 뛰어야만 하는 길. 이미 멈출 수 없는 걸음.

햄버거 하나를 씹을 수만 있다면…

또 하루를 살아보는 거다.

누가 알리 햄버거의 눈물, 햄버거의 외로움을…

에난데일에서 애 낳듯 악쓰며 살아보는 거다.

나훈아, 주현미, 이미자, 테이프가 하루를 지탱케 해주는 진군가.

외로움을 달래주는 약.

어느 날 브레이크 고장으로 사고가 나면 사라지는 거다. 바람처럼…

그 누구도 관심을 가질 수 없는 곳으로…

끈끈하게 어둠을 풀어놓아

그 어둠에 걸려든 사람들은 쉽게 빠져나갈 수가 없다.

밤새 퍼덕이다 지쳐 쓰러지고 마는 거리

에난데일

에난데일은 버지니아 주에 속해 있고 이제 서서히 한인 타운을 형성해가고 있는 곳이다.

영국 왕이 최초 런던 캄퍼니에 식민통치를 허용한 것은 1607년.

1607년 5월 제 1진으로 도착한 104명중 다음해 9월까지 살아 남은 사람은 46명.

1607년에서 1624년까지 버지니아에 온 사람은 8천 여명이었지만 살아남은 사람은 고작 1300여명으로 경영부실이 빌미가 되어 허가가 취소되고 영국정부가 직접 통치를 하게 된다.

현재 미국에서 고액 납세자가 가장 많이 살고 있는 곳이 버지니아 주 훼어훽스 카우니로 발표되는데 한국인들 중에 얼마나 고액 납세자가 살고 있는지 모르지만 버지니아는 미국 최초 개척시대의 역사가 서려있는 곳이기도 하다.

워싱턴 문학 창작원

워싱턴에 문학 창작원이 개설 됐다고 개원 첫날 특강을 해달라는 부탁이 들어 왔다.

아마도 배낭 하나를 달랑 매고 여기저기 떠돌아다닌다는 사실이 흥미를 끌었는지도 모른다. 사진전을 관람하러 왔던 이규태 원장이 시집을 세 권이나 냈다는 전력과 기행문을 보고 관심을 가졌던 모양이다.

교포들 사회에 배포되는 인쇄매체에 광고를 해 문학에 관심 있는 사람들이 모였는데 젊은이들은 없고 대머리가 벗겨진 60이 넘은 할아버지와 그 또래의 사람들, 중년의 여성들이 대부분이었다.

아마도 젊은 시절에 문학 병을 앓았던 사람들이 아직도 그 병에서 치유되지 못하고 재발을 해 온 사람들일 것이다.

강의실은 한의대학을 빌려 쓰기로 해 강의실엔 인체 해부도가 붙어있고 한의학 서적과 한약재 이름이 적힌 약농이 늘어선 강의실이었다.

문학 병,

그게 얼마나 지독하고 중독성이 강한가.

다른 약물 중독이나 알콜 중독은 국가 차원에서 그 치료를 하겠다고 하지만 문학 병은 그런 병도 아니어서 본인이 죽을 때까지 혼자 앓다가 죽어야 한다.

의식의 한 끈이 어디론가 가 있어 세속적으로 나가서 무슨 일을 하던지 동작이 굼뜨고 재빠르지 못해 사회에 적응도 잘 안 되는 것이 그 병의 특징이기도 하다.

본인이 그런 것을 모르는 바 아니지만 그 속에서 헤어나지 못하고 피폐한 삶을 살아 갈 수밖에 없다. 항상 뒤쳐지고 악착스럽지 못한데다가 무슨 공상 속에 살아가는 모습이니 매사가 흥타령 같이 되는 경우가 많은 것이다.

어딜 가든지 사람 좋다는 말이야 듣겠지만 생활인으로서는 빵점짜리다

엘리옷 같은 시인은 문학으로나 사업으로나 다 성공적인 사람이라고 평가를 받지만 그런 경우기 극히 드문 것이다.

문예창작원 강의

강의를 듣겠다고 온 사람들의 대부분은 항상 문학이란 끈에서 놓여나지 못하고 문학을 꿈꾸며 살아온 사람들이 아니겠는가.

그것도 이민 생활의 고달픔 속에서 문학을 버리지 않고 꿈꿔 왔으니 대단한 집념이고 중독에 빠져 있는 셈이다.

어떻게 하면 이들의 꿈을 밝게 피어날 수 있도록 해줄 수 있을까…

어쩐 일인지 워싱턴 문인 단체에서는 한 사람도 안 나왔으니 내 임무가 막중해졌다.

첫 강의를 잘 해야 학생들에게 좋은 인식을 심어 줄 수 있고 뭔가 희망을 갖게 할테니 말이다.

왜 문인단체 임원들이나 회원들이 안 왔는지 그 전후 사정에 관심을 가질 수도 없고 나는 개원식의 첫 강의를 부탁한 이원장의 기대에 어긋나지 않도록 해야한다는 생각으로 강의를 시작했다.

젊은 시절 읽었던 토마스 칼라일이 말한 영웅 숭배론 에서부터 강의를 풀어나갔다.

내가 토마스 칼라일을 읽은 것은 20도 되기 전이었으니까 거의 35년 전의 기억을 되살리는 것인데 내게 각인된 말은 영웅의 형태가 바뀌었다는 것이었다.

예전의 영웅은 눈앞에 수 천명을 모아 놓고 칼을 높이 치켜들면서 소리를 질러 그의 영향력을 행사했지만 오늘날의 영웅은 인쇄 매체를 통해 눈에 보이지 않는 수많은 사람들에게 영향력을 미친다는 것이었다.

토마스 칼라일의 글을 읽기 전에도 문학 병의 중증에 빠져 있었지만 그의 영웅론을 읽고 더 문학 병에 깊이 빠져들 수밖에 없었다.

싸르뜨르는 이렇게 말했다.

'문학은 자신이 저지른 잘못을 고요한 밤에 부끄러움 없이 고백하는 것과 같다. "

토마스 칼라일은 문학의 특성에 대해 영향력을 말했다면 싸르뜨르는 인생 고백적인 면을 말했다.

강의실에 모인 나이 많은 학생들은 인생을 고백하는 심정으로 문학을 펼쳐 나갈 수 있다는 좋은 장점이 있을 것이다.

문학은 무엇인가?

문학은 인간의 모든 삶을 다루는 인간학이다.

인간의 삶 모두를 검증하고 점검하며 발효시켜내는 것이 아니겠는가.

좋은 글을 쓸려면 무엇보다 많은 책을 읽어야 한다.

그 행위를 통해 수많은 어휘를 대할 수 있고 간접 경험을 할 수 있으며 무엇보다도 자기가 구상하고 있는 작품이 누군가가 쓴 작품과 중복되는 헛수고를 안 할 수도 있으니까.

그럴듯하게 모방을 하는 사람들도 있지만 그런 사람들은 문학을 할 기본자세도 안 되어 있는 사람들이다.

작가정신.

그것은 냉정하고 냉엄한 속에서 순수한 영혼의 무늬를 만들어 가는 것이나 마찬가지다. 누군가 모방을 하라고 해도 할 수 없는 것이 작가정신이다.

무아지경에서 만들어내는 자기만의 독특한 영혼의 연금술사라고 할 수 있을 것이다.

자기 것이 아닌 타인의 것이 들어가면 도저히 융합이 안 되는 자기만의 세계를 가지는 것이 작가의 세계이고 예술의 정신이다.

그래서 그 길이 고독하고 외로울 수밖에 없다.

뼈를 깎는 고통과 살을 태우는 고통이 따른다는 말을 괜히 하는 말이 아니다.

다른 일 같으면 의논해가면서 서로 도와가며 해도 되지만 문학의 길은 그렇게 할 수 없다. 누군가와 의논을 할 수도 없고 다른 사람이 옆에 있으면 신경이 쓰여 일의 능률이 오히려 떨어지니 전혀 도움이 되지 않는다.

밀란 쿤델라는 또 이렇게 말한다.

"종교가 인간의 정신을 어느 정도의 선까지 끌어올리는 역할을 했다면 오늘날은 문학이 그 역할을 담당하고 있고 오늘날의 수준으로 인간의 정신을 끌어올린 것은 문학이다."

밀란 쿤델라의 발언은 문학을 종교와 대비시켜 말했으니 다분히 이성주의적인 활동으로 규정지은 것이다.

영미의 작품이 일본을 거쳐 한국에 들어오는 과정에 알게 모르게 일본이 묻어 들어왔지만 이제 그 영향에서 벗어나야 한다.

순수한 우리의 얼이 들어있고 우리의 정신이 들어있는 문학.

홍길동이나 임꺽정 같은 작품. 우리의 땀 냄새와 우리의 역사가 녹아들어 가는 문학을 해야한다.

이광수의 흙이나 심훈의 상록수, 이런 것들은 러시아의 나로드 영향을 받았다고 할 수 있다.

계몽기간을 거치지 않은 자본주의, 민주주의가 기형적인 자본주의 국가운영을 하게 한 것은 아닐까.

위정자들은 국민들을 깨우치기보다 오히려 자본주의가 무엇인지 민주주의가 무엇인지 모르기를 바라는 우민 정책을 펴왔다고 해야 할 것이다.

동양의 정신.

노 장자, 공 맹자, 주자를 이해하고 서양의 초기 유물론의 데모크리토스나 마르크스의 자본론, 그리고 불란서 브르조아 혁명과 러시아의 카렌스키 혁명에서 볼세비키 프롤레타리아 혁명으로 이동과정을 대충 훑어보고…

반도라는 지정학적 현실.

중국,러시아, 일본, 미국 4강에 얽히고 설킨 민족적 현실들…

이런 것들이 사고의 바탕을 이루는 가운데 창작을 할 때 역사에 보탬이 되지 않을까?

미국 속에서의 한국인의 정신 그것이 곧 세계화이며 그 일을 해내야 하는 임무를 띈 사람들이 바로 여러분이다.

나는 위와 같은 골자로 강의를 해나갔고 우리 민족의 홍익인간, 이화세계를 바탕으로 하는 민족정신을 미국 속에 알려나가는 것이 중요하다는 것을 강조하며 강의를 마무리했다.

학생들의 반응은 뜻 밖에도 좋았고 이 원장은 실기 특강을 맡아달라고 했다.

이럴 줄 알았으면 술 좀 덜 마시고 공부를 좀 하는 건데…

맥도날드 햄버거

원 햄버거 넘버 쓰리! (3번 햄버거 하나)

댓스 올! 드링크? (그게 다냐 마실 것은?)

에난데일 한국일보사 맞은편에 있는 맥도날드 햄버거 집.

따뜻한 햇살이 가득히 들어오는 집.

남미 계 젊은이들이 싼 임금을 받고 일하는 곳이기도 하다.

햄버거를 종류별로 사진을 찍어 놓고 고유번호를 해 놓아 먹고싶은 햄버거를 고른 후 번호를 불러주면 음료수 사이즈를 무엇으로 마시겠는가 묻는 것이 통상적이다.

우리나라 사람들 식탁에 국이 있다면 미국인들에게는 콜라나 환타, 스프라이트(사이다류)가 국이나 마찬가지다.

맥도날드 햄버거

햄버거와 감자튀김을 받아들고 음료수기가 있는 곳으로 가 자기가 좋아하는 음료수를 선택해 뽑아 먹으면 된다.

음료수는 몇 번을 먹던 상관하지 않는다.

맥도날드 집 앞에는 인력시장이 있어 아침부터 남미 계 젊은이들이 모여 있다.

이들은 대개 싸이딩을 하는 한국사람들을 따라다니며 일하는 사람들이어서 가끔 한국말을 꽤 하는 사람들도 있다.

"나 한국 가고 싶어요" " 한국여자하고 결혼하고 싶어요" 하고 엉뚱한 말을 하기도 한다.

싸이딩이란 우리말로 하자면 집 수리하는 일이다.

경사진 지붕에 올라가 일을 하다가 굴러 떨어지기도 하는 위험한 일.

그러나 인건비가 괜찮은 편이어서 건장한 사람들은 사이딩을 많이 한다. 그리고 돈을 짧은 시간 안에 많이 벌려면 싸이딩을 배워 자기가 직접하면 괜찮다고들 했다.

남미 계 젊은이들은 멕시코나 에콰도르, 코스타리카, 엘사바도르에서까지 온 사람도 있다. 이들은 며칠이고 몇 달이고 걸어온다고 한다. 국경을 넘어오다 걸리면 추방당하고 추방당하면 또 국경을 넘고 계속 반복해 넘어온다는 것이다.

일용노동자가 되어 돈을 벌면 그 날로 다 써버려 항상 빈털터리 인생들이란다.

햄버거는 3불50정도면 사 먹을 수 있고 팁을 주지 않아도 되니 이들이 선호하는 집이다.

이들뿐 아니라 가난한 미국인들도 애용한다.

미국인들은 햄버거와 음료수, 자기 입에 맞는 캐찹을 가져와 먹다가 손가락에 케찹이 묻으면 손가락을 용맹스럽게 빨아먹는다.

그러는 것을 보면 문화니 문명이니 하는 것이 우스꽝스럽기도 하다.

미국인들이 손가락을 쭉쭉 빨아먹는 것은 흉이 아니다. 손가락을 입에 넣고 빨아먹고 난 후 준비되어 있는 휴지로 닦는 것이 음식 먹는 문화다.

영화에서 흔히 볼 수 있는 분위기 있는 식당, 그런 식당에서 식사를 즐기는 미국인들이 얼마나 될는지 의문이 든다.

대개는 이런 간단한 식당에서 검소한 식사를 하는 사람들이 대부분이다.

미국의 보통사람들의 생활은 한국의 보통사람들보다 그 삶의 질이 떨어지는 것이 아닌가 하는 생각도 든다.

다만 국가가 개인을 보호하는 사회적 씨스템이 한국보다 낫다는 것뿐이지 미국의 보통 사람들은 고달픈 인생살이를 하고 있는 것이다.

햄버거 하나를 사먹더라도 엄격한 질서 속에 들어가야만 한다.

우리처럼 아무식탁이나 앉아서 기다리는 것이 아니라 시간이 아무리 오래 걸려도 기다리고 서 있어야 하고 자기가 음식을 들고 와 먹도록 되어있다.

미국의 보통사람들은 정해진 질서의 틀에 갇혀 사는 것에 익숙해야만 한다.

개인의 자유와 사회의 규범이 엄격하게 구분되어져있는 것이다.

햄버거는 가난한 사람들이 애용하는 최저가의 한 끼.

정크 식품(쓰레기 식품)이라고들 하지만 가난한 사람들이 싼값에 한 끼를 때우긴 그만이다. 영양가가 없는 식품이라 쓰레기 식품이라고 한다지만 가난한 사람들에게 이보다 싸고 간단한 음식도 없다.

어쨌든 햄버거를 한 개 먹고 나면 시장기를 달랠 수 있고 쉽게 허기가 지지 않는다.

햄버거는 가난한 자들의 양식이요. 가난한 자들의 생명을 지켜주는 음식이다.

미국에서 뿐만이 아니라 러시아, 중국, 한국에서도 햄버거는 인기를 끌고 있으니 세계적인 음식이 되어 가고 있다.

세계의 입맛을 점령해가고 있는 식품, 햄버거.

햇빛이 쏟아져 들어오는 창가에 앉아서 햄버거와 감자튀김을 먹으며 불법체류자라는 신분의 불안함도 잊어버리고 고향을 생각하는 남미의 나그네와 미국의 보통 사람들.

언제나 햄버거를 벗어나 우아한 식당에서 식사를 즐겨 볼까…

햄버거 인생들이 만나는 곳.

보통 사람들이 잠시 만났다 헤어지는 곳.

남미계를 미국에서는 통칭 스페니쉬라 부른다. 그들 대부분이 미국의 밑바닥에서 노동력을 싼값에 제공하고 있어 미국의 경제가 유지되고 있는지도 모른다.

어느 거리에서나 따가운 햇빛 아래서 땀을 흘리며 일하는 사람들은 스페니쉬들이다. 흑인들도 하지 않는 중노동을 그들이 다 맡아 하고 있다. 그들 틈에 다행히 한국 사람은 한 사람도 끼어 있는 것을 볼 수 없다.

만약 1588년 스페인의 무적함대 아마다(Armada) 해상 함대가 영국에 의해 격파돼지 않았다면 미국의 역사는 달라졌을 거고 스페니쉬들의 운명도 오늘의 이런 모습이 아닐 것이다.

자동차 문화

자동차에 한 번 앉으면 내렸다 탔다 하는 것이 여간 귀찮은 일이 아니다.

그런 점을 착안해 개발한 사업들 중에 하나가 차를 탄 채 영화를 보는 것이 아닐까 싶다.

그러나 웬일인지 그 사업이 사양길에 접어들어 워싱턴 근교에는 없다고 한다.

허지만 은행 업무나 햄버거를 사는 일은 여전히 차를 탄 채로 일들을 보고 있었다.

미국의 은행들 대부분은 그리 크지 않고 사람들도 대 여섯 명 정도가 일을 보지만 창구는 모두 방탄유리가 설치되어 있다.

직원과 상담할 일이라도 있으면 권총 찬 경비원이 잠금 장치가 되어 있는 문을 열어 주어야 한다.

하지만 직원들은 상냥한 미소로 친절하게 대해 주었다.

차를 탄 채 일을 볼 사람들은 은행밖에 설치되어 있는 둥근 플라스틱 파이프 앞으로 가 자동차 창문 너머로 손을 뻗으면 그 파이프에 들어 있는 물병처럼 생긴 작은 통을 꺼낼 수 있게 되어 있다.

그 통 안에 수표를 넣거나 용건을 적어 파이프 안으로 집어넣으면 그 통이 자동으로 은행 내부로 옮겨지고 안에서 직원이 문의 사항을 인터폰으로 물어가며 처리 해준다.

자동차 안에서 은행 일을 완벽하게 처리 할 수 있기 때문에 차에서 내릴 필요가 없다

햄버거도 차에서 내리지 않고 바로 사 먹을 수 있어 자동차들이 줄지어 서 있는 곳도 많다.

자동차가 없으면 생활이 안 되는 나라이다 보니 자동차에 대한 규제도 많지만 반대로 자동차 문제에 대해 인간적인 이해도 높다.

우체국이나 관공서 앞에 잠깐 대는 이중주차 같은 경우도 눈을 감아주는 인간적인 데가 있고 불법 주차 차량을 발견하면 바로 딱지를 끊는 것이 아니라 경고 시간을 주고 나서 다시 와 확인한 후 그때 스티커를 발부하는 것도 그렇게 빡빡하게 법을 운영하지 않는다는 것을 알게 해준다.

복잡한 도심지라 할지라도 꼭 차를 세워야 할 사람들을 위해 길가에 주차를 할 수 있도록 해 놓고 허용 시간을 15분으로 짧게 해놓았다.

지역에 따라 붐비지 않는 곳은 30분, 또는 2시간까지 허용 시간을 주는 곳도 있다.

주차 관리를 하나 하더라도 얼마나 합리적으로 하는가를 알 수 있다. 무조건 밀어붙이는 법이 아니라 시민의 입장에서 편리 위주로 한다는 것을 알 수 있다.

자동차 사고가 났을 때도 까다롭지 않게 모든 게 바로 바로 처리되도록 되어 있다.

경찰에 신고하고 난 후 인사사고가 아닌 경우에는 바로 보험회사로 차를 끌고 가면 그 자리에서 차량의 파손을 체크하고 나서 현금으로 받아가겠는가? 아니면 정비업소에 가서 수리 하겠는가? 하고 묻고 돈으로 달라고 하면 그 자리에서 수표로 끊어준다.

이렇게 신속하게 처리하는 보험은 보험 회사나 고객 모두에게 능률적이고 만족도가 높을 수밖에 없다.

돈으로 받아다 수리를 하지 않는 사람이 있을 수 있다는 것을 모르지 않겠지만 사람을 믿는 사회. 신용사회를 만들겠다는 의지가 아닐까.

우리 같으면 사람을 의심하느라 도저히 있을 수 없는 일일 것이다.

정비업소한테 당하나 고객에게 당하나 당하는 것은 마찬가지다 할 때 고객에게 당하는 게 낫다는 생각이 더 합리적이고 능률적이지 않을까?

우리나라는 차량파손 견적을 정비소에 맡기다보니 정비 업소에서 견적을 부풀리기 위해 햄머로 차를 여기저기 때려 부셔 놓는 장면을 뉴스 시간에 볼 수 있는 게 아닐까.

미국의 보험회사에서는 그런 사정을 감안해 보험회사에서 직접 견적을 내고 그 자리에서 현금으로 지불 해 주니 고객의 만족도도 높고 보험재정 손실을 줄일 수도 있는 것이다.

시민의 지팡이 경찰

쓰러지려고 할 때 의지하는 물건, 지팡이.

구호용으로만 사용되는 그럴듯한 용어가 아니라 진정 지팡이라는 것을 느끼게 해주는 경찰.

우체국 앞에 이중 주차를 한 상태에서 키를 차안에 두고 문을 잠근 흑인여성.

이 여성이 지나가는 경찰에게 도움을 청했다.

경찰은 이럴 경우를 대비해 가지고 다니는 도구를 꺼내더니 문 열기를 시도했다.

아무리 해도 안 되자 다른 경찰을 부른다. 또 한대의 경찰 차가 왔으나 역시 문을 열지 못하자 또 다른 경찰을 불러 결국 흑인 여자 때문에 경찰 차가 세대나 동원되었다.

한 시간 이상을 애면글면 하다가 문을 열었는데 경찰이나 흑인여자 모두 환호성을 지르며 좋아한다.

한국 같으면 경찰이 할 일이 아니라고 그냥 지나쳤을 것이고 열쇠기술자를 불러야 할 일이다.

나도 택시를 한 번 탈 일이 있어 햄버거 집 앞에 세워둔 차를 타려고 했는데 마침 이 차의 운전사도 키를 차에 두고 문을 잠근 차였다.

운전사는 지나가는 다른 택시를 잡아타고 가더니 경찰 차와 함께 왔다.

경찰은 자동차 문을 열어주더니 미소를 지으며 가버린다.

이런 일 들로 해서 민과 경찰이 신뢰가 쌓여서인지는 모르지만 경찰들은 존경받는 직업 중에 하나이고 경찰의 권위가 대단하다고 한다.

말로만 민중의 지팡이가 아니라 실지로 국민이 느낄 수 있는 지팡이가 되어야 할 것이다.

자기가 맡은 본분을 말없이 실행으로 옮기는 사람들이 많은 세상은 분명 밝은 세상을 만들어 갈 수 있을 것이다.

이런 경찰 공무원을 통해서 시민들은 국가의 좋은 인상을 가질 수 있고 애국심도 발동 될 수 있을 것이다. 공무원들이 정치가들이나 자기 상관에게는 쩔쩔매면서 국민은 우습게 아는데 어떻게 애국심을 가질 수 있으며 좋은 국가관을 가질 수 있을 것인가…

나는 사회 저변에서 보고 듣는 것들이 너무나 충격적인 것일 때가 많다.

사회적으로 원로 되시는 어느 분을 뵙는 자리에서 내가 어느 봉사단체에 봉사하러 다닌다고 하니까 이런 다 썩은 세상은 빨리 망하고 새로운 세상을 만들어야 하는데 뭐하러 봉사를 하러다니느냐고 하시면서 세상물정 모르는 사람 취급을 하시는 경우도 당했다.

대한민국이 아주 중증의 심각한 병을 앓고 있는데도 그것을 치료해야 할 입장에 있는 사람들이 항상 차일피일 하며 경제 타령으로 기존의 부패고리를 떨치지 못하고 단물에 정신을 빼앗기는 악순환의 되풀이를 하고 있으니 안타까운 일이 아닐 수 없다.

김영삼씨가 대통령이 되면서 한국병을 치료해야 한다고 진단은 했지만 병을 고치는 것이 아니라 더 중병에 시달리게 하다 아이엠이프란 관속으로 잡아넣고도 큰 소리를 치고 다니니… 이제는 누가 무슨 말을 해도 그 말을 믿을 수 없는 세상이 되었다.

믿음이 없는 사회, 미래가 보이지 않는 사회가 오래 갈 수 있을까… 빨갱이 보다 더 무서운 것이 부패한 사회요 믿음이 없는 사회가 아닐까… 북한의 김정일이 무서운 것이 아니라 우리 내부의 불신과 부패가 우리의 목을 조르고 있다는 사실이 더 화급한 일이다.

국제 결혼한 사람들

방을 쉽게 얻지 못해 컴퓨터 학원을 운영하는 구용회 사장 사무실에서 잠을 자기도 하고 어디 갈 데가 마땅치 않을 때는 한쪽에 건강식품을 취급하는 S목사님 사무실에서 시간을 죽이기도 했다.

방 얻을 돈은 김한수 원장이 빌려줘 주머니에 넣고 다니면서도 조건이 맞는 방을 얻기가 쉽지 않아 집시 아닌 집시 생활을 계속 하고 있다.

미국에 처음 떨어진 사람들이 어떻게 적응하며 살아 남았을까를 실감 있게 느껴보려면 어려운 생활을 해보는 것도 괜찮다는 생각으로 하는 중이다.

사무실은 에난데일의 중심가에서 그리 멀지 않은 곳에 위치해 있어 오며가며 많은 사람들이 들르는 곳으로 한국인들의 사랑방 구실도 하고 있었다.

교포들의 정보가 가장 빠르고 광범위하게 교환되는 곳이기도 하다.

그 중엔 걸러지지 않은, 참으로 엉뚱한 정보들도 날아들기도 하고…

그 소문이란 것이 얼마나 전파력이 빠른지… 매마르고 삭막한 교포 사회에 화제 거리나 소재가 별로 없으니 별거 아닌 것들이 이야기거리가 되어 퍼져 나가는 것이다.

S목사님은 원래 다른 주에서 목회 활동을 하다가 이 지역으로 온지 얼마 안 되었다고 한다.

개척교회를 세워 교회가 제대로 운영될려면 신자가 100여명은 되어야 하는데 거기까지 가기가 쉬운 일이 아니라고 한다.

그래서 대부분의 목사님들이 생활을 위해 무슨일이든 해야 하는데 S목사님은 건강식품 파는 일을 하고 있었다. 그런데 그 장사라는 것이 아무나 하는 것인가.

생각은 잘 돌아가고 계획은 좋지만 막상 해보면 그게 아닌 것이 세상살이 아닌가.

신문에 광고를 내고 사무실을 얻고 해가며 시작은 잘 했지만 벌써 빚의 수렁으로 빠져들어 가고 있었다.

어느 날 사무실에서 자려는 나에게 자기 집으로 가서 하루 밤이라도 자자고 초대했다. 모시고 사는 장모님이 어딘가를 가셨기 때문에 잠자리가 있다는 것이었다.

식탁에서의 S목사님의 기도는 간단해서 좋았다.

다는 아니지만 미국에서의 생활은 곧 종교 생활이고 그것은 기도로 증명되어야 하는 삶이다. 사람들이 모이는 곳이면 기도이고, 그 기도를 누가 얼마나 잘하고 어느 자리에서 누가 기도를 하는가가 관심거리다.

나는 어느 사이 짧게 하는 기도를 기다리게 되었고 가능하면 그것마저 없는 자유로운 분위기를 바라게 되었다. 사람들이 모이는 곳에 갔다가 수많은 언어의 홍수에 빠져 머리가 혼란해져 버리는 경우를 너무 많이 당했기 때문이다.

식후에 S목사님의 목회 활동하던 곳의 야기를 듣게 되었다.

그곳은 국제 결혼한 사람들이 유난히 많은 곳이었다고 한다.

국제 결혼한 여성들이 각자의 사정은 다르겠지만 어쨌든 그들이 근래의 이민자들을 미국에 오게 하는데 크게 기여했다고 한다. 그들이 그의 가족들을 초청해 미국에 한국인들이 많이 오게 됐다는 것이다.

땅덩어리가 좁은 나라에서 한 사람이라도 나와 사는 것이 나라에 도움이 된다고 봤을 때 그들이 애국자라는 것이다.

그러나 그들은 자기가 초대한 가족들한테 따돌림을 받으며 산다고 한다.

그녀들의 과거를 가족들이 남부끄럽게 생각하기 때문이란다.

그것은 어찌 보면 그녀들의 잘못이 아니고 나라를 지켜내지 못한 데서 온 결과일진데 그녀들은 타국에까지 와서도 가족으로서의 대우를 받지 못하고 사는 것이다.

국내에서도 그녀들을 양공주라고 부르며 얼마나 괄시를 하였던가.

그 잘난척하는 사람들이 나라를 잘 지켰더라면 왜 미국이 들어왔겠으며 그녀들이 어떻게 양공주가 될 수 있었겠는가.

외로움도 달래고 한국의 가난한 가족들의 삶이 좀 나아지지 않을까 하고 피붙이를 초대했다가 가슴에 상처를 더 받게 된다는 것이나.

그녀들은 자기네들끼리도 서열이 정해지는데 백인과 사는 여자, 흑인과 사는 여자로, 남편의 계급에 따라 층이 갈린다고 한다.

미국에 이민 오는 것이 여간 어려운 일인가.

미국에 잠깐 관광을 하고 오려도 비자가 잘 나오지 않는 나라가 미국 아닌가.

그녀들은 어렵게 가족을 초청해 함께 살아보려 했다가 따돌림을 당해 더 외로움을 겪으며 산다고 하니 참으로 가슴아픈 일이 아닐 수 없다.

우래옥

우래옥, 한국의 을지로 어딘가에 있는 설렁텅 집 이름.

우래옥은 펜타곤 시티 역에서 10분 거리에 위치해 있는 곳으로 워싱턴의 명소가 되어 교포들의 중요한 모임은 거의 이곳에서 이루워지고 한국의 대통령이나 국내 유명 인사들의 환영 행사도 이곳에서 한다.

한국적 분위기를 자아내는 병풍이나 각종 서화들이 장식되어 있는 한식 식당으로 그리 크지 않으면서 소담스러운 곳이다. 깔끔한 한식을 맛보려는 외국인들도 찾는 워싱톤의 명소로 영빈관 구실을 하고 있다.

워싱톤에서 활동하는 문인들 모임이 있다고 해 따라 갔다가 많은 분들을 만났다.

회장은 임창현 시인이었고 평소 인쇄 매체에 소개되는 글도 많이 보았다.

대부분 작품들의 주조를 이루는 것들이 이민 생활의 외로움과 고국의 그리움. 나이 먹어감에 대한 한탄이다.

오랜 외국생활 때문에 한글에 대한 정확한 인식이 흐려져서인지 어휘가 제대로 안 맞는 경우도 더러 있고 인쇄 들어가기 전에 글의 바로잡음도 안 되어 오자가 의외로 많이 있었다.

워싱턴에서는 제일 부수가 많이 나간다는 신문에 나도 시를 냈다가 놀랐다.

원고에 없는 단어가 들어가 있는가 하면 오자가 나와 있었다. 시에 있어서 단어 자체가 바로 운율을 구성하는 것인데 이렇게 되면 시의 생명력이 깨져버리는 것이다.

담당 기자에게 들러 지적을 했더니 그럴 리가 없다고 하다가 원고를 확인하고 나서야 미안하다고 사과를 하였다.

인쇄를 넘기기 전에 정신차려 한 번만 읽어보았어도 그런 일은 생기지 않을 것이다.

너무 많은 인쇄 매체들이나 신문들이 그 지경이었다.

어떤 경우에는 신문사에서 신인 작품을 모집하는데 다른 시인의 작품을 출품해 신인상을 타는 경우도 있다고 했다.

작품활동을 한다는 것은 자기 검증과 점검을 하는 기초 위에 하는 행위일진데 기본도 모르는 사람의 행동이고 그런 작품을 뽑는 신문사는 너무나 허술하게 신인을 발굴한다고 하겠다.

이민생활의 매마르고 황폐화된 정신세계를 문학 활동을 통해 지평을 넓혀주려는 의도는 좋지만 언어 사용의 중요성이나 행사에 있어서 치밀함이 함께 따라주었으면 하는 아쉬움이 있었다.

하느님

허목사님의 교회 신도 수는 30명 선에서 오르락내리락 하는데 고정적으로 나오는 사람은 20명 정도 되었다.

고정적으로 나오는 사람들을 제외하면 나머지는 불규칙적으로 나오는 사람들이다.

서로 번갈아 가며 나오다 안 나오다 하는 사람들이 상당수이고 어떤 이유인지 다른 교회로 옮겨 다니는 사람들도 있었다.

한 교회를 진득하니 잘 다니지 못하고 이 교회 저 교회를 떠돌며 소문을 만들어 내기도 한다.

한 가족이 20-30명되는 사람들은 그 가족만으로도 하나의 교회를 세울 수 있어 그야말로 파워가 대단하고 발언권이 강해 목사나 장로도 그 앞에서는 조심하지 않을 수 없다.

나는 평소 교회에 잘 다니지도 않고 종교에 별 관심도 없이 살다가 허목사님을 알게되어 인간적 의리로 교회를 다니게 되었다.

자동차 운전 면허를 따는 일이라던가 일자리를 알아보기 위해 갈 때 자동차를 가지고 와 목적지까지 안내를 해주는 친절을 매번 베풀어주시니 무언중에 목사님께 고마움을 표시하는 것은 교회에 가는 것이라 생각하고 나가는 것이다.

선교를 하기 위해 목사님들은 그야말로 온갖 궂은 일을 다 하는데 그 노력과 고생이 보통이 아니라고 한다.

미국에 처음 떨어지면 어린아이나 마찬가지로 아무것도 모르는 사람들을 생활 기반이 잡히도록 옆에서 도와주어야 하니 여간 피곤한 일이 아닌 것이다,

그렇다고 모든 사람들이 그 고생을 알아주고 고마워 하는 것도 아니고 배은망덕하는 경우도 생겨나니 그야말로 사명감이나 소명의식을 갖지 않으면 할 수 없는 일이다.

간혹 기가 센 신도들은 교회 운영에 시시콜콜 참견을 해가며 이것은 이렇게 하라 저것은 저렇게 하라고 참견을 하다가 자기 마음대로 안 되면 교회를 떠나기도 했다.

그냥 곱게 가는 것이 아니라 교회 험담을 있는 대로 다하고 가니 그런 일이 있고 나면 교회가 어수선하고 술렁거렸다.

목사님들 사이에 모든 것은 다 해도 이삿짐 나르는 일만큼은 하지 말라는 말이 있다고 한다. 무거운 이삿짐을 날라주다가 건강을 망치는 경우가 종종 있기 때문이란다.

그리고 교회에 나오는 사람들을 잘 조정하고 조화 있게 운영해나

가는 일이 여간 어려운 일이 아니였다.

특히 기도하는 기회를 누구에게는 더 주고 안 주고 하는 것이 민감한 사항으로 빌미가 되어 교회를 옮기기도 하고 안 나오는 경우가 생겼다.

가능하면 기도할 이유를 많이 만들어서 많은 사람들에게 공평하게 기도할 기회를 주려고 노력하고 있었다.

그러니 간단하게 끝내기를 바라는 사람은 그 기도라는 게 지겹기 그지없는 것이고 그 사람이 그 사람인 기도를 반복해 들어야 했다.

그리고 서로 기도를 잘하려고 애쓰니 기도 대회라도 벌이는 것 같았다.

어느 날은 기도가 청산 유수로 잘되는가 하면 어떤 때는 전혀 기도가 안 되고 말이 막혀 더듬게 되면 유난히 하느님 아버지라는 말들을 많이 했다.

한 마디 하고 하느님 아버지 또 말이 막히면 하느님 아버지하고 우물거린다.

기도가 잘 안 되면 간단히 할 수도 있고 간단히 했다고 해서 하느님이 줄 복을 안 주겠는가.

어디까지나 인간의 기준으로 생각할 때 그렇게 하느님을 부른다면 하느님도 얼마나 지겨울까 하는 생각이 든다.

게다가 교회가 하나 둘인가. 수 없이 많은 교회에서 그렇게 하느님을 외쳐댈 때 하느님의 심정은 어떤 것일까 하고 생각하면 어이없는 일이기도 하다.

열성적인 사람들은 매일같이 하는 새벽 예배와 수요예배를 빠뜨리지 않고 주일예배까지 드리니 그 신앙심이 대단한 것이다.

가까운 피붙이와 친구들을 떠나 이민 생활을 하는 외로움. 이국 생활의 불안함이 신앙심을 더 깊게 하는 요인이 될 것이다.

일요일이면 갈 곳도 마땅치 않고 만날 사람도 없을 때 교회에 가면 말이 통하고 아는 얼굴이 있으니 사람들이 자연히 몰려들 수밖에 없다.

교회가 우리네 샤머니즘에 대체 역할을 하고 신비주의 수준에 머물고 있다는 것을 느끼게 할 때가 많다.

미국 교회들이 종교부흥운동을 통해 개인 복음주의에서 사회 복음주의로 전환되며 사회에 대한 책임과 도덕운동을 끊임없이 하므로서 사회에 공의의 하느님이란 인식을 심어주었다는 것을 잊어서는 안될 것이다.

동포애

미국에서 차가 없다는 것은 발이 없는 거나 마찬가지다.

흰눈이 덮여있는 길을 터벅터벅 걸으려니 외로움과 서글픔이 몰려들어 고개를 숙이고 땅만 보며 걸었다.

들뜬 기분이나 객기도 사라진지 오래고 고달픈 이국생활이 하루하루 힘들뿐인 생활.

떠돌이로 이곳저곳을 돌아다닐 때는 외로움을 달래려 술을 퍼 마시기도 하지만 생존을 위해 긴장을 해야하는 지금은 술도 마실 수가 없다.

술 마시는 일에도 흥미를 잃어버렸으니 이렇게 삭막할 수가 없다.

삭막하고 고달픈 미국생활.

아시아 대륙을 헤매고 다니던 그 객기는 다 어디 가고 이렇게 초라하단 말인가.

아 위대했던 무아지경의 세월들이여…

아 장엄했던 몽롱함이여…

아 술꾼의 지난날이여…

이러다가 우울증에 걸리는 것은 아닐까?

우울증 그것처럼 기분 나쁜 병은 없다.

사지가 멀쩡해 가지고도 생기를 잃고 의욕 없이 멍하니 있다는 것은 죽은 것이나 마찬가지다.

우울증에는 술같이 좋은 약도 없는데…

하얀 눈만 바라보며 걷고 있는데 갑자기 자동차 크락숀 소리가 났다.

주변에는 사람이라곤 아무도 없는데 길가에 자동차 한 대가 서서 크락숀을 계속 울렸다. 누굴까? 이 낯 선 곳에서 나를 알아보는 사람이…

꿈에서 깨어나듯 바쁜 걸음으로 가까이 가보니 아는 얼굴이 환하게 웃고 있었다.

“어디 가세요?”

“누구신가 했어요 안녕하세요”

“아니 어떻게 걸어 다니세요 이 눈밭에… 어디 전철 타러 가시나요?

“아 네 사실은 버스 타러 나왔는데… 버스 타고 전철역에 가려고요”

“제가 모셔다 드릴게요… 안 보이셔서 한국으로 가신지 알았어요”

“네… 아휴 이렇게 뵙게 되어 반갑습니다”

“저도 전철역이 어딘지 확실히 모르는데 찾아 가보지요 뭐”

길에서 뜻하지 않게 구세주를 만난 거나 다름없다.

이종사촌 형님 집에 있을 때 나를 초대해 환영 파티를 해주셨던 김덕조 선생이었다.

세탁소에 가는 길에 나를 발견하고 차를 돌려 다시 오는 길이라고 한다.

"언제 시간이 되시면 골프 치러 한 번 나가시죠"

"아휴 저는 골프 못 칩니다. 한국에서는 귀족들이나 치는 거라서요"

"그런 게 어디 있습니까 아무나 치면 되는 거지… 제가 한 번 모시러 가겠습니다. 지금도 예전에 그 교회 나가시지요? 일요일날 한 번 제가 교회로 들리겠습니다. 그리고 김선생님 책을 제 친구에게 줬더니 그 친구가 책을 다 읽고 나서 꼭 김선생님을 만나보고 싶다고 하기도 하고요…"

"네… 저야 영광이지요 뭐 졸작을 읽어보고 만나자고 하니…"

전철역이 어디 있는지를 몰라 이리저리 헤매다 역을 찾아가 내리려는데 "이거 적지만 경비에 보태 쓰세요… 몇 푼 안됩니다. 요즘 경기가 워낙 안 좋아서…" 하면서 돈을 내밀었다. "여기까지 태워다 주신 것만도 고마운데… 이렇게까지…"

눈물이 날만큼 고마운 일이었다.

동포가 아니라면 누가 이렇게 친절을 베풀어주겠는가.

미국 생활, 이민 생활에서 달러가 얼마나 소중하고 귀중한 물건인가.

"정말 감사합니다. 잘 쓰겠습니다"

에큐라

미국에서 마누라는 없이 살아도 자동차 없이는 못산다는 생활을 무려 6개월이나 하다가 자동차가 생겼다.

여러 가지로 편의를 제공해준 김한수 원장이 차를 마련해 주었다.

차가 좀 낡긴 했지만 타고 다니는 데는 아무런 이상이 없는 차다.

김덕조 선생의 소개로 알게 된 이재동 사장은 몽골 기행문을 읽고 나서 나에게 관심을 가지고 만나기를 원했던 분인데 자동차 정비업을 하는 분이었다.

차가 생기면 자기가 잘 보아 줄 테니 꼭 가져오라고 한 말이 생각나 차를 끌고 가 점검을 받았는데 끌고 다니는 데 아무런 이상이 없다고 했다.

마치 날개가 돋아난 늣 봄이 자유로워 졌다.

자동차 보험료와 약간의 경비만 부담하고 타기로 한 자동차인데 한때 미국의 젊은이들한테 인기가 좋았던 차라고 했다.

차를 처음 몰고 국회 의사당이 있는 중심가로 나갔다가 너무나 긴장이 되어 애를 먹었다.

길을 찾으랴 신호 보랴 정신이 없는데 성질 급한 사람은 뒤에서 빵빵거리고 정말 정신 못 차릴 상황이었다.

워싱턴 외곽으로 원을 그리며 나 있는 495번 순환도로는 속도제한이 55마일이지만 제 속도를 지키며 달리는 차들은 거의 없고, 편도 5차선-6차선으로 되어있어 고속도로나 다름없다.

주말이나 사고가 났을 때말고는 거의 밀리지도 않아 한번 진입하면 다른 도로에서 양보를 잘하던 사람들도 양보를 모르고 속도를 내고 달린다.

젊은이들이나 마약을 한 사람들은 말 그대로 총알처럼 달리는 것이다.

그렇지만 서울보다 운전할 때 느끼는 안전감이 훨씬 좋고 긴장이 덜 되어 차를 몰고 다니는 것이 짜증나는 일이 아니다.

원시림처럼 숲이 우거진 사이로 나 있는 순환도로를 달리면 도시하고 거리가 먼 지방의 길을 달리는 기분이고 가끔 사슴이 차에 치어 쓰러져 있는 것도 목격 할 수 있다.

아나폴리스

워싱턴에서 동쪽으로 50번 도로를 따라 30분 정도 달리면 아나폴리스란 항구가 있다.

온갖 종류의 배들이 바다에 떠 있고 바닷물 바로 앞까지 건물을 짓고 방갈로를 만들어 놓아 낭만적인 곳이다. 뿐만 아니라 미 해군사관학교가 있는 곳이기도 해 학교에 행사라도 있는 날은 생도들과 전국에서 몰려든 부모들이 항구를 꽉 채우기도 한다.

간혹 답답할 때면 아나폴리스 항구를 찾아와 바람을 쏘이고 의자에 앉아 푸른 하늘과 흰 구름을 바라보면 낭만이 가득 넘쳤다.

워싱톤 가까이에 이런 조용하고 아름다운 항구가 있다는 것은 축복 받은 일이기도 하다.

항구에는 주차장이 빙 둘러 있고 해물로 만든 요리를 먹을 수 있는 식당이나 기념품을 파는 가게들도 즐비하게 늘어 서 있다.

유원지라서 음식값이 비쌀 것이라는 예상과는 달리 분위기 있는 곳에서 싼값으로 음식을 먹을 수 있는 곳이기도 하다.

한국 같으면 서울 가까이 이렇게 아름다운 곳이 있다면 사람들이

아나폴리스에 있는 술집

몰려들 테지만 한국 사람들은 보이지 않았다.

간혹 돈 많은 한국인들은 배를 사놓고 이곳에 관리를 맡겨둔 사람들도 있다고 하지만 그 수가 얼마나 될는지 모를 일이다.

뿌리를 쓴 작가로 우리나라에도 잘 알려진 ALEXHALEY가 이 동네 출신이어서 그의 동상이 만들어져 있고 아이들이 그의 앞에 엎드려 한가로이 이야기를 듣고 있는 풍경을 동상으로 만들어 놓았다.

깔끔하고 작은 시골 항구 같은 분위기가 사람을 편안하게 해주는 곳이다.

매릴랜드 대학

미국의 어딜 가나 빈 공간에는 잔디가 깔려있다.

매릴맨드 대학 역시 정문으로 들어서면 잔디밭이 시원스럽게 펼쳐져 있고 그리 크지 않은 건물들이 듬성듬성 자리잡고 있다.

미국인들이 이렇게 잔디에 집착하는 이유가 뭘까.

아마도 유목 생활을 하던 조상들의 문화적 산물이 아닐까 생각된다.

푸른 초원에 대한 그리움과 평화로움…

아무리 작은 공간이라 하더라도, 한 뼘의 땅만 있으면 잔디가 있다.

우리 같으면 채소를 심던지 화초를 심겠지만 이들은 잔디다.

푸른 잔디가 주는 신선함과 평화로움이 있는 생활문화, 이것이 미국의 특색인지도 모르겠다.

매릴랜드 대학에 한국어를 가르치는 교수가 있다면 한국뿐만 아니라 중국과 몽골의 변화하는 정보도 알고 있는 것이 좋지 않겠나 싶어 몽골 기행문을 선물하러 찾았다가 김영희 교수님을 만났다.

나의 뜻을 전하고 책을 내놓았다.

내가 시집도 냈다는 사실을 알고는 언제 시간을 내서 학생들에게 시를 소개해 주었으면 좋겠다고 제안을 했다. 밝고 따뜻한 성격에 강열한 에너지가 발산되는 여성이다.

이종사촌 형님에게 들은 이야기로는 매릴랜드 대학은 세계에서 학생 수가 제일 많고 미국에서 10위권에 든다고 한다.

우리나라처럼 대학 건물이 웅장하게 크지 않고 조그만한 2-3층 건물들이 여기저기 흩어져 있었다.

매릴랜드 대학 특강

대학 도서관을 이용하려면 얼마든지 이용할 수 있다는 말을 듣고 가끔 대학을 찾아가 도서관을 이용했다. 아무 때나 자유롭게 드나들어도 누가 뭐라는 사람이 없었고 컴퓨터도 자유롭게 쓸 수 있어 많은 도움이 되었다.

한국하고 달리 미국에선 PC방이 흔하지 않아 아무래도 대학 도서관을 많이 찾았다.

도서관에 갔다가 김영희 교수 방에도 자주 들러 담소를 나누던 어느 날 그의 부군도 소개받았다. 부군 되는 분은 미국인으로 연세 대학에서 한국어를 공부했다고 한다.

부군 되는 분도 같은 대학에서 학생들을 가르치고 있었다.

아주 섬세하고 조용한 인상을 풍기는 마음이 따뜻한 사람이었다.

김영히 교수는 부군 되는 럼시 교수가 연세대학에서 공부할 때 교정을 걸으며 독일 시를 줄줄 외는 것에 반했다고 한다.

항상 바쁜 시간에 쫓기는 생활이면서 집에까지 초대를 해 한국 음식을 맛보게 해준 김영희 교수님의 배려에 감사하는 마음이 컸다. 집에 초대된 날 울산 대학에서 교환 교수로 왔다는 최학출 교수 부부도 만나게 되었다.

럼시 교수는 한국인들의 음주 문화를 알고 있다는 듯이 와인을 준비해 두었다가 우리에게 술을 권했다.

발그레 해진 얼굴로 술을 권하는 그의 모습에서 한국인의 정서가 베어 나왔다.

럼시 교수는 한국시의 운율에 대한 이론이 있는가, 이론적으로 설명이 가능한가를 물었다. 덧붙여서 한국의 한자 읽기와 중국인들의 한자 읽기의 억양이 어떻게 다른가. 또한 근래의 한자 운율과 고대의 운율이 어떻게 다른가 하고 물었다.

매릴랜드 주립대학 특강을 마치고 기념촬영

그 묻는 수준이 평범하지 않다는 것에 긴장이 되었다. 최교수는 그 질문들에 대해 자기 나름대로 설명했지만 웬지 만족스럽지 못하다는 감이 있었지만 더 이상 이어지지 않았다.

한국 교포들이 신문을 만들 때 참으로 신경을 많이 써야 하겠다는 생각이 들었다. 교포 신문을 럼시 교수 같은 분들이 보게되면 신문을 어떻게 평가할까…

대학에 초대를 받아 학생들에게 특강을 하게 될 줄 알았다면 술 좀 덜 먹고 공부 좀 할 걸 하고 후회가 되었다.

김영희 교수는 내 3번째 시집을 중심으로 강의를 했으면 좋겠다고 했다.

학생들은 한국말을 배우는 학생들이라고 해도 한국말을 제대로 할 줄 모른다고 한다.

나의 영어 실력을 총동원해 영어로 인사말을 하고 난 후 시를 낭송하기 시작했다. 교정에는 꽃들이 만발하게 피어있는 봄이어서 실내 분위기도 훈훈했다. 내가 한 줄씩 시를 낭송하고 나면 김영희 교수님이 영어로 낭송했다.

한국 시의 특징은 언어의 절제로서 얼마만큼 군더더기 언어가 붙지 않았는가가 시의 완성도를 평가하는 기준이 될 것이다. 언어의 절제에서 운율이 살아나고 행간의 호흡이 늘어지지 않을 수 있다.

시어에 담겨있는 이미지나 연결해 나가는 깔끔함, 시인의 사상이 뚜렷할 때 시의 신선함과 생명력이 강렬해질 수 있다.

그러나 영어로 번역을 하면 한국 시에서의 특성인 언어의 절제가 풀려버리고 행간의 호흡이 느슨해져 감동의 강도가 떨어져버린다.

언어로서 모든 이미지를 까발리고 설명을 해버려 긴장도가 떨어져

매릴랜드 대학에 내려앉은 야생 거위들(기러기)

내면의 울림을 때리는 힘이 약해지는 것이다.

내면의 강렬한 울림은 읽는 자의 몫이라고 했을 때 그것은 독자의 영역인 것이다.

그 영역에서 감동이 없는 글을 읽을 뿐이다.

아름다운 글들이 나열되어 첫 느낌은 좋지만 우리의 영혼을 깊게 울려주지 못하고 언어의 번다함을 느끼게 해주는 아쉬움을 주는 것이다.

내가 좋아하는 천상병 시인의 귀천 같은 시도 영어로 번역해 놓은 것을 읽어보면 그런 점을 뚜렷이 느낄 수 있다.

이것은 한국어와 영어가 가지는 언어의 다른 점과 그 언어를 쓰는 사람들의 사고방식이 다르기 때문이라고 해야 할 것이다.

나는 급변해나가는 가치관으로 갈등을 겪는 지역이 너무나 많은 이때에 문학의 역할이 중요하고 문학을 통해서 인간 개개인의 인격 향상을 도와 세계의 평화를 이뤄야 한다는 말로 강의를 끝냈다.

그리고 몽골의 오지 사진들을 보여주었다.

학생들에게 그런 대로 호평을 받았는지 학생들 모임이 있는 날 초대를 하겠다고 했다.

매릴랜드 주는 볼티모어의 영주였던 죠지 겔버트가 1632년 찰스 1세 왕으로부터 하사 받은 땅으로 초기에는 로만카토릭에 의해 창설 되었지만 매릴랜드의 발전을 위해 개신교도들을 받아들였고 땅을 아주 싼값에 팔거나 무상 배급한 역사를 가지고 있는 주다.

쫑파티

봄 학기가 끝나는 종상파티가 있는 날, 작은 강당에 학생들이 한 사람 두 사람 모이기 시작했다. 교포 사회에서는 교포들을 분류할 때 1세대, 1.5세대 2세대 분류하고 있다.

1세대는 한국에서 성인이 다 되어 간 사람을 말하고 1.5세대는 어려서 미국에 와 자란 사람, 2세대는 현지에서 탄생한 사람을 말한다.

1세대 말고는 1.5세대라 하여도 대부분 한국말을 잘 못하고 2세대는 더 한국말을 못 알아 들었다. 그래서 젊은 사람들이 한국말을 잘 하는 것은 자랑거리다.

교포자녀들이 한국어를 배우겠다고 대학에 오기도 하고 미국인이나 제 3국 인들도 한국어를 배우러 와 학생들의 국적도 다양했다.

미국인 학생 데이빗은 색스폰으로 애국가를 불고 나서 나의 살던 고향을 비롯해 한국 노래를 서너 곡 불었다.

데이빗은 한국 놀이 문화에도 관심이 많아 한국 팽이를 가지고 노는데 요즘 한국 학생들 보다 더 잘 다뤘다.

그것도 대학생이 학생들 앞에서 팽이돌리기에 심취해 각종 묘기를 보여주니 이들의 적극적인 사고방식을 볼 수 있다.

데이빗의 작은 손가방 안에는 팽이뿐만 아니라 요요까지 가득 들어 있었다.

팽이 시범을 보이고 나서 요요를 가지고 노는데 30분 이상을 다양한 방법으로 가지고 놀았다. 누워서도 하고 줄을 접어서 여러 모양을 만들어가며 묘기를 보였다.

팽이 돌리기 한 가지를 가지고 이렇게 파고드는 이들의 근성.

미국인들의 정신적 일면을 보는 것 같았다.

이렇게 각자의 특기를 하나씩 보여주는 사이 여학생들은 음식을 한 편에서 만들고 그 음식이 다 만들어지자 음식을 덜어다 빙 둘러앉아 음식을 먹는 것이 이들이 말하는 파티였다.

마치 말 잘 듣는 초등학교 학생들이 착하게 놀다가 하나씩 조용히 흩어지는 대학생들의 파티. 이들의 조용함과 담백함, 절도 앞에서 한국의 요란법석이 떠올랐다.

한국 대학들의 광란과 무질서는 도대체 무엇일까.

인도나 중국에서 보았던 무질서, 그것은 어떤 에너지의 꿈틀거림이었지만 한국 대학가의 무질서는 분명 에너지가 아니다.

상아탑이 모여있는 동네에 오면 사회의 미래가 보여야 할텐데 그렇지를 못하다.

대학들이 있는 동네가 환락가가 되어 사치의 극치요 술에 취해 비틀거리는 남녀들로 가득하니 말이다.

미국에서는 한국을 재미있는 지옥이라고 한다니 학생들만 탓할 일도 아니다.

한국 근대사의 현대화된 공부의 시작이 일제 식민지 시절부터 시작되어 진정한 인격체로 교육시키기보다 그들의 말을 잘 듣는 훈련장으로 삼았던 것에서 아직도 벗어나지 못해서일까… 공부를 해서 사회에 진정한 일꾼이 되기보다 자신의 가난과 욕망을 만족시키는 한풀이 공부가 돼서 그러는 것일까… 오늘은 이당 내일은 저당 옮겨다니며 소신 없이 지내다 비리에 연루되어 감옥에 가는 사람들 중에 공부 안 한 사람이 누가 있는가?

머리 좋은 사람들 대부분이 선택해 공부한 사람들이 모인 병원도 인명을 돈벌이 수단으로 생각해 돈 없는 사람을 쫓아내 길 거리에서 죽게 하는 현실… 우리의 공부가 제대로 된 공부인가 진정으로 사색해봐야 할 일이다. 공부한 놈들이 세상을 다 망치고 공부한 놈들이 더 무섭다는 말을 건성으로 들을 일이 아니다.

그로서리(grocery)

워싱턴 한인 사회에서 상당한 재력가로 알려진 L이라는 사람이 방송국을 설립한다고 H목사님은 나를 그 분에게 소개했다.

방송국을 하게되면 목사님이 사장으로 가게 될 텐데 그때 자기를 도와서 무슨 일인가를 해보자는 것이었다. 그렇게 되면 그 빌딩에서 숙식을 하게 되 방 얻을 필요도 없을 것이라는 것이다.

H목사님 교회에 간혹 그 재력가가 나올 때 보면 타고 다니는 차가 얼마나 크고 우람한지 돈이 참 많은 사람인가보다 하고 생각하곤 했었다.

에난데일에서 만난 S목사님도 거들고 해서 그 방송국에서 일을 하기로 결정을 했는데 방송국 시설이 다 안 되었다고 우선 그 L이라는 사람이 운영하는 그로서리에서 당분간 일을 하게 되었다.

그로서리가 있는 곳은 흑인동네였고 워싱턴 디시와 매릴랜드주의 경계가 되는 마을이었다.

흑인들이 주로 찾는 물건들은 단연코 맥주다.

쎄븐 일레븐하고 파는 물건들이 겹치지만 쎄븐 일레븐에서는 복권 판매나 주류는 팔지 않는다. 그로서리 바로 가까이 쎄븐 일레븐이 있지만 그로서리에 사람들이 많이 몰리는 것은 술을 사러 온 길에 다른 물건들을 사기 때문이다.

방탄 유리를 설치한 계산대 안에는 주인 여자와 다른 여성 한명이 바쁘게 계산기를 두들기고 백인 남자도 한 명 손님들을 맞느라 정신이 없다.

주인 여자는 눈 깜짝 하는 사이 애들이 물건을 들고 간다며 감시를 잘 해야 한다고 당부를 했다.

그로서리 규모도 컸고 홀 중앙에는 세 줄의 진열대 칸들에는 온갖 종류의 물건들이 채워져 있었다.

아이들의 기저귀와 세제. 휴지. 과자부스러기. 각종 식료품. 우유. 빵. 흑인들이 좋아하는 인도산 향 등이 있고 맥주 종류도 얼마나 많은지 그 종류별로 한 쪽 벽의 냉장 시설이 된 진열장을 다 채우고도 남았다.

수많은 포도주와 과일주도 한 쪽의 코너를 차지하고 있어 그 종류와 값을 익힐려면 얼마나 많은 시간이 걸릴는지 모를 일이다.

재력가로 알려진 L씨는 흑인들이 들어오면 하오도잉!(How are you doing) 하고 인사를 했다. 그러면 흑인들도 하오도잉! 하고 인사를 한다.

우리가 알고 있는 영어발음하고는 너무나 달라 무슨 말인지 알 수 없시만 이들은 자연스럽다.

L씨는 자신이 언제 미국을 왔으며 이곳에서 장사하게 된 동기와 이 건물을 사게 된 것까지 이야기하고 지금 카운터를 보고 있는 미국인이 원래 이 가게 주인이었다는 사실도 털어 놓았다.

이 동네가 장사하기가 얼마나 좋은 동네인가를 모르고 한국 사람들이 이곳을 싫어하고 잘 오지 않는다고 불평을 했다.

실제로 S목사님에게 사무실로 쓰라고 빌딩 사무실을 내 주었지만 한국 사람들이 오질 않아 에난데일에 사무실을 얻었노라고 하는 말도 들었다.

한국인들은 흑인들을 위험시하고 꺼리기 때문에 흑인들 동네에서는 살지도 않고 가지도 않는단다. 그렇지만 막상 할 일이 마땅치 않으면 흑인동네에서 장사를 해서 먹고산다는 것이다.

흑인동네에서 돈은 벌면서도 사는 것은 백인동네에서 살고 좋은 차를 타고 다니며 흑인들을 무시하기 때문에 흑인들에게 미움을 사기도 하고 가끔 흑인들이 돈은 우리한테 벌면서 왜 여기 안 사는가 하고 따지는 경우도 있단다.

또한 세금도 제대로 안 내려고 매상금액을 줄여 신고해 현금을 집에 숨겨놓았다가 비싼 물건들을 현금으로 사는 사람들도 있다는 것이다.

LA에서 수년 전 폭동이 일어난 것도 흑인들이 한국인들에 대한 감정이 안 좋아 일어난 사건이었다고 하지 않는가.

맥주를 진열하는 냉장고형 진열장 뒤엔 아예 냉동 창고로 만들어 술 박스를 몇 개씩 예비로 넣어둬 미리 얼려 두도록 되어 있었다. 그 많은 종류들이 벽을 따라 잘 정리되어 있지만 공간이 좁아 몇 가지는 포개 놓아야 했다.

그 박스들을 몇 번씩 옮기고 나면 금방 배가 고파 못 견딜 지경이었다.

함께 일하는 스리랑카 사람 피야는 배고픔을 못 참아 틈나는 대로 쎄븐 일레븐에 가 차와 간단한 음식을 사먹곤 했다.

뿐만 아니라 냉동실 안과 밖의 온도차가 많이 나 한 번씩 들어갔다 나오면 얼굴이 벌겋게 상기되어 마치 술이라도 한 사발 마신 사람처럼 보였다.

L씨는 간혹 나하고 뭔가 대화를 나누고 싶어 말을 시작하면 자기 혼자 한 시간이고 두 시간이고 떠들었다.

처음 한 두 번은 그런대로 들어 줄 수 있었지만 시간이 갈수록 괴로운 일이 되었다. 이야기를 조리 있게 하나하나 잘 해나가는 것이 아니라 중언부언이어서 무슨 말을 하는지 도무지 알 수 없었다.

말은 그 사람의 생각이 담겨 있게 마련이고 지식의 정도도 자연스레 묻어 나오는 것이련만 도무지 대화가 되지 않았다.

어떻게 방송국을 하겠다는 생각을 하게 됐을까 궁금할 정도였다.

미국 생활이 그리 간단한 일이 아니란 것을 시간이 가면서 더 실감하게 되었다.

먼저 자리 잡은 한국 사람들, 20년 전에 온 사람은 20년 전 사고를 가지고 있고 10년 전에 온 사람은 10년 전 사고를 가지고 산다는 말을 들었을 때 그 말이 무슨 말인지 몰랐었다.

여성들이 식당에서 일할 때 고무장갑을 끼는 것은 요즘 세상에 당연한 일이지 않는가. 그러나 자신이 한국에 있을 때 고무장갑을 모르고 온 여성은 장갑 끼는 것을 용납 못하는 것이다.

그러니 그런 과거의 정신을 가진 사람들하고 생활한다는 것이 얼마나 피곤한 일이겠는가.

근래 한국에서의 문화생활의 신장과 레저생활의 기회를 누리다가 미국에서 잘 못 만나면 20여년 전 사고를 가진 사람들과 생활을 해야 하니 괴로울 수밖에 없다.

20-30년 전 자가용을 가지면 얼마나 자랑거리였는가.

그러나 오늘날의 한국은 어떤가. 자동차를 두고도 환경을 위해서 또는 자동차 체증 때문에 차를 안 끌고 다니는 게 미덕이 된 세상이다.

교포들의 정체되어 있는 정신. 과거에 멈춰버린 생각, 그것은 참으로 심각한 상태이다.

물론 언어를 잘 구사하는 사람들은 미국의 문화를 잘 소화 해내고 그들과 어깨를 나란히 하며 가지만 언어가 제대로 안 되는 사람은 한국에서 가지고 간 정신 상태로 머물러 살아가고 있는 것이다.

골프

한국에서의 골프는 특권층이나 접해볼 수 있는 운동.

골프가 운동이라고 해도 이해가 되지 않는다. 어떻게 된 운동이 특수한 계층만 할 수 있단 말인가. 운동이라기보다도 귀족들의 사교모임 같은 것이 우리나라의 골프다.

차림새나 모양새부터가 어딘지 돈이 있어 보이고 힘도 있어 보인다.

그래서 그런지 어딘지 거만하고 나는 너희들하고는 다르다 하는 차별성을 강조하려는 듯 하다.

자신은 좀 다르다는 차별을 느끼게 하기 위한 수단.

돈이 없고 빽이 없으면 할 수 없는 골프.

신분을 확실히 차별 지을 수 있는 것이 대한민국에서 골프말고 또 있을까.

그러한 골프를 치러 가잔다.

미국에서는 누구나 할 수 있는 운동으로 20불 정도면 하루종일 놀 수가 있다고 한다.

교회에서 몇 번 만났던 여인은 미국인과 사는 여성인데 자기가 단골로 가는 골프장은 깎아달라고 하면 10불로 깎아준다고 하며 일행을 안내했다.

난생 처음 와보는 골프장.

푸르게 펼쳐진 잔디 위를 걷는 기분이 너무나 좋다.

그 푸른 잔디 위를 떼지어 다니며 평화롭게 풀을 뜯는 짐승들.

갈색의 털에 휩싸여 몸을 뒤뚱거리며 걷는 블랙 넥 주스(black neck goose).

사람들이 가까이 가도 도망치지 않고 풀을 뜯고 있었다. 마치 집에서 기르는 거위들처럼...

마음껏 휘두르는 골프채에 맞은 공이 포물선을 그으며 날아갈 때의 그 시원함이란 돈을 주고도 못 살 것이다.

공을 놓아주며 쳐보라고 해 공을 치는데 생각과는 달리 제대로 맞지를 않고 헛손질만 했다.

조그만한 공을 치는 것이 무슨 운동이 되겠는가 했는데 보기와는 달리 맞아주지도 않았고 맞는다 해도 그리 멀리 가지도 않는다.

그래도 일행들이 처음 하는 사람치고는 잘 맞추는 거라고 기분을 살려주었다.

매일 공을 치는 사람도 그 날의 콘디숀에 따라 잘 맞는 날이 있고 안 맞는 날이 있단다.

골프란 운동이 보기와는 달리 그리 간단하고 쉬운 것이 아니다.

공을 잘 맞추고 못 맞추고 보다는 푸른 잔디가 펼쳐지고 확 트인 하늘이 다 보이는 공간을 평화롭게 걷는 것이 기분 좋은 일이다.

아마도 이런 기분 때문에 골프가 사람들에게 인기 있는 운동으로 각광을 받고 있는 모양이다. 그러나 아쉽게도 한국에서는 일반 대중들은 즐길 수 없는 운동이지 않는가.

노동 현장에서 땀흘려 일 했던 사람들이 피로를 풀며 즐겨야 할 운동을 엉뚱한 사람들이 즐기고 있는 것은 아닐까.

호주에 이민 간 친구의 말을 들어봐도 역시 노동자이든 사장이든 똑 같이 골프를 즐긴다고 한다.

열심히 일한 사람들은 사회의 천덕꾸러기가 되고 재주부리며 사회의 과실을 챙기는 사람들은 대우받고 즐기는 사회, 이런 풍토 속에서 누가 일 할 의욕을 갖겠는가.

자본주의.

천민적 자본주의가 아니라 인간적 자본주의, 복지 자본주의로 가기가 그렇게 어려운 일일까.

오늘날의 미국이 되기까지는 1824년부터 일어난 잭슨파 민주주의자들이 펼친 개혁운동의 결실이라 해도 과언이 아닐 것이다. 우리는 민간 정부를 세 번이나 경험하고 있지만 개혁이 혁명보다 어렵다는 말만 무성할 뿐 강력한 개혁 운동을 펼치지 못하고 있다.

미국의 1824년에 일어난 개혁 운동에 비하면 180년이나 뒤떨어진 역사의 시침을 따라 가면서 아직도 시기상조라는 말만하고 있는 인사들을 보면 답답하기만 하다.

시간타령만 하고 있으면서 감나무 밑에서 감 떨어지기만 기다려야 한다는 것인지…

이런 점으로 연결시키면 김대중 전 대통령에게 아쉬움이 많다고 해야 할 것이다. 그의 카리스라면 우리 사회를 충분히 개혁시킬 것이라고 기대 했지만 웬일인지 미적대다가 기회를 다 놓쳐버렸다.

노벨상을 못 타더라도 언론개혁을 필두로 해서 각종 폐악을 먼저 철폐시켰어야 하는데 실망만 남기고 말았다.

결국 그의 노벨상도 국가나 개인의 영광이 아니라 돈으로 샀다는 둥 해가며 한림원이나 노벨상 자체를 폄하시키는 결과를 가져왔다.

우리 사회와 우선 순위가 안 맞는 일을 한 것임을 증명하는 것이 아니겠는가… 그의 민주주의 발전과 평화에 이바지한 공노에 비춰보았을 때 아쉬움이 크지 않을 수 없다.

쟈니와 함께

그로서리에 저녁 시간이 되면 일하러 오는 흑인, 쟈니라는 사람은 워싱턴 디시에서 일하는 공무원이라고 한다.

그로서리 가까운 곳에 쟈니네 집이 있는데 빈방이 있다고 해 가보았다.

집은 2층집이었고 안에 들어서자 흑인들 특유의 냄새와 방안의 냄새가 뒤엉켜 머리가 아플 지경이었다. 뿐만 아니라 거실이나 부엌, 방들까지 어디 하나 제대로 정리된 곳은 한군데도 없다. 그야말로 넝마 수집소 같이 어질러져 있다.

그러면서도 부끄러운 줄 모르고 방 구석구석들을 다 구경 시켜준다.

부엌에 가서는 냉장고를 열어 젖이며 먹고 싶은 대로 다 먹어도 좋다고 한다.

"유아 마이 후렌드" 라는 말을 몇 번이나 반복했다. 언제든지 아무 때고 먹어도 좋다고 하며 주방 기구 사용법을 설명 해주기도 하고 그릇들이 들어있는 서랍들을 다 열어 보여 주었다.

그의 그런 행동들을 보면서 참 순박한 사람이라는 것을 느낄 수 있었다.

방세도 400불을 달라고 하는 것을 300불로 깎자고 했더니 군말없이 오케이라고 한다.

그리고 자기 어머니 방으로 데리고 가 소개를 한다.

쟈니 어머니는 휠체어를 타고 살아가는 장애인이었다.

몸의 체중이 너무 늘어 걷지 못하게 되어 휠체어를 타게 됐다고 한다.

쟈니는 아이들이 셋인데 큰아들은 나가 살고 아직 어린 두 아이는 이혼한 마누라가 데리고 있다고 한다. 그래서 매월 600불씩을 양육비로 마누라에게 보내주어야 하고 아이들은 2주에 한 번씩 집에 데려와 하룻밤을 같이 자고 마누라에게 데려다준다고 했다.

왜 이혼했는가 물었더니 자신이 매일 술을 먹고 마누라를 때려 그렇게 됐다고 한다.

다시는 안 그러겠다고 하지 왜 이혼했는가 묻자 수 없이 안 그러겠다고 하고선 약속을 안 지켜 그렇게 됐노라고 한다.

그러나 지금은 라이프 스타일을 바꿔 전혀 술도 안 마시고 교회생활을 충실히 한다고 했다. 쟈니의 원래 부인은 한 번도 못 봤지만 쟈니의 여자 친구는 간혹 볼 수 있었다.

여자 친구도 쟈니와 같은 성격의 소유자인지 그녀가 와 있을 때도 부엌은 여전히 정신 없이 어질러져 있다.

집 마당에 있는 차고도 고물상처럼 어질러져 있어 마치 폐가를 연상케 하는 풍경이다.

새벽 6시면 나갔다가 오후 3시면 돌아와 한숨 자고 또 그로서리에 가서 일을 해야하니 항상 피곤에 지쳐있는 모습이고 쉴 틈이 없는 쟈니다.

쟈니는 그의 말대로 철저한 금주가가 되어 있었다. 나는 금주를 해야 할 만큼 건강이 안 좋아졌건만 그래도 한 잔 생각이 간절할 때면 값싼 포도주를 사다 마시곤 할 때 한 잔 하지 않겠냐고 유혹해 보아도 조금도 흔들리지 않았다.

나는 술을 한 잔 하면서 약간의 술기운이 올라올 때 비로소 인간다운 인간이 된다고 생각하곤 한다. 술을 안 먹는다고 하다가 한 잔 할 수도 있고 무슨 일인가도 하다가 안 할 수도 있는 것이 훨씬 인간적이란 생각이 드는 것이다.

인간이기 때문에 판에 박은 듯 살수 없다는 생각이고 너무 규범적이거나 반복적일 때 의욕을 상실하고 생동감을 가질 수 없게 되는 것이다.

미국인들이 도덕운동이나 개혁 운동만 한 것이 아니라 금주운동도 철저히 했다는 것은 흥미 있는 일이다. 1784년 미국에서 가장 유식했다는 러쉬 박사가 펴낸 "인간의 정신과 육체에 있어서 증류주의 효과에 관한 연구" 가 금주운동가들의 지침서가 되었다. 금주 운동은 교회의 율법 때문이 아니라 단지 건강 때문이었다고 한다.

반세기가 넘어가도록 러쉬 박사의 책이 금주운동의 팜프렛으로 이용되었고 금주운동가들의 숫자가 늘어나 금주 연맹을 전국적으로 조직해 미성년자들의 음주 습관을 막는 법을 만드는데 성공했다.

통계에 따르면 대한민국은 세계에서 2위의 알콜 소비국이고 인구 비율로 따지면 1위인 소련보다 앞선다고 한다. 자랑스러운 일인지 부끄러운 일인지 알 수 없는 일이다. 알콜을 마시지 않는 사람들이 나서서 금주운동을 해야 할 처지가 아닐까 하는 생각이 든다.

효성 지극한 쟈니

쟈니는 내가 전철을 타야 할 경우를 대비해 전철역이 있는 곳에도 데려가 가르쳐주고 가까이 있는 대형마켓도 안내를 해 주었다.

그리고 집 안에서나 밖에서나 만나기만 하면 배고프지 않느냐고 묻는다.

예전에 우리나라에서 누구든지 만나면 인사가 밥 먹었냐고 하던 시절이 떠올랐다.

처음엔 친구라고 하더니 좀 지나자 훼밀리라고 하다가 나중엔 부라더라고 하며 주방에 있는 음식을 아무 때고 마음대로 먹으라고 한다.

요즘 대한민국에서도 이렇게 인심 좋은 사람 만나기란 그리 쉬운 일이 아닐 것이다.

전화도 공중전화를 쓰는 것을 보고 집 전화를 쓰라고 한다. 한국으로 하는 전화는 전화요금 통지서에 다 기록되어 나오기 때문에 그때 계산해 내면 된다고 한다.

게다가 미국 국내 전화는 그냥 쓰라고 하지 않는가.

한국인 집에 있을 때는 장거리 전화를 아예 쓸 수 없도록 해놓았었는데… 쟈니는 아침 다섯시 반에서 6시 사이 출근을 하는데 꼭 자기 어머니에게 인사를 하고 나가고 갔다와서도 어머니 방에 들러 이것저것 이야기를 하였다.

어머니가 어디 안 좋다고 하면 바로 병원으로 모시고가는 쟈니에게서 우리나라에서는 요즘 찾아보기 어렵게 된 효자를 보는 기분이었다.

전화도 자기 어머니 전용 전화를 따로 더 놓아 집안에만 있는 어머니가 아무 때고 전화를 몇 시간을 쓰든 자유롭게 할 수 있도록 해 놓았다.

그리고 내가 몽골에서 찍은 사진을 보여주자 자기어머니하고 함께 봐도 되겠냐고 하고선 사진을 가지고 가 자기 어머니와 함께 보며 즐거워했다.

내가 문명 사회보다 자연 속에 사는 사람들이 좋아 그 오지를 들어갔었다고 쟈니에게 해준 말을 자기 어머니에게 해주자 쟈니 어머니는 부모들이 나 때문에 걱정하느라 잠도 못 자겠다고 한다.

나는 부모님들이 다 돌아가셔 하늘 나라에 계신다고 했더니 하늘나라에서도 걱정하느라 머리 아프겠다고 하지 않는가.

쟈니가 그 말을 듣고 얼마나 바보같이 웃는지 그 모습을 보고 웃음이 절로 터져 나왔다. 흑인들의 특징은 자기 감정을 그때그때 있는 그대로 나타내는 것이다.

웃음을 웃는 것도 여러 가지가 있겠지만 어떤 경우에는 꼭 바보가 허파에 바람이 빠져서 주저앉을 것 같이 케케거리고 웃는다.

백인들이나 다른 민족들한테서는 도저히 볼 수 없는 모습이다.

흑인들은 벨이 꼴리면 옆에 경관이 있는데도 상대를 총으로 그 자리에서 쏘아 죽이고 손을 내밀고는 나 잡아가라 한다는 것이다.

쟈니 집에는 토요일이면 꼭 방문하는 여성이 있었다.

이 여성은 시청에서 일하는 여성인데 쟈니 어머니의 동생이라고 한다. 자기 언니가 바깥 출입을 못해 답답하니까 말동무가 되어 주려고 찾아오는 것이란다.

두 자매가 만나면 무슨 할 말이 그렇게 많은지 몇 시간씩 대화를 나누며 깔깔거리고 웃곤 했다.

거동이 어려운 언니가 화장실 갈 때 도와주기도 하고 커텐을 갈아

주는 동생을 보면서 사람 사는 세상이 바로 이런 것이 아니겠는가 하는 생각을 갖게 했다.

조상 대대로 내려오는 이들만이 가지는 특성들이 대물림해 내려오는 모양이다.

누구 눈치 보지 않고 허심탄이 하게 살아가는 생활방식을 이어가는 사람들.

동기간이나 가족 간에 끈끈한 정이 녹아 흐르고 있음을 볼 수 있다. 좀 가난할지는 몰라도 상실되지 않은 따뜻한 인간성이 살아있음을 볼 수 있다.

미국의 복지

쟈니 어머니는 정상인이 아니다.

휠췌어를 타고 생활하는 사람이라 무엇 하나 제대로 하는 게 없다. 게다가 몸이 얼마나 뚱뚱하고 무거운지 제 몸도 이기지 못하는 사람이다.

쟈니가 출근하기 전에 아침식사를 식탁에 준비해 놓고 가면 혼자 식사를 한다.

복지 기관에서 이런 사정을 다 파악하고 있는지 매일 점심때가 되면 도시락을 실은 버스가 와 도시락을 두 개씩 배달해주고 있었다.

가끔 이런 시간에 쟈니 어머니와 만나면 도시락을 먹지 않겠냐고 권하곤 한다. 그러면 어떻게 장애인한테 나오는 도시락을 얻어먹겠나 싶어 거절하곤 했다.

그러나 그 도시락 안에 무슨 음식이 들어 있는지 맛은 어떤지 궁금했다.

어느 날 쟈니 어머니가 또 권하길래 고맙다는 말과 함께 도시락을 받아들었다.

그리고 내 방에 와 도시락을 열어보았다. 도시락 안에는 쎈드위치 두 개와 비스켓, 케챱 등이 들어 있었다.

오후에 집에 돌아온 쟈니에게 도시락을 고맙게 잘 먹었다고 인사말을 하고 너네 어머니가 나 때문에 배가 안 고플까 걱정이다 했더니 노 프라브렘이라고 한다.

그리고 나를 주방으로 끌고 가더니 냉장고를 열어 보였다. 냉장고 안에는 도시락이 몇 개나 있었고 다른 음식들도 많이 있었다.

아무 걱정하지 말고 아무 때나 먹고 싶은 대로 먹으라고 한다.

그 후로 쟈니 어머니가 권하면 사양하지 않고 받아먹었다. 결과적으로 미국의 복지 혜택을 받는 거나 마찬 가지였다. 도시락 안엔 항상 다른 종류의 음식이 들어 있어 실리지 않게 되어 있었다.

미국 복지제도의 섬세한 면을 볼 수 있는 대목이다. 집안에 밥을 해 줄 수 있는 사람이 없다는 것까지 파악해 밥을 배달해주는 나라.

이런 복지제도가 미국의 자본주의를 지탱해주는 버팀목이고 국민들로 하여금 애국심을 갖게 하는 요인이 될 것이다.

장애인들이 마음놓고 대중교통을 이용할 수 있고 아무도 돌봐줄 수 없게 되었을 때 국가가 돌봐주는 사회, 국민들이 국가에 대한 신뢰를 자연스럽게 갖게 하는데 어찌 애국심이 나오지 않겠는가. 바로 미국의 힘도 이런 바탕에서 나오는 것이리라…

또 다른 형태의 복지

H목사님의 한 아들은 어려서 아주 총명했었는데 성장하면서 몸에 이상이 생겨 유명하다는 미국 국내의 모든 병원을 다 찾아다니다가 어느 의사한테서 뇌 기능에 이상이 있다는 말을 들었단다.

아들의 치료를 위해 백방으로 뛰어다녔지만 좋은 성과를 얻지 못해 결국 특수아동 학교에 입학 시켰다고 한다.

미국의 복지는 그런 아동도 끝까지 포기하지 않고 반복 교육을 시켜 고등하교까지는 졸업을 시켜준다고.

고등학교를 졸업했지만 정상적인 생활을 할 수 없어 특수 시설에 보냈는데 2주일에 한 번씩 집에 데려와 가족과 함께 주말을 보내고 다시 보호 시설에 보내고 있었다.

그 아들을 보호 시설에 대려다주는 날 몇 번인가를 따라가며 미국의 복지 시설에 관해 들을 수 있었다.

한국에서처럼 일반인들과 격리시켜 한 곳에 많이 수용하지 않고 일반인들이 사는 마을에다 집을 장만해 두 사람씩을 거주하게 한다고 한다.

그리고 그 두 사람을 의사, 간호사, 영양사 등 6명이 번갈아 방문해가며 관리한다고 한다.

그리고 일상생활을 익숙하게 하기 위해 가게에 가서 물건을 사게도 하고 매일 봉투 붙이는 일을 몇 시간씩 해서 돈 버는 일도 시킨단다.

그 돈은 각자의 저금통장에 입금 시켰다가 필요한 물건이 있으면 사게 하고 단체로 야유회도 간다고 한다.

집에서 부모가 돌보는 것보다 훨씬 더 잘 보호하므로 부모들이 마음놓고 맡길 수 있다는 것이다.

국가가 개인의 어려움을 세세히 살펴주고 과학적으로 하는 것을 보게 된다.

조금 속도가 늦지만 확실하게 차별 없이 한다는 점이 국민들로 하여금 정부를 믿게 하고 애국심을 갖게 한다고 할 수 있겠다.

간혹 월세를 제대로 못 내면 집 주인이 물건들을 밖으로 끌어내 쫓아내는 일들.

그런 짓은 개인들간에 일어나는 일들로 생존경쟁의 치열함이 있지만 국가는 보호를 받아야 할 사람은 철저히 보호하는 사회다.

국민의 의무만 강조하다가 개인이 약해지면 나 몰라라하는 국가는 국가일 수도 없고 어떻게 애국심이 나올 것이며 어떻게 국가라는 조직을 믿을 수 있겠는가.

우리는 국가의 도움을 받기보다 오히려 국가라는 조직에 공포를 느끼며 살아온 세월이 너무도 길다.

자신의 의사 표현도 제대로 못했고 말 한마디만 잘 못해도 끌려가는가 하면 유신을 반대한다해서 빨갱이로 몰리는 세월을 살기도 했다.

국가 조직뿐 아니라 공공 기관이나 단체들은 국민의 입장에서 일을 하는 것이 아니라 자신들의 편리를 위해서 일하고 국민을 지배하고 규제하는 대상으로 생각하니 국민 개인들은 그들의 횡포에 시달려야 한다.

아직도 일본인들의 식민 정책으로 다루던 행정에서 벗어나지 못한 곳이 얼마나 많은가.

예전에 비해 많이 좋아졌다고는 하지만 아직도 공공 기관은 봉사자로서의 자세가 아니라 규제자로서 국민을 규제의 대상으로 인식하고 있는 곳이 너무도 많다.

국민은 각종 비리의 공무원들이 끊임없이 발각되어도 그 비리 공무원을 표본 삼아 공무원을 대하지 않는다. 뿐만 아니라 공무원 전체를 비리 공무원이라고 생각하지 않는다.

그러나 공공 기관은 최악의 나쁜 국민을 대상으로 규제법을 만들어 과거 군인들이 하듯이 막무가네로 밀어부치기 때문에 선의의 국민들이 피해를 봐야하고 불편을 겪으며 불쾌하게 살아야 한다.

언제쯤이나 공공 기관은 선의의 국민을 배려해야 한다는 생각으로 바뀔지 모르겠다.

혹시라도 나쁜 생각을 가진 사람들이 있다 하더라도 공무를 집행하는 사람들이 문제 해결을 해야 할 부분이다. 그것이 다수를 위해 소수가 피해를 봐도 된다는 이유가 되어 선의의 사람들이 피해를 봐선 안 된다.

불만을 말하면 인력 타령에 법 타령만 늘어놓는다.

이건 이래서 안 되고 저건 저래서 안 되고, 안되고 타령까지…

그러다 돈 봉투를 내밀면 안 되던 것이 되고…

그러니까 공무원들에 대한 불신과 행정편의주의라는 말을 듣는 것이 아니겠나.

공무원들의 법 타령 인력타령 때문에 얼마나 많은 시간이 국가적으로 손실되고 많은 사람들이 불쾌한 시간을 가져야 하는가.

그러나 공무원들은 언제나 법이 그렇고 인력이 부족해 그렇다며 부당하더라도 그냥 따라야 한다는 논리만 편다.

행정을 보는 사람들이 하루빨리 정신이 바뀌어야 하고 대한민국을 살기 싫은 나라라고 조국을 등지는 사람들이 늘어나서는 안 될 것이다.

수년 전 어린이들이 야외수련을 나가 콘테이너에서 잠을 자다 수십 명이 타 죽는 사고가 발생했을 때도 공무원의 비리가 포착되었었다. 그 사고 이후 한 어머니가 도저히 사람이 살 수 없는 나라라고 한국을 떠난다는 신문보도를 본적도 있다.

국민들은 그런 사고가 있다 해서 공무원 전체를 비리 공무원으로 매도해 양질의 공무원을 괴롭히지 않는다.

비리 공무원은 법에 따라 그 당사자만 처리되고 있다.

공무원들도 국민들이 행정의 모순을 지적하면 선의의 국민이 불량한 사람을 기준으로 한 규정에 의해 괴로움을 당하지 않도록 해야 할 것이다. 선의의 국민을 기준으로 정책을 운영할 때 나쁜 생각을 가진 사람들도 좋은 국민으로 빨리 바뀌지 않을까.

미국의 복지는 모든 국민을 선의의 대상으로 생각한다는 철학이 있기에 가능할 것이나.

그 속에 불량한 생각을 가진 사람들도 있을 수 있다. 그러나 선의의 국민을 배려하는 정신, 그것이 곧 국가에 대한 신뢰를 쌓는 토대가 될 것이다.

미국이 냉정한 자본주의 논리만이 있는 것이 아니라 과학적인 국가 관리, 국민을 신뢰하고 국민에게 봉사해야 한다는 정신이 살아있음을 사회 밑바닥에서 확인 할 수 있다.

관료나 정권이 국민 위에서 군림하며 부패와 부정, 무지스러움을 권위로서 덮어버렸던 우리의 지난날은 민족의 비극이었다.

아직도 우리 사회는 군림과 권위, 그 맛에서 헤어 나오지 못한 사람과 그런 행태에 길들여진 사람들이 있다.

현대국가를 사는 사람들로서 부끄러운 일이 아닐 수 없다.

영수증

한국에서 가져온 명함이 다 떨어져 동네에서 가까운 인쇄소를 찾아갔다

어떤 글자로 얼마만큼의 크기로 할 것인가를 묻고 4시간 후에 다시 오라고 했다.

왜 와야 하는가 했더니 인쇄 들어가기 전에 틀린 것이 있는가 확인하러 오라는 것이었다.

그리고 A4 용지로 된 영수증을 주었다.

명함 하나 새기는데도 빈틈이 없고 영수증을 발행해야만 하는 사람들.

격식을 제대로 갖춘 영수증을 받아들고 미국이라는 나라가 어떤 나라인가를 사색케 된다.

무슨 종이에 몇 장을 새기고 선금은 얼마를 받고 얼마가 남았다. 세금은 얼마다, 하는 자세한 영수증.

이런 것이 불편하고 귀찮은 일이겠지만 믿을 수 있는 세상을 만들어 가는 첫걸음이 아닐까.

우리는 명함을 흔히 name card 라고 하지만 미국에서는 business card 라고 한다는 사실…

Business 하는 사람들이나 명함이 필요하다는 말일까.

김치

주방에 들어가 뭔가를 만들어 먹는 것도 그리 간단한 일이 아니어서 밖에 나가지 않을 때는 가까이 있는 햄버거 집에서 햄버거로 끼니를 때웠다.

찌개나 국물이 있는 한국 음식에 길들여진 식성대로 먹지 못하고 콜라나 사이다를 국처럼 홀짝거리며 먹는 음식이 뭔가 허전하지만 어쩔 수가 없다.

정말 김치 한쪽이 그리워 눈물이 날 지경이다.

김치가 없는 밥을 먹는다는 것은 슬펐고 그 슬픔이 더욱 외롭게 했다.

김치! 김치 한쪽만 먹을 수 있다면… 체내에 숨어있는 욕망, 본능의 갈구, 사람을 비참하게 하였다. 그까짓 김치 한 쪽이 이렇게 사람을 허약하게 만들 수 있을까

몽고에 있을 당시에는 얼마나 김치가 먹고 싶은지 배추를 사다가 김치를 직접 담가본다고 했다가 웃기는 일이 벌어지기도 했었다.

배추를 소금에 절인 후 마늘에 고춧가루까지 넣고 김치를 담았는데 이튿날 뚜껑을 열어보니 배추 잎들이 빳빳이 서 있지 않는가.

그 후로도 몇 번인가 김치 만들기를 했지만 실패를 거듭한 끝에 결국은 포기하고 말았다.

그만큼 체내에 김치에 대한 욕구가 숨어 있는 것이다.

적당히 발효된 김치 한쪽은 입안을 개운하게 해줄 뿐 아니라 혼자 외톨이로 떨어져 있다는 소외감을 벗어나게 해준다.

어떤 연대감까지 전달시켜주는 김치.

아 한국인! 김치! 김치! 이젠 김치가 세계인들의 식탁을 점령해 가

고 있다니…

아 우리의 김치여!

여자는 악기

흔히 여성을 악기로 비유하여 그 악기를 어떻게 다루는 가에 따라 소리가 달라진다 하던가…

내가 쓰는 방위에는 쟈니가 쓰는 방인데 바로 지붕 밑에 있는 방으로 다락방 같은 곳이다. 간혹 쟈니 여자친구가 와서 자고 가는 날이 있는데 어느 날 이상한 소리에 잠을 깼다.

그야말로 여자가 악기가 되어 신비로운 소리를 내고 있었다. 그 묘한 여성의 소리, 암놈만이 낼 수 있는 소리가 계속 들리고 다 낡은 침대가 박자를 맞추듯 여인의 녹아나는 소리 사이로 맹렬하게 들려왔다.

월남에서 작전을 나가기 전에 포르노 필름을 보면서 숨을 몰아쉬던 시절이 떠올랐다.

죽기 전에 눈요기라도 하고 죽으라는 듯 그 진하고 진한 포르노 필름을 보여주던 시절. 그때보다 더 실감 있게 바로 가까이서 남녀가 내지르는 교성과 침대가 삐걱거리며 박자 맞추는 소리…

기가 막힐 일이다.

어서 끝나주었으면 하고 비는 마음인데 그 소리는 끝날 줄을 모른다.

아이고 하느님! 이런 밤엔 어떻게 해야 하는지요…

저러다 혹시 침대가 무너져 내리지 않을까… 침대뿐만이 아니라 다락이 무너져 내리며 내가 깔려 죽는 것은 아닐까… 걱정이었고 그 요란한 소리를 내는 침대 대신에 새 침대를 하나 사주고 싶다는 생각이 들었다.

여인의 앓는 듯한 소리… 숨이 금방 끊어지는 듯한 소리가 교차되는 밤.

정말 너무도 오랫동안 끝날 줄 모르는 소리.

쟈니는 어디서 저런 정력이 나오는 것일까…

매일 피곤에 지쳐있는 얼굴인데 말이다.

혹시 흑인들만 먹는 강정 식품이나 사랑의 묘약이라도 있는 것일까.

아…응… 계속 이어지는 암놈의 소리… 숫놈이 연주하는 악기…

캐리 아웃

캐리아웃.

한국 사람들이 캐리아웃에서 일한다는 말을 듣고 그곳이 무엇을 하는 곳인지 전혀 감이 잡히지 않았다.

영어 단어대로 직역한다면 가지고 가다. 나르다. 운송하다. 이런 정도의 단어이겠지만 이것이 미국에서는 요리를 사 가지고 갈 수 있다는 뜻인 명사가 되어 음식을 파는 곳이라는 것을 이해하기란 그리 쉽지가 않다.

우리나라 문화에서는 이런 형태의 음식 파는 곳이 없으니 말이다.

캐리아웃에서는 음식을 먹을 수 없어 모두 싸 가지고 가야만 한다.

캐리아웃에서 취급하는 음식들은 대개 간단한 스넥류인데 주류를 이루는 것이 닭튀김이나 생선튀김, 볶음밥이다. 특히 금요일엔 흑인들이 생선을 먹는 날이어서 생선튀김이 그야말로 불티나게 팔려나간다.

왜 흑인들이 금요일이면 생선튀김을 먹는지 사람들에게 물어보아도 제대로 알고 있는 사람들이 없었고 대부분의 사람들은 그런 사실조차도 모르고 있었다.

매릴랜드 대학 럼시교수는 아마도 노예생활 할 당시의 풍속이 아닐까 생각된다고 했다.

집에서 자동차로 15분 거리에 있는 캐리아웃은 아침 5, 30분부터 문을 열었다.

카운터에서 주문을 받고 물건을 내주는 일은 그야말로 정신 못 차리게 바쁜 일이다.

평소에는 세 사람이 일을 하지만 한창 바쁜 아침식사 시간에는 네 사람이 하는데도 숨 쉴 틈도 없이 바쁘다. 카운터에서 주문을 받고 돈 계산하고 물건 내주는 일에 익숙할려면 적어도 2-3년은 걸려야 한다고 한다.

아침 식사 시간에 아르바이트로 나오는 젊은 여성은 아직 익숙치가 않아서 매일 잔소리를 듣곤 했다. 정말 영어를 익힌다는 게 쉬운 일이 아니었고 주인의 맘에 들게 일하는 것도 쉬운 일이 아니다.

주방에는 네 명의 여성이 요리를 만들어 내느라 정신이 없고 나오는 그릇들을 설거지하는 일도 보통 바쁜 일이 아니었다. 설거지해야 하는 그릇들이 대부분 무거운 것들이어서 한 동안 하고 나면 어깨가 아프고 땀이 비 오듯 쏟아진다.

설거지 그릇들은 주방 내에서 요리를 만들든 그릇이라 대부분 스텐 제품이고 한국사람의 체형에 비해 크기 때문에 힘이 많이 들 수밖에 없다.

주방장이라는 여성은 일이 서툰 나에게 한국에서 뭣하다 왔길래 손이 그렇게 곱냐? 감자 까는 속도가 느려서 하루종일 해도 다 못하겠다. 왜 미국에 와서 이렇게 고생하느냐? 혹시 바람피우다 마누라한테 쫓겨나지 않았느냐는 등 수시로 입 살을 놀린다.

매일 삶은 감자를 한 박스씩 까야하는데 한동안 까고 나면 손과 팔이 아파 자연히 속도가 떨어졌다. 뜨거울 때 까야지만 잘 까지고 까고 나서 냉장고에 하루를 재웠다가 다음날 얇게 썰어야만 한다.

감자만 까는 것이 아니라 고구마도 까고 고구마를 까고 나면 양파를 까야 한다. 양파는 몇 개 까고 나면 눈이 아프고 눈물이 쏟아져 못 견딜 지경이다.

내가 고통스럽게 눈물을 흘리면 여자 주방장은 노래를 불렀다. 울려고 내가 왔던가 웃을려고 왔던가 하고는 저 혼자 깔깔대고 웃어재낀다.

주방장이라는 여자는 미국 온지가 20년이 넘는다는데 한국에 있을 때 처녀시절에 바람을 피우다가 머리를 깎이고도 싸돌아다녀 자기 고향에서 알아주는 바람둥이였단다.

말하는 것이나 행동거지가 거침없는 여성이다.

주방에서 음식 만드는 일을 하는 젊은 여성은 한국에서 어느 중학교 국어선생으로 있었다는데 일을 이겨내지 못해 입술이 부르트고 얼굴에도 핏기가 없었다.

일이 아니라 난리가 나서 모두 도망가려고 정신없이 서두르는 것 같고 군대생활에서 비상이 떨어진 내무반 같은 모습이다.

하루종일 조금도 쉴 틈 없이 몸을 움직여 일을 하니 몸이 당해낼 수가 없다.

음식 재료들을 넣어두는 냉동고 관리도 내가 해야 할 일이고 또 주인의 아버지가 새벽 일찍 시장을 봐오는 닭이라든가 생선 다듬는 일도 내가 해야 한다.

그야말로 논산 훈련소에서 훈련받을 때보다 더 바빴다. 화장실 갈 틈도 없이 일을 해도 빨리 좀 하세요 빨리 좀 하세요 하고 따라다니며 재촉을 한다.

식사시간은 15분이라는데 그 시간도 여유롭지가 못했다. 밥을 먹고 있는 중에도 주인은 김선생님! 식사 끝내시고요 이거 하시고… 저거 하시고… 하면서 일거리를 주므로 밥을 서둘러먹고 그 일을 해야만 한다.

미국 생활이 어떤 것인가 하고 경험 삼아 한다고는 하지만 정말 너무나 힘에 부치는 일이었다.

지금까지 몇 군데 일을 해본다고 해봤지만 쉬운 곳은 한군데도 없다.

이렇게 힘든 일을 견디며 살아가는 교포들을 우리는 너무도 모르고 있었던 것이다.

미국에서 왔다하면 무조건 잘 먹고 잘 살다 오는 것으로 착각했던 것이고 교포들 역시 자존심 때문에 숨겨온 것이다.

카운터 일에 익숙한 여인은 원래 주방에서 일했다는데 주방에서 일할 당시 골병이 들어 지금도 무거운 것은 못 들고 얼굴도 환자의 얼굴처럼 핏기가 없다.

일이 아니라 인간이 얼마만큼 쉬지 않고 일 할 수 있는가를 실험하는 것 같다.

얼마나 골병이 들었으면 얼굴에 병색이 완연하고 금방 피곤해져 죽을려고 한다.

그러면서도 애들이 영어를 잘한다는 것에 위안을 받고 있었다. 영어를 아무리 잘한다 한들 미국에서 영어를 잘 한다는 게 무슨 자랑거리이겠는가.

영어권 인구 수억 중에 영어를 할 줄 아는 한 사람에 지나지 않는 것을…

세상을 떠들썩하게 했던 최0선이란 사람이 영어를 얼마나 잘 했는지 모르지만 온 나라를 소용돌이 속으로 몰아넣지 않았던가.

영어를 잘 하는 것이 중요한 것이 아니라 우선 사람이 되어야 한다는 것을 보여준 사건이다.

미국에 살면서 아이들이 영어를 잘 한다는 것을 기특하게 생각하는 부모들, 우리가 얼마나 영어 콤플렉스에 빠져있는가 생각해 볼일이다.

영어도 좋지만 우선 인간이 되어야 할 것이다.

미국에서 생존해내려면 미국인들이 얼마니 부지런한지 거기에 맞춰 생활해야만 한다. 새벽 5시 30분경이면 벨트웨이에 차들이 꽉 찬다는 사실.

그들과 경쟁하면서 살아남기 위해 뛰다보면 남는 것은 골병이다. 워싱턴에서 한국인들을 상대로 하는 한의원의 보약장사가 짭짤하게 잘되는 이유가 괜한 것이 아니다.

특히 여성들이 골병이 들어 침을 맞고 보약을 먹고 하는 것이 남의 일만이 아니란 생각이 들고 새벽부터 벨트웨이가 차량으로 꽉 차는 것을 보면 미국이 그냥 미국이 되는 것이 아니란 생각이다.

춤추는 세탁소

먼저 번에는 주인 여자가 죽으나 사나 세탁소를 해야 한다며 별보고 나와 별보고 들어가는 세탁소에서 일을 했지만 이번에는 신들린 여인이 춤을 추듯 일하는 세탁소에서 일을 하게 되었다.

주인여자는 얼마나 일에 시달리는지 얼굴이 까맣게 죽어있으면서도 눈에 파란 불을 켜고 몸을 놀렸다.

그녀의 손이 한번 지나면 모든 것이 제자리를 찾고 정리가 되었다.

마치 신들린 여인이 춤을 추는 것 같았다.

내가하는 일은 와이샤쓰를 구분해 세탁기에 넣어 빨고 베네슈엘라 여성이 다려놓은 와이샤쓰를 비닐종이에 포장하는 일을 해야 한다.

옷들을 포장하면서 단추가 떨어진 것이 없는가 살펴가며 싸야하고 주름이 덜 펴진 것은 다시 잡아주어야 했다.

뿐만 아니라 바지 다리는 기술자가 바지를 잘 다릴 수 있도록 정리를 해주고 다려진 바지는 옷걸이에 걸어주는 일도 해야만 한다.

집에서 일찍 나와야 하기 때문에 아침을 제대로 먹지 못해 빈속으로 일을 하다가 점심때 차 한 잔과 햄버거를 먹을 때면 그야말로 외국 생활의 진수를 맛보는 기분이다.

눈물 젖은 빵,

땀에 젖은 햄버거를 먹어보지 못한 사람은 미국을 모르는 사람이나 마찬가지다.

외국 생활, 그것은 결코 낭만이 있는 삶이 아니다.

바지를 다리는 기술자는 60이 넘었다는데 말 할 때마다 웃음을 지으면서 말하는 사람이다. 이 사람 역시 점심 시간에 자기 차안에서 쫓기는 사람처럼 밥을 먹고 나서 바로 또 일을 한다

왜 이들이 이렇게 살아야 하는 것일까…

여러 가지 이유가 있겠지만 마음의 평정과 여유를 잃어 버렸기 때문이 아닐까 생각된다. 주인 남자도 나처럼 일 체질이 아니어서인지 동작이 굼뜨고 손이 빠르지 못한 사람이다. 그러면서도 툭하면 김선생님! 빨리 좀 하세요 빨리요! 하 참 미치겠네" 이런 소리를 하루에도 몇 번씩 한다.

세탁기가 그리 크지 않아 많은 양이 들어가지 않기 때문에 몇 번씩 빨래를 반복해야 하고 내가 할 수 있는 한 최대로 속도를 내서 하는데도 주인은 왜 빨리 못하느냐고 타박을 하곤 했다.

자기 부인이 자기한테 쿠사리를 주기 때문에 자기도 어쩔 수 없이 나에게 야단을 안 칠 수가 없단다.

오후 3시경이면 다른 세탁소에서 가져다 세탁한 옷들을 배달도 해야하는데 차라도 밀려서 조금 늦으면 주인은 전화를 해 왜 빨리 안 오느냐고 재촉을 해 그야말로 정신적으로 육체적으로 여유를 가질 수가 없다.

지금까지 살아온 내 인생관하고는 정 반대의 삶을 살아야 하니 아무리 경험도 좋고 체험도 좋다지만 하루하루 지쳐갔고 사람이 피폐해졌다.

너무도 빡빡하고 빈틈없는 삶이 사람을 황량하고 삭막하게 만들었다.

인간이 산다는 것이 뭘까.

짧은 시간이지만 차 한 잔이라도 마시면서 뭔가 대화도 나누고 조금은 여유를 가져보는 삶, 그것이 곧 우리 삶의 질을 높이는 것이 아닐까.

대부분의 교포들이 일밖에 모른다고 하는 말을 들었을 때 그 말을 잘 이해를 못했었다.

그저 일밖에 모르고 신문 한 장도 안 읽는다는 것이다. 일 끝나면 집으로 바로 가고 눈뜨면 바로 일하러 가는 삶, 반복되는 일상에 찌들리고 피곤한 얼굴들, 문득 문득 내가 왜 미국에 와서 이 고생을 하며 사는 것일까… 이게 아닌데… 지금 내가 뭐 하는 건가? 하고 스스로 물으며 허탈해 하는 얼굴들… 삶의 현장에서 그런 얼굴을 너무도 많이 보게 된다.

목화

우리나라에서 전각의 대가로 알려진 최규열 선생.

언젠가 정능에 있는 작업장에 따라갔다가 그 작업량 앞에 기가 죽어 그만 그 앞에 아무런 객기도 부릴 수가 없었다.

그야말로 그 많은 물량을 생산해낸 그 땀의 결실 앞에. 그 성실 앞에 머리를 숙이지 않을 수 없었다. 흔히 예술가 하면 무위도식하고 겉멋에 겨워 빈둥거리는 사람들로 알기가 쉽겠지만 최규열 선생의 작업장에서는 그런 생각을 조금도 가질 수가 없었다.

땀은 신성하다는 말이 있지만 그 뜨거운 열기와 결실들은 정말 성스럽다는 생각이 들었다.

그리고 차림새도 허연 수염과 긴 머리가 세속적이 아니어서 어떤 경지에 도달한 풍모를 풍기고 있었다.

언행에 있어서도 잡다한 격식을 뛰어넘어 심중을 그대로 내비치는 분이었고…

옥돌에다 글을 세기는데 칼을 갈지 않고 쓰는 지가 십 년도 넘는다고 했다.

믿어지는 말인가.

가정에서 무우를 써는 칼도 갈아서 써야 하는데 하물며 돌에 글을 세기는 칼을 갈지 않고 십 년을 쓰고 있다니… 장자의 어느 대목인지 소 잡는 백정이 칼을 갈지 않고 쓰는 지가 십 년이 넘는다는 이야기가 나오는데 그 말이 떠올랐다.

분명 어느 경지에 올라 있음이 분명했다.

그리고 얼마 안 있어 그 진가를 인정받아 해외에 초청을 받아 다니시는 것을 뉴스를 통해 보았다. 무엇인가 정말 열심히 정성들여 하면 어느 날 세상이 알아주는 날이 있게 마련인가보다.

미국으로 떠나기 전 그 최규열 선생 댁을 가자고 하는 분이 있었다.

그 분은 대한민국의 쾌남이 중 쾌남아로 알려진 채현국 선생이다.

최규열 선생 댁에 가서 묵화 그림을 얻어줄테니 미국에 가서 경비가 떨어지면 그것을 팔아 쓰라는 것이었다.

참으로 오랜만의 방문인 셈이었다.

최규열 선생께서 전각만 잘 하시는 것이 아니라 일필휘지로 그려내는 묵화도 일품인데 주로 여인의 누드화를 많이 그리는 걸로 알고 있었다.

채현국 선생께서 내가 미국에 가게 됐다고 한 마디 하자 그 말이 무슨 말인지 알았다는 듯 금방 그림들을 내 놓으셨다.

산사에 사는 고승들이 서로 선 문답을 하듯 한마디 하니까 척척 알아서 물건이 오고 가는데 아무런 걸림이 없이 시원스럽기만 하다.

이 자본주의 시대에, 탐욕과 욕망의 노예가 되어버려 계산에 영리한 시대에 아무 말 없이 화선지에 그려진 학이며, 춤추는 농악놀이

패 그림을 내놓았다.

화선지에 그려진 그림들처럼 마음이 물욕에 메이지 않고 자유롭다는 것을 보여 주는 것이 아니겠는가.

이 그림들이 정말 돈 떨어지고 힘이 들 때 돈이 되어 햄버거를 사 먹고 자동차 기름을 넣을 수 있었다.

정말 깊은 산중에서 도를 닦으며 사는 도사 같은 두 분의 덕분에 미국 생활의 어려운 고비를 넘겼으니 너무도 고맙고 은혜로운 일이 아닐 수 없다.

NAKA

NAKA, (National Association of Korean Americans) 미국에 거주하고 있는 교포들 단체 중에 하나다.

김한수씨가 이 단체의 간사를 맡고 있어 단체에 대한 성격을 대충 들을 수 있었다.

비록 몸은 조국을 떠나와 있지만 한국을 위해서 무엇인가를 하자고 모인 단체라고 한다.

일하는 방향은 한국을 위해 미행정부에 직접 건의 할 것은 건의하고 국회의원을 통한 로비를 벌여야 할 사항은 로비를 벌여 한국에 이익이 되게 한다는 것이다.

마침 미 전역에서 회원들이 모여 미 의회를 방문해 한국문제 해결에 도움이 될 상원 의원을 만나 한국 문제들에 의견을 나누었는데 아주 만족스러운 만남이었다고 한다.

지금까지의 방법은 성명서를 낭독하거나 시위를 하는 것이 전부였는데 그런 방법은 문제 해결에 아무런 도움이 안 되었다고 한다.

부시 대통령이 북한을 악의 축이라고 한 후 한인사회 일부에서 우려의 소리가 나오기 시작했다. 그렇다면 북한하고 전쟁을 하겠단 말인가. 전쟁을 하게되면 한국은 어떻게 되는 것인가.

교포 사회에서는 한국에서 전쟁이 일어나지 않도록 해야한다고 부시에 대한 항의가 점점 거세어지고 있었다.

한국 국내에서는 부시 발언에 대해 호의적인 여론과 반발하는 여론이 뒤섞여 부시 정책에 대해 한 목소리를 내지 못하는 것에 비해 뜻 있는 교포들이 각 요로를 찾아다니며 민족의 앞날을 걱정하는 것이 미국의 대북 정책에 영향을 미치고 있었다.

좀 더 적극적인 방법, 미 정치인들을 상대로 로비를 벌여 한국에 도움이 되게 하자는 생각이 이 단체의 행동 방침이다.

이런 단체라면 한국에서 지원이라도 받아야 되겠지만 아무런 도움도 받지 못하고 어려운 형편에 각자 주머니 돈을 털어 워싱턴에 사무실을 얻어 일을 하고 있었다.

이 단체의 마지막 회의에 참석해 달라는 전갈을 받고 회원들과 인사를 나눴다.

회원들 중엔 북한을 방문한 사람도 있었고 각양각색의 성향을 가진 사람들이 있었다.

내가 몽골과 중국, 러시아를 방문하고 기행문을 썼다는 사실을 알고 한국 문제에 대해 한 마디 하라고 해 나의 견해를 간단히 밝혔다.

"우리나라는 3면이 바다로 둘러싸여 있는데다가 해방 이후 남북이 분단되어 50년이 넘도록 철조망이 가로놓여 감옥 아닌 감옥 생활을 해와 우리 자신도 모르게 우물 안에 개구리가 되었다. 거기다 너무도 오랫동안 군사독재 기간이 길어 일방적 정보를 얻다보니 우리도 모르는 사이 그 정보에 세뇌되어 있다. 그로 인해 배운 사람이든 안 배운 사람이든 편협스럽고 성격들도 꼬여있다. 사물이나 상황을 있는 그대로 보지 못해 국가적으로 사회적으로 에너지 낭비가 크다. 그래서 조금이라도 그러한 문제 해결에 도움이 될까하고 기행문을 썼다. 아무리 여행 자유화가 되었다고 하지만 여행을 못하는 사람들은 못하고 있다. 그들에게 간접적인 외국 풍물을 접해볼 기회를 주무로서 우리의 모습을 객관적으로 보게 하려는 것이다.

또한 철로가 연결되어 유럽까지 가게 된다면 몽골이 중요한 곳이 될 것이다. 그래서 몽골에 중간 기착지 역할을 할 마을을 만들려고 하는데 자금이 필요하다 형편이 된다면 도움이 되어 주었으면 좋겠다 " 라고 했다.

이들 회원 중엔 경제력이 좀 괜찮은 사람이 있다는 말을 듣고 도움을 바란다는 말을 했지만 그 말은 괜히 했구나 하고 후회가 되었다.

자기네들도 외국 생활을 하면서 어려운 형편에 조국을 위해 일하느라 힘들텐데…

회의가 끝난 후 에난데일에 있는 설악가든이란 한국인 식당에서 저녁들을 먹고 나서 펜실바니아 에비뉴에 있는 노상 까페에 가 담소를 나누며 와인을 한 잔씩 나누었다.

나는 이날 세탁소 차를 몰다가 차 사고가 나 2시간 이상을 길거리에서 교통순경을 기다리느라 신경이 곤두 선 날이었지만 그런 내색을 하지 않고 태연하게 시간을 함께 했다.

내가 세 번째 워싱턴을 방문했을 때는 펜실베니아 에브뉴에 있던 NAKA 사무실도 버지니아로 옮겨져 있었고 모임이 있는 날 참석했다가 새로 멤버가 되셨다는 신필영 선생을 만났다. 백범 선생 암살 배후에 관련된 서류를 확인하러 온 오마이 뉴스 기자 박도 선생과 안

두희를 찾아내 징계를 내렸던 권중희 선생을 집으로 초대해 볼티모아 근교에 있는 신필영 선생댁도 방문했다.

북한에 갔다 온 의사

미국 시민권을 가진 교포들은 북한 가는 것이 그리 어렵지 않아 북한을 갔다 온 사람들이 많다고 한다.

우연한 기회에 알게 된 의사 한 분은 월북한 형님을 만나고 왔다고 했다.

남한에서 정부에 비판적이었던 사람들은 역시 북한에 가서도 비판적이 되어 결국 숙청을 당하는 사람들이 대부분이라고 한다.

그러나 자신의 형님은 북한 사회에 적응을 잘했는지 꽤나 높은 지위에 올라 있더란다.

꽤 높은 지위에 있지만 항상 감시하는 사람이 따라 붙어 마음놓고 대화를 나누어 보지 못했고 사택에 딸린 마당에는 화초들 대신에 채소들이 심어져 있었는데 형님이 아무도 없을 때 하는 말이 이렇게 마당에 채소를 심어야만 반찬거리에 도움이 된다고 하더란다.

고위직에 있는 사람도 그 지경이니 북한의 인민들 삶이 오죽하겠는가.

생각하면 민족의 비극이다.

하루빨리 통일이 되어 살기 좋은 나라, 평화로운 나라가 되어야 할 텐데…

남북의 통일도 중요하지만 남한 내부에서도 서로 의견이 엇갈려 국론이 분열되어 서로 원수 대하듯 하는 것을 보면 우리의 통일이 정말 가능한 일일까 하는 의구심이 들지 않을 수 없다. 한동안 정치적 탄압을 받았던 세력들이 정권을 잡았다해서 자신들을 탄압했던 사람들에게 보복한다는 말은 듣지 못했다.

특히 국가 보안법으로 인해 피해를 본 사람들은 자신들이 피해를 본 것만으로 폐지를 하자는 것은 아닐 것이다. 앞으로도 그 법으로 인해 피해를 볼 사람들을 생각하는 것이고 민주 국가의 헌법에 상충되는 모순을 지적하는 것이 큰 이유가 될 것이다.

민주주의라는 말을 쓰지 말든지 아니면 국가보안법을 없애든지 해야만 언어의 혼동이나 가치의 혼동이 없을 것이다. 수영을 배우겠다면서 물에 들어가는 것이 위험하다고 밖에서만 수영 연습을 한다면 제대로 된 수영은 죽을 때까지 해도 배우지 못할 것이다.

북한보다 우월한 민주주의 가치, 그것이 없다면 생명을 걸고 지킬 가치가 무엇이 있겠는가.

정경유착이나 부정부패, 부동산 투기로 모은 재산을 지키기 위해 생명을 바친다면 얼마나 가치 없는 죽음이 되겠는가. 북한보다도 우월한 가치 그것은 순수하고 깨끗한 민주주의, 온전한 민주주의를 통한 인권이 지켜질 때만이 북한보다 우월한 것이고 그것을 지키다 죽더라도 생명이 아깝지 않은 것이다.

북한 보다 월등한 사회정의와 민주주의의 좋은 제도만이 북한에 대하여 우월성을 가질 수 있는 것이지 국가 보안법이 민주주의의 우월성을 담보하는 것은 아니다.

통일된 후의 국가의 이상으로도 온전한 민주주의만이 국가의 가치를 다 할 수 있는 힘이 되어 줄 것이다.

그리고 국보법은 그 법에 꼭 위반되는 사람보다도 그 법에 해당이 안 되는 사람을 더 많이 탄압했다는 것이 도덕적으로도 용납이 안 되는 법이다.

사회나 국가를 위해서 실질적으로 하는 것은 하나도 없으면서 국보법이나 지키자고 악을 쓰는 것이 민주주의를 제대로 지키는 것은 아닐 것이다. 또한 그것을 지키는 자만이 애국자라고 생각하는 관념적 애국자를 만들어내는 병폐를 되풀이해서도 안 된다.

몽둥이를 가지고 있으면서 안 때리겠다고 해봐야 몽둥이에 맞아본 사람은 그 말을 믿을 수가 없다. 안 때리겠다는 믿음을 확실히 주는 방법은 몽둥이를 아예 아궁이에 넣어 불 태워 없애버려야만 한다.

설문조사 통계를 보면 20대의 90프로가 이민을 가고 싶다는 수치를 보이고 있다.

올드 세대들이 자랑스럽게 말하는 경제적 성과를 그들은 별로 달갑게 생각지 않고 있다는 반증이기도 하다. 만약 미국에서 원하는 대로 이민비자를 다 내준다면 미국으로 가겠다는 국민이 국민의 3분의 1이될지 3분의 2가 될지 모를 일이다. 살기 좋은 세상인데 왜 남의 나라로 가고 싶다고 할까… 한번쯤 깊이 사색해봐야 할 일이다.

20대뿐 아니라 4-50대도 30프로가 넘어가고 있다는 사실을 어떻게 받아 드릴 것인가?

농부는 농사를 지어서 먹고 살수가 없고 공장은 기계를 돌릴 수 없어 기계를 짊어지고 임금이 싼 나라를 찾아가고 있는 나라.

짧은 시간에 경제를 이룩한 이면에는 짧은 시간에 뉴욕보다 땅값을 비싸게 만든 나라라는 것을 잊어서는 안될 것이다. 당대에 경제를 이룩해서 당대에 다 먹어 치워버린 꼴이다.

한탕 경제, 냄비경제, 부동산 투기 경제, 빼돌리기 경제, 후대들이 살아 갈 수 없는 경제가 되어 버린 것이다.

경제 발전을 위해선 약간의 희생은 어쩔 수 없다며 민주 세력들을 탄압하며 이룩한 경제.

그 경제가 결국은 속 알맹이는 어디로 가버리고 화려한 껍데기만 남은 껍데기 경제요 허무경제라는 것이 서서히 윤곽을 드러내고 있다.

그것을 위해 국가보안법이 그렇게 무섭게 휘둘러졌다는 것을 생각하면 이 또한 허무하지 않을 수 없는 일이다.

오늘날 지금 이 시점에서 논란을 불러일으키는 국가보안법은 미국이 1824년에 펼쳤던 도덕운동, 개혁운동에 비춰보아도 너무도 뒤떨어진 담론이 아닐 수 없다.

칸트가 말한 직관과 개념에 대한 사색.

그를 따라 관념에 대한 분석을 깊이 있게 사색하지 않는다 하더라도 이제 관념에서의 탈피를 위해 개념을 위한 사색의 시간을 가져야 할 때가 된 것이 아닐까…

마틴루터 킹목사 기념도서관

흑인들의 인권운동을 하다가 피살된 킹 목사.

그를 기념하기 위하여 설립한 도서관이 워싱턴 시내에 자리잡고 있다. 김한수씨를 통해 소개받은 구수연씨는 시장 부속실에 근무하고 있는 한국여성이다. 지금까지 만난 한국인 중에 영어 발음이 가장 좋은 여성이었다.

미국에서 태어난 여성인가 궁금하여 물어보았더니 미국 온 지 3년밖에 안됐다고 한다. 그런데 어떻게 영어를 그렇게 잘 하는가 했더니 대학에서 중국어를 전공한 것이 아마도 도움이 되는 모양이라고 한다.

외국어를 잘 하는 것도 타고나야 하는 것이 아닐까 생각된다.

나도 중국어를 배워보겠다고 한때 중국어 학원을 다녔지만 그 사성이라는 벽을 깨지 못해 중도에 포기하고 말았다.

남의 나라 말을 잘 한다는 것이 쉬운 일이 아닐진데 구수현씨는 중국어도 능통하게 잘해 부속실에 근무하는 중국인들과도 잘 통했다.

한국 여성이 미 시청에서 일하고 있다는 것이 자랑스러운 일이기도 하고 같은 한국인으로서 적극적으로 도와줄려고 하는 그 마음이 한없이 고마웠다.

아시아인들의 직업박람회와 아시아인들의 문화행사가 열리는 날 킹 목사 기념 도서관에서 사진 전시회를 열면 사진을 관람할 사람들이 많지 않겠냐며 행사를 추진 시켜 주었다.

아시아계의 많은 사람들이 왔지만 영어가 능숙하지 못해 자신이 원하는 직업에 대해 문의조차 못하는 사람들이 많았다.

대부분의 한국인들도 마찬가지였다.

언어 소통이 안 되니 말도 한 마디 붙여보지 못하고 돌아간다.

한국인들이 왔다가 내가 몽골까지 가서 찍어온 사진을 전시하고 있는 것을 보고 놀라워 했다.

한국인도 이런 문화 활동을 하는 사람이 있었나하고 자랑스럽게 생각한다고…

몇 권 안 되는 몽골 기행문도 사보겠다고 해 가져간 책은 모두 팔렸다.

현재 워싱톤 디시 시장은 흑인으로서 앤소니 윌리암 이란 사람이다.

흑인이 어떻게 미국 수도의 시장이 되었을까 의아스럽게 생각했는데 그것은 워싱턴에 거주하고 있는 주민들 대부분이 흑인들이기 때문에 흑인이 시장에 당선되었다고 한다.

미국인들이 인종차별이 심하다고는 하지만 그렇게까지 심하지 않다는 증거가 아닐까…

한국인들이 오히려 흑인을 무시하고 흑인에 대한 편견을 가지고 있는지도 모르겠다.

교포들이 하는 말을 들어보면 사회에 안 보이는 등급이 매겨져 있는데 1등급은 백인이요 2등급은 흑인이고 3등급이 동양 계라고 한다.

교통사고를 당한다던가 어떤 분쟁에 휘말리면 확실히 차별을 받는다는 것이다. 아마도 언어소통이 원할하지 못한데서 오는 피해의식에서 오는 것은 아닐까…

전시회가 끝난 후에는 시장이 참석한 가운데 아시아계 여러 민족들의 민속 공연이 있었고 가까이 챠이나 타운이 자리잡고 있어서인지 많은 중국인들이 참석했다.

공연이 끝나자 앤소니 윌리암 시장이 그동안 시에 공이 있는 사람들에게 간단한 기념품을 전달하는데 행사가 얼마나 자연스러운지 아이들이 무슨 놀이를 하는 것 같았다.

딱딱하게 격식을 차리지 않는 이런 분위기가 어쩌면 창의력이나 참여의식을 고취시켜주는 것이 아닐까 생각되었다.

매릴랜드 대학의 강의실의 분위기도 딱딱하지 않고 무슨 놀이를 하는 것처럼 자유롭고 아무런 격식이 없었다는 생각이 난다. 어떤 격식보다는 안에 담겨있는 내용의 충실이 중요하고 그 내용이 충실하면 그것으로 만족하는 사회임을 보여주는 것이리라

1776년에 독립 선언서를 선언한 이후에도 흑인들이나 여성들은 인권이 없었다.

1833년에 오하이오주에 오버린 대학이 설립되면서 처음으로 여성이 대학에 들어갈 수 있었다. 그리고 1963년 마틴 킹 목사의 유명한 연설 "나는 꿈을 갖고 있다" 를 듣기 위해 20만의 인파가 워싱턴 디시에 몰려들었다. 그가 암살당하고 난 후 흑인들의 인권은 신장되었고 오늘날은 워싱턴 디시의 시장까지 흑인이 되어 있다는 것은 놀라운 일이 아닐 수 없다.

흑인으로서 국방부 장관을 거쳐 국무장관을 역임하고 있는 콜린 파워는 60년대 초에 아이스크림 가게에서 백인들 틈에 끼어 아이스크림을 사 먹었던 날의 감격을 지금도 잊지 못하고 있다고 한다.

케네디 센터의 장고소리

한국에서 민속 공연이 왔다고 이선명 선생님께서 연락이 왔다. 한국이 아닌 외국에서 한국 민속공연을 보면 그 느낌이 다를 거라며 내가 꼭 봐야한다고 했다.

공연은 워싱턴에서 1류 공연장으로 알려져 있는 케네디 쎈터에서 열렸다.

교포들은 한국에서 오는 공연은 거의 다 본다고 한다. 케네디 쎈터에서 공연되는 공연물은 입장료도 만만치 않지만 공연장이 꽉찰만큼 많은 사람들이 몰려들었다. 그만큼 고국에 대한 그리움이 크다는 것을 말하는 것이 아닐까.

박수관이라고 하는 분의 백발가나 한오백년, 각설이 타령. 상주 아리랑, 정선 아리랑. 상여 소리 등 한국의 정서가 그대로 배여 있는 것들을 미국의 한 심장부에서 들으니 남다른 감회가 있었다.

하나하나 끝날 때마다 장내가 떠나갈 듯 박수소리가 진동을 한다.

우리의 문화를 흔히 한의 문화라고 하는 말들이 있기는 하지만 어쩐지 슬프고 애절하다는 느낌을 떨칠 수가 없었다.

그러나 휘몰이 장단의 힘찬 소리가 장내를 채울 때는 천지가 무너지는 듯 했다. 이렇게 힘찬 에너지가 있는 나라인데 왜 우리의 현실은 그렇지를 못한 것일까…

무대 배경 그림은 산 과 밭, 초가집이어서 더 향수를 느끼게 한다.

장고를 메고 춤추며 무대를 뛰어 다니는 여성들의 발랄함과 역동성도 가슴을 시원하게 해주었고…

이 공연을 기획한 사람은 권영희라는 젊은 여성인데 대단하다는 생각이 들었다.

대규모의 공연단을 인솔하고 미국 전역을 돈다는 게 쉬운 일이 아닐텐데…

흑인 전용 클럽

내가 살고있는 마을에서 그리 멀지 않은 곳에 흑인 전용클럽이 있는데 남자들이 들어 갈 수 있는 날과 여성들이 들어갈 수 있는 날이 다르다고 했다.

남녀가 같이 들어 왔다가 클럽의 스트립쑈를 보고 흥분되어 즉흥적으로 무슨 일을 저지를지 모른다 하여 방지책으로 남녀 동행은 입장을 못한다고 한다.

월요일은 남성들이 들어가고 수요일은 여성들이 들어가는 날인데 우선 월요일부터 들어가보기로 했다. 다행히 클럽 사장은 한국 사람이어서 우리 일행이 들어가는데 모든 편의를 보아주었다.

스트립 걸은 거의 흑인 여성이고 백인 여성은 두 명 정도였다.

홀 중앙에서 한 여성이 음부만 간신히 가리고 섹시한 온갖 포즈를 다 잡으며 분위기를 주도해 나가면 테이블마다 준비된 조그만 판대기 위에서 여인들이 함께 흥분의 도가니로 몰아 갔다.

20여명의 스트립 걸들이 밥상보다 조금 크게 만들어진 판대기 위에서 온갖 섹스포즈를 다 잡아 보인다.

테이블에 자리를 잡고 앉아 바로 코앞에서 가랭이를 벌리고 궁둥이를 흔들어대는 스트립걸의 몸짓은 사람이 아니라 암내 난 동물이었다.

남자들의 손을 끌어다 자신의 성기를 만져 보게 하기도 하고 발랑 누워서 손가락만한 넓이의 천이 성기위로 가려져 있는 것을 손가락으로 젖혀서 성기를 보게 해주기도 한다.

어떤 놈은 손가락을 여인의 성기 안에 집어넣기도 했다.

그야말로 성경 속에 나오는 소돔과 고모라 같은 풍경이다.

남자들은 손에 달러를 한 다발씩 들고 있다가 여인들의 팔이나 다리에 채워져 있는 고무밴드에 달러를 한 장씩 끼워 주었다.

어떻게 하면 그 달러를 한 장이라도 더 타 낼 수 있는지 모르지만 어떤 여인은 금방 다리와 팔에 달러가 가득 꽂혔다.

마치 흑인들 축제에 쓰는 장식물처럼 달러들이 팔과 다리에 꽂혀 그들이 몸을 움직일 때마다 함께 흔들렸다.

시뻘겋게 충혈된 눈으로 여인의 몸 동작을 바라보는 남자들, 아니 한 마리 숫놈이 되어 여인의 표정과 몸놀림을 놓치지 않는다.

금방 숨이 넘어 갈 듯한 표정으로 혀를 내밀어 입술을 빨고 두 손으로는 자신의 가랭이를 양쪽으로 벌리다가 자신의 성기를 찰싹찰싹 때리기도 한다.

음악은 귀청을 때리고 어두운 실내 조명 속에 인간들은 한 낮의 가면을 벗어버리고 광란의 본능 속으로 빠져들었다.

누구의 눈치도 보지 않고 타인의 시선을 의식하지 않으며 자신의 감정을 그대로 표출시키고 있다.

그 우람한 여인들의 엉덩이가 움직일 때면 살들이 물살처럼 퍼져나가 잔잔한 파도 같았다. 실낱같은 팬티만 입고 남자들 속을 휘젓고 다니며 자신의 유방이나 성기를 마음대로 만져보게 하고 키스나 포옹도 해 주었다.

한 낮에 억눌렸던 성의 본능을 마음껏 발산 시켜보라는 듯이…

직장에서나 거리에서 여자들을 잘 못 건드렸다간 성희롱으로 걸려들지 않을까 긴장하던 가난한 숫놈들의 욕정이나 본능을 정해진 장소에서 최소한의 룰만을 지키며 마음껏 풀고 발산하라는 은혜의 장소인지도 모르겠다.

홀 중앙에서 분위기를 잡아가는 스트립 걸에게는 객석에서 돈을 던져 넣기도 하고 돈을 한 움큼 들고 가 그 몸 위에 뿌리기도 했다.

돈은 거의 1달러 지폐지만 실내는 돈으로 흘러 넘쳤다.

그 중에도 인기 있는 스트립걸이 홀 중앙에 나와 춤을 추면 돈이 더 많이 쏟아졌다.

그러면 돈을 일일이 간추리지 못해 옆에 있던 남자들이 비로 돈을 쓸어 스트립 걸의 가방에 담아 준다.

한 낮의 각박한 삶에서 벗어나 이런 분위기를 연출해내는 흑인들의 밤은 또 하나의 다른 미국의 모습이다.

비록 1달러 짜리 돈이지만 그 돈을 빗자루로 쓸어 가방에 담는 모습.

참 기가 막힐 일이다.

돈을 비로 쓰는 장면, 그 장면을 만들어내기 위해 이 인간들이 이 광란의 밤을 연출해 내는지도 모르겠다.

스트립 보이

클럽에 여성들만 들어갈 수 있는 수요일.

클럽 주차장엔 차들이 꽉 찻고 클럽 밖에까지 그 열기가 넘쳐나고 있었다.

홀 안에는 여성들이 내지르는 괴성과 음악이 뒤엉켜 이 세상과는 동떨어진 다른 세계에 와 있는 기분이었다.

매끈하게 균형 잡힌 몸매에 미남형으로 생긴 남자들이 한 명씩 등장할 때마다 여자들은 가만히 앉아 있지 못하고 몸을 흔들며 소리를 질렀다.

마치 무슨 마법사처럼 한 동작 한 동작 할 때마다 여성들은 거기에 호응하며 발광을 했다. 마치 조각가가 조각을 해 놓은 것처럼 군살이 없이 매끈한 몸매를 드러 내놓고 성기는 뜨개질한 수예품으로 된 주머니에 담아 덜렁거리며 다니다 여자들이 그 성기에 눈을 꽂고 눈길을 다른 곳에 돌리지 못하면 손을 끌어다 자신의 성기를 만져보게도 하고 다정한 연인들이 포옹을 하듯 끌어안아 주기도 한다.

억눌렸던 성의 본능을 마음껏 발산시켜주는 여성들의 밤.

월요일에 남성들이 욕정을 풀고 본능을 달래보는 날이라면 수요일은 여성들이 남성들이 했던 것처럼 여성들이 기분을 푸는 날이다.

우리가 흔히 남성들의 성기를 가리켜 가운데 다리라고 하지만 그 표현은 너무 과장된 것이었고 다리에 비교하기엔 너무 작은 것이 한국 남성들의 성기다.

그러나 흑인들의 성기는 가운데 다리라고 할만하다 싶었다.

벌거벗은 몸에 성기만 뜨개질한 천 주머니에 담아 덜렁거리다 한 번씩 성행위를 하듯 흔들어대면 정말 커다란 빨래 방망이가 요동을 치는 것 같았고 여성들은 괴성을 지르며 자지러지는 소리를 질러댔다.

관람하러 들어온 숫자도 월요일에 들어왔던 남성들 보다 훨씬 더 많고 뜨거운 열기가 더 했다.

여자들 역시 손에 돈을 한 주먹씩 들고 있다가 남자들의 성기를 한번 만져보거나 남자가 자신의 유방을 만져주며 자극 해주면 그때마다 돈을 남자들이 찬 고무밴드에 끼워 주었다.

손님으로 온 여성을 한 명 선택해 홀 중앙에 있는 무대로 끌어내 두 명의 스트립 보이가 온갖 포즈로 섹스를 하는 시늉을 할 때는 그야말로 흥분의 절정에 이르게 하였다.

당사자인 여성의 얼굴은 황홀함에 취한 표정이었고 정신이 혼미해져 한동안은 움직이지 못하고 있었다.

그야말로 미쳐 죽을 만큼 여자들을 녹여 놓는 밤이다.

조명을 받으며 마치 마왕의 출현이라도 되는 듯 벽면 높은 곳에 나타나서는 성기를 휘드르며 율동을 하는 남자들.

스트립 보이들이 몸을 흔들 때마다 가운데 다리가 방망이 질 하듯이 위 아래로 요동질을 하는 모습은 암놈들을 미치게 하고도 남았다.

이들이 돈을 줄 때 돈에다 자신의 전화번호를 적어 주면 스트립 걸이나 스트립 보이하고 은밀한 시간을 가질 수도 있다고 한다.

흑인들이 가지는 뜨거운 열정, 그것은 아프리카에서부터 그들의 조상 피 속에 흘러 내려오는 유전인자의 원형질인지도 모를 일이다.

광란의 밤.

어둠의 공포를 떨쳐내려는 원시 시대부터의 풍습과 욕정이 혼합된 피의 분출인지도 모른다.

1833년에 여성들이 대학에 들어 갈 수 있었고 1890년에 전국여성투표연합회라는 단체를 만들어 여성들이 부분적으로 투표권을 행사할 수 있었지만 1920년이 되어서야 전국적으로 투표를 할 수 있었다는 것을 생각한다면 요즘 여성들이 밤에 몰려나와 스트립 쇼를 본다는 것은 천지가 개벽을 한 것이나 다름없는 일일 것이다.

한낮의 총소리

평화롭고 아무 일도 안 일어날 것 같은 도시.

그러나 복병이 숨어 있다가 기회가 오면 여지없이 공격을 하듯이 끔찍한 사건들이 심심치 않게 터지는 곳이 워싱톤이다.

몇 개월 동안 뉴스 시간마다 오르내리든 사건은 어느 국회의원 사무실에서 일하던 젊은 여성이 행방불명 된 사건이다.

떠도는 말은 그 국회의원이 성관계를 맺고 임신이 되자 자신의 정치 생명을 연장하기 위해 여성을 살해했을 거라는 것이었다.

이런 정도의 사건은 그럴만하다 하는 사건이지만 대부분의 사건은 정말이지 황당한 사건들이다

두 자매가 가게를 보다가 동생이 언니보고 잠깐 위층에 올라가 쉬고 내려오라고 권하여 올라가 쉬고 있는 사이 총소리가 울렸다.

그야말로 몇 분의 차이로 언니와 동생의 운명이 교차된 순간이다.

카운터에 있는 돈이 몇 푼이나 되겠는가 그러나 그 몇 푼 안 되는 돈 때문에 목숨을 잃는 것이다. 교포들간에도 잘 아는 사람들이 이렇게 어이없이 당하는 개죽음이 흔히 있는 일이다.

밤이나 낮이나 갑자기 울려 퍼지는 총성.

그 총성은 미국의 욕구불만의 분출이기도 하고 질서에 대한 도전

이며 그 도전은 아이러니 하게도 새로운 질서를 만들어내는 소리인지도 모른다.

아무나 총을 쉽게 가질 수 있는 나라.

언제 어디서 누구의 총격을 받을지 모르는 나라.

국가의 헌법 앞에 평등한가 아닌가를 확인하러 가기 전에 인간의 분노가 법보다 먼저 판결을 내리는 것이다.

이 세상에 살 가치가 없는 놈이다 하는 분노, 그 분노가 살아 있기에 정의가 살아 있는지도 모른다.

분노는 종교보다 신성하다는 말이 있지만 그 말이 꼭 맞는 말인지 아닌지는 모른다. 어쨌든 미국인들의 분노, 그 분노가 살아있고 그 분노는 어느 정도 인정도 받고 있는 것 같다.

미국인들은 어쨌든 총을 쏘아야 한다라고 했을 때는 어김없이 총을 쏘고 있다. 총격을 안 받기 위해서는 우선 조심하며 잘 살아야 하고 미소도 가능하면 많이 지으면서 사는 게 좋을 듯 싶다.

누군가 한국이 왜 이렇게 무법천지고 뻔뻔스러운가 하는 이유로 한국인들의 비겁함을 들기도 했다.

법 앞에 가기 전에 정의에 의한 분노가 없다는 것이다.

친일파라든가 사회적으로 용서받을 수 없는 인물들이 사회 정의에 의한 분노로 처리되지 못하기 때문이라는 것이다.

그것은 어쩌면 테러 행위가 되겠지만 그런 분노가 사회 저변에 깔려있다면 사회적 공분의 대상인 인간들이 청소될 거라는 논리이기도 하다.

미국의 질서를 수준 높은 곳으로 끌어올리고 그것을 지키게 하는 것은 서슴없이 권총을 뽑아드는 그들의 기질이 한 몫 하는 결과이기도 하다.

그러한 기질들이 한국 교포들에게도 옮겨진 탓인지 한국인들도 심심찮게 의문의 죽음을 당하고 그에 대한 소문도 무성하지만 대개의 사건들이 미궁 속으로 빠지고 만다고 했다.

언제 어디서 총에 맞아 죽을지 모른다는 것은 분명 행동거지를 조심하게 할 것이다.

케네디가의 비운 뒤에는 케네디 가의 조상들이 주류 독점을 위한 세력다툼에서 너무나 원수를 많이 만든 과거가 있다는 것을 우리나라 사람들은 잘 모르고 있는 부분이다.

미국 사회를 몇 마디로 요약해서 말하기란 참 어려운 나라다.

야드쎄일

거리를 다니다 보면 야드쎄일이라 써진 종이를 많이 보게된다.

집에서 쓰던 물건을 내놓고 파는 것인데 우리 같으면 고물장사에게 그냥 다 주어버리고 말지 집 앞에다 펼쳐놓고 하루종일 앉아 팔 사람이 몇이나 되겠는가.

파는 물건들은 온갖 물건들을 다 내놓고 파는데 그 중엔 새것처럼 깨끗한 것들도 많고 값도 무척 싼 것이 특징이다.

아이들이 가지고 놀던 장난감이나 주방에서 쓰던 그릇, 옷가지 등 없는 것이 없다.

집안 정리도 되고 그 물건들의 용도에 맞게 필요한 사람이 쓸 수 있으니 물자 절약과 더불어 재활용에도 기여하는 바가 크다 할 수 있겠다.

꽤나 두꺼운 소설책도 50쎈트면 살 수 있고 나오는 물건도 다양해 야드 쎄일하는 집에는 사람들이 심심찮게 방문한다.

어떤 경우에는 야드쎄일 하는 집에서 물건을 헐값으로 샀는데 그것이 대단한 골동품이어서 횡제를 하는 경우도 있다고 한다.

골동품

역사가 짧은 나라라서 문화재의 자원이 없다보니 별거 아닌 것도 기념물로 보관하고 전시를 한다는 말을 들은 적이 있는데 그야말로 별거 아닌 것들이 골동품가게에 진열되어 있었다.

그리 오래되지 않은 그릇이나 아이들 장난감, 최초의 콜라깡통 등이 대형 건물에 깔끔히 진열되어 있다.

아주 작은 물품들에서부터 커다란 가구까지 모두 진열되어 있어 골동품 점에 들어오면 미국의 역사를 한 눈에 다 볼 수 있다.

미치 생활 박물관 같은 역할을 하고 있었다.

사소한 물건도 버리지 않고 아끼는 이들의 정신이 엿보이는 일이기도 하다.

아주 작은 단추나 악세사리들까지 가격을 메겨 정리해 두고 있었다.

이들의 알뜰함과 물건을 소중하게 생각하는 정신은 본받아야 할 정신이다.

시내에서 전철이나 버스를 탈 때 흔히 볼 수 있는 것이 다 헤진 와이샤쓰를 입고 다니는 사람, 낡은 핸드백을 부끄러움 없이 메고 다니는 여성들이다.

이들이 이렇게 살면서도 누군가 도울 일이 있다 하면 적극적으로 돕고 세계 가난한 사람들에게 관심을 갖는 정신이 이들을 세계의 강자로 만드는데 일조를 한다고 해야 할 것이다.

할 거 다하고 남아서 하는 것이 아니라 우선적으로 해야 할 일이 무엇인가를 알고 있다는 것이리라.

정의를 위해서라든가 의리를 위해서 기꺼이 자신의 생명까지도 내던지는 이들의 정신을 간과해서는 안 될 것이다.

미국의 패권주의가 꼭 힘이 강해서만이 아니라 그 패권의 힘이 나오게 하는 또 다른 정신이 있다는 것을 부정할 수 없다.

다 그러는 것은 아니지만 우리나라 같으면 힘 있는 사람들은 세금도 잘 안 내려고 하고 자기 자식들은 군대도 안 보내려 하지 않는가.

그러면서 지도자 행세를 하려고 하지만 미국 같으면 도저히 있을 수 없는 일이요 부끄러워 얼굴도 못 들고 다닐 것이다.

미국, 미국하면서 우리는 정말 얼마나 미국을 알고 있는 것일까?

장애를 가진 아이를 몇 명씩 입양해 기르는 이들의 정신을 단순히 보편적 기독교 정신이라고 한정지어 말 할 수 없다.

승화된 인간의 정신이 없다면 그렇게 할 수 없고 흑인들과도 함께 살 수 없을 것이다.

벼룩시장

워싱톤 시내 펜실바니아 에브뉴에 있는 벼룩시장.

1주일에 두 번씩 장이 열리는데 하루 50달러를 내면 아무 물건이고 가지고 나와 팔 수가 있다고 한다.

워싱톤이 처음 건설될 때부터 장이 섰다는 자리로 우리나라 시골 장터에서 흔히 볼 수 있는 허름한 지붕의 설치물이 길다랗게 세워져 있었다.

이곳에 나오는 물건들은 값이 싸기 때문에 많은 사람들이 애용하는 시장이라고 한다.

우리나라 재래시장 같은 기능을 하는 곳이기도 하다.

물건의 종류도 다양하고 장사를 하는 사람들 또한 온갖 인종들이 들끓어 한번쯤 구경 해볼만한 곳이다.

이러한 벼룩 시장에 예술가들도 끼어들어 장사를 하고 있었다.

자신이 직접 찍은 사진을 가지고 나와 파는 사람.

자신이 그린 그림을 가지고 나와 전시를 해놓고 있는 사람.

겉치레나 체면치레보다도 현실을 그대로 인정하고 행동으로 옮기는 것이 이들의 삶을 싱그럽게 하는 것인지도 모른다.

우리 같으면 화가들이 자기가 그린 그림을 벼룩시장에 들고 나와 판다는 것이 쉽지 않을 것이다. 아마도 밥을 굶어 죽더라도 그렇게는 못 하겠다고 할 사람들이 많을 것이다.

자신의 명함에 레즈비언 명예회장에다 철학가라고 인쇄해가지고 다니는 남자는 1주일 내내 그린 그림을 가지고 나와 전시를 해 놓고 파는데 자기가 독창적으로 만든 천막을 가지고 다녔다.

몽골 사진을 보여주자 너무 좋다고 탄성을 질러댄다.

사람들이 하나 둘 모여들더니 금방 텐트 안이 꽉 차버렸다.

영업방해가 될 것 같아 밖으로 나오자 자신의 승용차 위에 올려놓고 사람들에게 보여주라고 친절을 베푼다.

영국과의 독립전쟁 후 1814년에 있었던 영미 전쟁에서 영국군이 워싱턴 디시에 들어와 건물들을 불태우고 점령을 시도했지만 실패로 끝난 역사를 간직한 워싱턴.

당시 영국은 나폴레옹과 싸우고 있었지만 미국은 영국에 선전 포고를 했던 것이다. 나폴레옹이 전 유럽을 정복하려는 야망이 있다는 것을 모른 채....나폴레옹이 영국에 패하면서 영미전쟁도 막을 내렸다.

죠지 워싱턴 시대부터 미국은 국제 전쟁에 휘말리지 않으려 중립주의를 표방하지만 결국은 어느 한편에 휩쓸리고 마는 역사를 반복하고 있음을 발견하게 된다.

워싱턴의 노숙자들

워싱턴의 노숙자들은 일본이나 한국의 노숙자들처럼 집단을 이루지 않고 혼자 돌아다니는 것이 특징이다.

일본의 우에노 공원이나 신죽구에 모여있는 노숙자들은 낭만이 있는 사람들이다.

일본의 깔끔함이나 현대화된 도시들 속에서 규격화되고 획일적인 분위기에 젖다가 그 노숙자들을 보면 사람들이 살고 있는 곳임을 느끼게 해준다.

현실적인 규범이나 제약들을 거부하는 그들의 생존 방식에서 일본의 낭만을 느낄 수 있다는 것은 아이러니한 일이지만 일본의 현대화가 곧 인간들이 잘 다듬어지고 길들여진 집단들이 되었음을 보여주는 것이다.

한국의 노숙자들은 아이엠 에프 이후 급증해 경쟁에서 패배한자들의 모습을 보여줄 뿐 낭만을 풍겨주는 모습은 아니다.

신죽구의 노숙자들이 종이 박스를 잘 이어서 박스 안으로 들어가 잠을 자는 모습이라던가 깔끔한 모습으로 조용히 책을 읽고 있는 모습은 결코 패배자의 모습이기보다 일본의 현대화를 무시하는 모습을 보여주는 사람들이라고 할 수 있다.

궁상맞게 찌들어 알콜에 비틀거리지만은 않는다.

국가가 그들을 인정하고 그들의 존재방식을 돕기에 그런 생활이 가능한 일인지도 모를 일이다. 지하도에서 종이박스로 자신의 잠자리를 만들어 잘 수 있는 자유를 보장하여 주기에 그 삶이 가능한 것이 아니겠는가.

부자가 되어 부자로 살고 싶은 사람이 있듯이 거지가 되어 살기를 원하는 사람도 있을 수 있는 것이다.

거지가 거지답게 살 수 있는 사회.

거지를 거지라고 욕하지 않는 사회.

수단 방법을 가리지 않고 부자가 되면 그만인 사회보다는 거지가 거지답게 살 수 있는 사회가 오히려 건강한 사회가 아닐까…

워싱턴의 노숙자들은 거의 혼자 떠돌며 생활한다, 바닥이 찬데서 잘 것을 대비해 깔 것을 둘둘말아 가지고 다니기도 하고 비닐 봉지에 음식을 담아 가지고 다니다 아무데서나 음식을 먹기도 한다.

옷은 빨아 입지 않아 지저분하고 얼굴도 씻지를 않아 거지꼴을 하고 있다.

워싱턴의 잔디밭이 이들의 쉼터가 되어주기도 해 길을 걷다가 아무데서나 벌렁 누워 잠을 자기도 한다.

도시의 미아. 인생의 미로를 헤매는 사람들이다.

이들이 어떻게 하루하루를 지탱해 가는지, 왜 이런 모습으로 살아가는지 모를 일이다.

세계 곳곳의 인간들이 미국에서 살아보겠다고 밀려드는데도 말이다.

일본의 노숙자들에게서 낭만을 엿볼 수 있었다면 워싱턴의 노숙자들에게선 철학가의 면모가 내비친다고 할 수 있을지 모르겠다.

밥을 먹어야 할 때가 되면 마치 특공대가 작전이라도 벌이듯 음식을 제공하는 자선단체의 차량이 번개처럼 나타나고 밥을 얻어먹어야 할 사람들은 여기 저기 의자에 앉아 있다가 번개처럼 음식을 받아들고 어디론가 흩어져 사라진다.

많은 사람들이 줄을 서지 않게 하는 것은 다른 사람들의 눈을 의식하는 노숙자들의 자존심을 배려하는 것이 아닐까 생각된다. 여기저기 여러 군데를 돌아 많은 사람들이 한군데로 모이지 않게 하는 방법을 쓰는 것이었다.

워싱턴 시내 10여 곳을 순회하기 때문에 바쁘게 다녀야 한다고 서둘러 자리를 떠나는 것이 마치 작전이라도 펼치는 군인들처럼 느껴진다.

길을 가다가 돈이 있으면 좀 달라는 젊은애들도 만나게 된다.

그것도 멀쩡하게 생긴 젊은 놈들이… 배가 고프다고…

"Have you dollar"

“뭐라고?”

"Dollar! Dollar!"

“나도 달러가 없어 죽을 지경이다 이놈아!”

노숙자가 되려고 연습하는 놈들일까…

한국에서야 1년내 돌아다녀도 젊은 놈이 돈을 좀 달라고 하는 경우를 보기가 힘들지 않는가.

미국에 강도가 많다는 말을 많이 들었지만 실지로 강도는 한 번도 당해보지 못했고 돈을 좀 달라는 놈들은 흔히 볼 수 있다.

그런 인간들은 거지도 아니고 강도도 아닌 족속들이다.

미국의 복지 제도나 사회보장이 잘 되어 있다고 하지만 길거리를 해매고 다니는 노숙자들이 있다는 것은 제도에 문제가 있거나 그 당사자들에게 문제가 있기 때문이 아닐까…

스모키 마운틴

미국의 국립공원으로 미국인들이 가장 많이 찾는 곳.

그곳에 가면 인디안 보호소가 있다고 해 가 보기로 했다.

그동안 어디엘 가야 인디언들을 볼 수 있는가 여러 사람들에게 물어보았지만 알고 있는 사람을 쉽게 만날 수 없었다.

쟈니에게도 물어보았지만 자기도 잘 모른다고 했다.

어떤 사람은 택사스에 가면 볼 수 있다는 사람도 있고 어떤 사람은 오하이오 주에 가면 볼 수 있다는 사람도 있었다.

관광회사에 알아보면 잘 알고 있지 않을까 해서 물어보았더니 스모키 마운틴에 가면 인디언 마을이 있다고 한다.

내가 제일 궁금한 것은 몽골 인들이 빙하기 때 아메리카로 건너왔다는 것과 관련지어 인디언들의 생활과 몽골 오지 사람들의 생활의 유사점을 찾아 볼 수 있을까 하는 것 때문이다.

스모키 마운틴이 있는 테네시 주.

테네시 주는 버지니아 주. 노스케롤라이나 주. 사우스케롤라이나 주. 죠지아 주. 알라바마 주. 미시시피 주. 알칸사스 주. 미조리 주. 캔터키 주. 8개주에 둘러 싸여 있는 주이고 스모키 마운틴은 테네시 주와 노스케롤라이나 주 경계를 중심으로 펼쳐져 있다.

워싱톤에서 81번 도로를 따라가면 테네시 주에 이를 수 있고 10시간이 넘도록 운전을 해야 했다. 관광지답게 밤의 거리는 그야말로 별천지처럼 휘황찬란하다.

대형 호텔이나 작은 호텔이 늘어서서 네온싸인을 반짝거리고 있어 별천지에 들어 선 기분…

호텔은 대개 30불에서 50불 정도면 잘 수 있고 아침은 간단한 식사를 공짜로 먹을 수 있다.

지금까지 워싱턴 주변에서는 볼 수 없었던 환상적인 곳이다.

마치 새로운 별에 도착한 것처럼 황홀한 분위기.

유흥지와 생활 공간이 이렇게 다를 수 있을까.

스모키 마운틴은 우리나라 지리산을 연상시키는 산으로 펑퍼짐하면서도 면적을 많이 차지하는 산이다.

이에 비해 우리나라의 북한산이나 설악산은 세계적으로 아름다운 산임을 알 수 있다.

북한산이나 설악산 뿐 아니라 한국은 그야말로 산 좋고 물 좋은 금수강산임에 틀림없다. 우리나라 산들의 아기자기한 맛과 힘이 솟구쳐 기가 꿈틀거리는 산을 보기란 쉽지가 않다.

스모키 마운틴에는 각종 동물들과 식물들도 많이 있어 자연의 보고다.

산 정상으로 올라가는 길은 가파르고 굴곡이 심해 아슬아슬 했다.

산 정상으로 오르며 구름 지대를 거쳐야 하는 곳도 있었고 중간중

간 쉬었다 갈 수 있도록 공간을 만들어 놓기도 했다.

산 정상을 올라 주변을 둘러봐도 별로 볼거리가 없는 산으로 면적이 크다는 것뿐 그 명성에 비해 싱겁기만 하다.

정상에서 조금 내려오는데 차에서 냄새가 나기 시작했다.

분명히 뭔가 타는 냄새…

내가 타고 다니던 차는 오래된 차라서 새차를 빌려 타고 왔는데 이런 일이 생기다니…

브레이크를 밟자 차가 그냥 달린다.

아이고 하느님!

이 심한 경사 길에서 브레이크가 말을 듣지 않다니…

온 몸이 긴장되고 진땀이 나기 시작했다.

자동차의 속도를 줄이려해도 자동 기어변속기라서 얼른 되지를 않았다. 뿐만 아니라 연기가 차안으로 들어오기 시작한다.

차가 불길에 휩싸여 타죽는 것은 아닐까…

나의 역마살이 이제 미국에서 객사를 하게 하는구나 아이고 하느님 소리가 절로 난다.

길은 급경사 길인데 차를 세우려해도 브레이크는 안 듣고… 차는 타는 냄새가 나고…

온 몸에서 진땀이 나고 어떻게 할지를 모르다 기어를 수동으로 조절할 수 있도록 되어 있는 것을 발견하고 저속으로 기어를 변환시키자 속도가 조금 줄었다.

다행히 내리막이던 길이 약간 오르막길로 바뀌는 지점에서 차를 세울 수 있자 죽었다가 다시 살아난 기분이다.

차를 둘러보았더니 자동차 바퀴에서 연기가 나고 있었다. 아마도 제동장치에 문제가 생긴 것이 분명했다.

바로 가까이 물이 흐르고 있어 물을 떠다가 퍼붓자 치직 소리를 내며 연기가 줄기 시작한다.

죽었다 살아난 기분.

숨을 돌리고 천천히 하늘을 바라보았다.

차가 멈추지 않고 계속 달리다 불이 났다면… 생각만 해도 아찔하다.

체로키 인디안

체로키 인디언 보호 마을.

우리는 보호구역이란 말을 들어왔고 그 마을에 가면 인디언들이 그들 삶의 방식대로 살고 있을 것으로 상상하지 않았던가.

그러나 그 상상은 말 그대로 상상일 뿐이다.

우리나라 민속촌보다 더 인위적인데다 보호구역에 있는 사람들도 원래의 인디언 부족이 아니고 어떤 혈통인지도 모를 잡종을 대려다 놓았다고 한다.

보호 마을이라고 해놓은 곳도 너무나 엉성하고 허술했다.

흙으로 빚어만든 생활용품 도기(陶器)들이나 수예품들은 일본 북해도 아이누 족의 박물관에서 보았던 것들하고 비슷하다는 인상을 받았다.

가만히 손놓고 놀고 있다가 관광객이 오면 손을 움직여 생활용품을 만들고 있으면서도 그것을 체로키 인디언말로 뭐라고 하느냐고 물어보니 그 이름을 모른다고 하지 않는가.

나이가 꽤나 들어 보이는 사람인데 그 이름을 모른다니…

그렇다면 인디언들은 모두 어디로 갔단 말인가.

순수 혈통 인디언들이 없는 아메리카.

체로키 인디안

개척시대 기병대에 의한 학살말고도 인디언들의 씨를 말리기 위해 들소들을 무차별로 죽여 식량 자원을 없애버리는 영화도 본 기억이 떠오른다.

아무리 그렇기로서니 이렇게까지…

지금까지 미국에서 미국의 긍정적인 것들을 많이 발견했지만 이런 상황을 대하게 되자 미국의 그 좋은 점들이 하나의 허상이란 생각과 과연 미국의 장래가 밝을까하고 의구심이 들기 시작했다.

미국이 얼마나 세계를 향해 인권을 부르짖는가.

그로 인해 우리는 얼마나 미국을 인권적 차원에서 신뢰하고 믿어왔던가.

그러나 정작 자국 안에서의 인권은 도대체 뭐란 말인가.

정복자와 피정복자 관계로서 철저히 종족 말살을 시키고 있지 않다면 어떻게 이런 일이 가능하단 말인가.

미국의 실상 앞에서 힘이 빠져나갔다.

흔히 인디언을 사라진 종족이라고 말하기도 한다.

신기루가 되어 버린 인디언…

미국이 세계를 향해 외치는 인권.

그것은 도대체 뭐란 말인가…

하나의 허상이란 생각이 들자 미국의 위선이 얼마나 완벽한가 깨닫게 된다.

미국은 미국의 이익에 완벽한 것이지 정의나 인권에 최선의 국가가 아니란 생각…

인디언들은 원주민이다.

인권 국가라고 하는 국가에서 그 원주민들이 처한 현실은 너무나 피폐하고 종족 보존도 제대로 안 되고 있다니…

과연 미국이 다른 나라에 인권을 외칠 자격이 있는 것인가.

미국의 인디언들 정책 그것이 무엇인지 우리는 정확하게 모른다. 그러나 결과로 나타나는 현실이 모든 것을 말해주고 있는 것이 아닐까…

체로키 부족의 전설적인 인물 "Dragging canoe", 그는 항상 말하길 we are not yet conquered (우리는 아직 정복되지 않았다)라고 했다고 한다.

그러나 그의 부족은 찾아보기 힘들다.

스모키 마운틴 근처에 개화되어 살아가는 인디언들이 2-3천명 정도가 있다고 한다.

그들이 순수 체로키 부족인지 어디서 떠돌다 들어와 정착한 인디언들인지 모른다.

영화에서 보았던 인디언들의 고전적 삶을 살아가는 마을을 보겠다는 생각은 헛된 꿈이 되었다.

몽골의 오지에서 보았던 사람들의 고전적 삶의 방식과 똑같이 살아가는 인디언 마을을 미국에서 볼 수 있으리란 생각은 헛된 것이 되고 말았다.

미국 어딘가에 그런 마을이 있다면 꼭 가보겠다는 생각이었는데 그것은 꿈으로 끝내야 할 일인 모양이다.

미국의 동부에서부터 시작된 식민지가 서부로 확장되어갔다는 것은 인디언들이 서부로 쫓겨갔다는 이야기다. 총에 맞아 죽은 숫자보다 유럽인들이 들여온 천연두로 죽은 숫자가 많고 들소들을 다 죽여 식량 자원을 없애버려 배를 곯아 죽은 사람이 부지기수다.

총과 천연두에 의해 죽고 문명에 쫓겨 죽은 인디언들.

인디언들에겐 문명 자체가 그들을 죽이는 세균이나 마차가지였던 셈이다.

내가 살고 있는 집 바로 앞 거리 이름은 인디안 헤드 하이 웨이다. 쟈니 설명으로는 이 지역에 살고 있던 인디언들의 목을 잘라 높이 매달았던 거리라는 것이다.

얼마나 잔인한 학살이 있었던가를 생각해보지 않을 수 없는 거리 이름이다.

에미쉬

생존을 위해 치열한 경쟁을 하는 도시의 삶 속에 있다가 에미쉬 마을에 들어서면 진정 사람들이 사는 마을에 온 기분이고 원초적인 평화를 맛 볼 수 있다.

오래 전에 잃어버렸던 고향을 찾아온 듯한 포근함.

고향의 냄새, 푸른 하늘과 넓은 대지가 함께 만들어내는 향기. 우리 가슴에 오래 전부터 이어져오던 신의 선물. 그것을 단절시키고 바쁘게만 몰아치던 삶에서 벗어나 이들과 함께 뿌리를 내리고 싶은 강렬한 욕구가 마음 한편에서 일어난다.

끝없이 펼쳐지는 지평선.

황혼이 내리는 그 지평선 넘어로 한 사나이가 문명을 찾아 나섰다가 아무도 몰래 돌아온 기분이다. 문명에 찌들고 상처 난 가슴으로…

에미쉬 마차

누군가 두 팔을 벌리고 달려나와 맞아줄 것 같은 환상이 일어나는 에미쉬 마을.

미국 대륙내의 섬과 같은 애미쉬 사람들.

주변이 아무리 변하고 요란스러워져도 끄떡도 안하고 그들 방식으로 살아가는 사람들.

워싱턴에서 승용차로 3시간 30분 거리에 떨어져 있는 에미쉬 마을은 펜실바니아 주 랭캐스터 시 가까이 스트라스버그 라고 하는 지역에 있다.

그들은 세상이 어떻게 변하던 상관 않고 자기들 삶의 방식대로 살아가는 사람들이다.

아직도 마차가 그들의 교통수단이고 의복은 중세기 때 의상을 입고 다닌다.

에미쉬 마을

전기불도 켜지 않고 라디오나 텔레비죤도 집안에 들여놓지 않는다.

집안에서 쓰는 물은 물레방아나 풍차를 이용한다.

남자들은 밀짚모자에 수염을 더부룩하게 길렀고 여성들은 천으로 된 모자, 끈달린 보닛이란 모자를 쓰고 밭에서 손으로 김을 맨다.

어쩌다 마차를 타고 가는 사람들을 향해 카메라를 들이대면 얼굴을 돌리고 만다.

이들의 외출은 식료품을 사기 위해 대형마켓을 갈 때나 종교적 모임이 있을 때이다.

학교 교육도 자기네들 방식대로 하고 농사를 짓고 사는 생활에서는 많은 교육이 불필요한 것이어서 공부 때문에 스트레스를 받을 일도 없다. 쓸데없는 것을 많이 알아서 복잡해지고 편하지 못한 인생을 살 필요도 없다. 8학년까지 공부를 하며 많은 시간을 자연 속에서 충분히 놀면서 성장할 수 있다.

Amish.

에미쉬는 미국 속에 또 다른 삶의 형태이다.

합리주의 적이고 실용주의의 첨단, 미국.

그래서 편리와 능률을 지향하지만 에미쉬는 그러한 미국과 상관없이 비능률적이고 비실용주의적인 삶을 고집하는 사람들이다.

광활한 대지에 커다란 건초 저장용 건물을 짓고 집 주변에 농토를 가꾸는 전형적인 농부들.

소녀들은 어려서부터 길쌈을 배우고 옷은 직접 만들어 입는다.

무릎 밑까지 내려오는 긴 치마를 입고 색깔은 검정색, 푸른색, 녹색이고 그 위에 검은색 앞치마를 두르는 것이 이들의 평상복이다. 미혼 여성은 하얀 앞치마를 두른다.

밭을 갈거나 수확을 할 때면 5-6마리의 말들이 앞에서 끌게 해 기계를 대신한다.

이 농부들을 가까이 해보면 웬지 고집스럽고 이방인에게 배타적이라는 것을 느낄 수 있다.

자동차가 달리는 차도에서 길가로 조심스럽게 마차를 달리는 사람들.

팍스 아메리카나, 미국의 문명과는 상관없이 살아가는 사람들.

이들의 삶이 소비하고는 거리가 멀어 대부분이 부유한 살림을 꾸려간다고 한다. 자동차도 타지 않고 마차를 타고 다니니 차를 사는 비용이나 기름 값이 안 들고 각종 전자제품도 사지 않으니 돈 들어갈 일도 없다.

간혹 젊은이들 중에서 이 답답한 생활을 이겨내지 못하고 가족들과 결별을 하고 이 집단에서 이탈을 하는 사람들도 있다고 한다.

한 번 집단을 이탈했다가 다시 들어 올 때 가족들은 대부분 받아들이지만 종교적 차원에서는 원로들의 회의를 거쳐 그 결정에 따른단다

에미쉬.

원래 스위스의 목사 암만이라는 사람이 17세기에 창시한 메노(Mennonites)파에서 갈려나간 종파이고 이 메노파는 네델란드 북부 프리스렌드에서 시작되었지만 지금은 세계 곳곳에 분포되어 있다.

현재 미국에도 여러 주에 흩어져 생활하고 있는 이들은 현대를 살아가는 사람들에게 분명 어떤 메시지를 전달하고 있다고 해야 할 것이다.

현대화된 세상에서 편리를 추구하며 물질주의적으로 살아가는 우리들.

인간성이 상실된 현실을 돌아보게 하며 우리들이 어떻게 사는 것

이 진정 인간다운 삶인가를 말없이 행동으로 보여주는 사람들이다.

끝없이 펼쳐진 평야에서 넓은 하늘을 바라보며 살아가는 사람들.

평화로운 농토와 익어 가는 곡식들.

아이들은 즐겁게 뛰어 놀고 하늘을 날던 새들이 내려와 재잘거리는 빨간 지붕의 농가.

에미쉬.

에미쉬는 정형화 된 현대의 삶의 틀을 거부하고 자연 속에서 자연의 섭리대로 살아가도 얼마든지 행복할 수 있다고 그들의 삶으로 말하고 있다.

급하게 서두르지 말고, 그렇게 빡빡하게 살지 말고, 천천히 여유를 가지고 살라고 조용히 말하고 있다.

종교적 신념 때문에 기둥에 묶여 태워지고 물에 처박히거나 죽음을 당하던 유럽에서 박해를 피해 펜실바니아에 첫발을 디딘 에미쉬는 18세기 초엽이었다.

현재 미국 내 16개 주에 분포되어 생활하는 에미쉬는 대략 9만 명으로 추산되고 있다.

워싱턴에서 에미쉬 마을을 가자면 95번이나 295번 도로를 따라 북쪽으로 가 볼티모아에서 83번 도로 북쪽 방향으로 바꾼다. 83번을 따라가다 York라는 곳에서 30번 East로 들어가 달리면 Lancaster라는 시가 나오고 길가에 에미쉬 마을로 들어가는 안내판을 볼 수 있다.

퓨리탄(puritan)

1530년 영국 왕 헨리 8세는 로만 카톨릭으로부터 분리된 영국 개신교회를 만들어 자신이 이 교회의 총수가 되었다. 이 과정에 불만을 가진 사람들이나 좀더 새로운 변화를 원하는 사람들이 생겨나기 시작했다.

새로운 종교의 자유와 인권을 찾아 아메리카로 건너온 사람들이 초기에 그들 스스로를 청교도나 순례자(pilgrim)라 불렀다.

펜실베니아는 영국의 부호 윌리암 펜이 영국 왕에게 돈을 빌려주고 돈을 받지 못한 대가로 받은 땅이어서 그의 이름이 들어가 펜실바니아란 이름을 갖게 된 곳이기도 하다.

청교도들이 처음 정착한 곳은 메사츄세츠였고, 노동을 신성시하고 놀고먹는 것을 죄악시 한 결과로 메사츄세츠는 빠른 번영을 보였다.

그러나 종교적 신념이나 관행을 입법화하는 것에 반대하는 사람을 청교도 지도자들은 그들이 꿈꾸는 새로운 천국에 반대하는 것으로 받아들여 쫓아 내버리기도 했다.

이런 저런 갈등으로 갈려나가 새로운 정착지를 설립하기 시작한 것이 프로비던시, 로드 아일랜드 등이다.

새로운 종교의 자유와 인권을 찾아 온 그들의 입장에서는 그것이 보장 안 된다면 구태여 함께 할 필요가 없었고 그 당시로서는 얼마든지 새로운 땅을 찾아 갈 수 있었던 것이다.

지나치게 열성적이고 도덕적 행위를 엄격하게 요구했던 메사츄세츠 청교도 지도자들도 얼마가지 못해 관용을 베풀어야만 했다.

펜실바니아 소유자인 윌리암 펜은 퀘이커 교도로서 1682년 펜실바니아에 그들의 정착지를 만들기 시작했다. 다른 종파와 비교해 퀘이커 교도들은 완전한 종교적 자유를 누렸다.

펜실바니아는 퀘이커 교도뿐만 아니라 독일계 이민자들의 개신교 종파 독일침례교회(던카드), 루터란, 메노니티 등을 받아 들였다.

청교도들이 중시했던 것은 노동뿐만이 아니고 지방자치와 교육도 중요하게 생각했다.

오늘날 미국의 인권과 자유의 틀을 이룬 것은 두 말할 것도 없는 일일 것이다. 그리고 벤자민 프렝클린 같은 인물은 학교는 그 지역사회에 봉사해야 한다고 강조했다.

미국의 대학에 들어가려면 사회봉사를 얼마를 했는가 하는 것도 평점으로 들어가는데 단순히 눈가림으로 하는 것이 아니라 사회에 일꾼이 되려면 사회에 대한 이해와 봉사정신을 가지는 덕목을 강조하는 것이다.

출세를 위한 한풀이 공부가 아니라 사회에 봉사를 하기 위한 공부라는 인식을 심어 주는 장치라고 할 수 있겠다.

지금도 미국 사회의 부지런함과 일하는 것을 자랑스럽게 생각하는 분위기는 청교도 정신이 살아 있음을 말하는 것이고 도덕운동, 개혁운동, 노예해방 운동 이런 진보적 운동에 청교도 정신이 영향을 끼쳤다는 것은 말할 필요도 없는 일이다.

펜실바니아에 자리잡고 있는 에미쉬는 독일에서 건너온 메노파에서 갈려 나온 분파로서 자기들만의 종교의식과 자유로운 생활을 해 나가고 있다.

자신의 신념이나 자유를 누릴 수 있는 권리가 없으면 그것을 용납하지 않는 사람들.

자신이 자유와 권리를 원하듯 상대방의 권리와 자유를 인정하는 포용성이 다양성을 용해 해내는 힘이 되어 주는 사회.

자기하고 생각이 안 맞으면 어떻게든지 자기 생각을 따르게 하고 그것이 안 되면 적으로 만드는 흑백논리에서는 다양성이 살아남을 수 없다.

획일화된 사회는 회색 빛 사회로서 독재자들이나 좋아하는 사회요 그 독재자들의 언저리를 맴돌면서 이익을 챙기는 소인 그룹들이 좋아하는 사회일 것이다.

자신의 신념대로 살아 갈 수 없는 사회는 진정한 민주주의가 될 수 없고 민주주의 신념에 맞지 않는 것이다.

극단적이고 관념주의적 애국자들이 자기하고 생각이 안 맞으면 빨갱이로 매도하는 사회는 민주주의가 뿌리를 내릴 수 없는 사회다.

친미를 부르짖는 사람들이나 반미를 부르짖는 사람들은 오늘날의 미국이 거저 되지 않았고 거저 돌아가는 것이 아님을 알아야 할 것이다.

친미나 반미가 아니라 그들의 실체를 있는 그대로 보고 이해해야만 국제 경쟁 시대에 살아남을 수 있을 것이다.

한의대학

워싱턴에 한국 교민들이나 한의학에 관심을 갖는 미국인들을 위해 한의 대학을 운영한다고 교포 사회에 알려져 있었지만 인가가 나지 않은 사실이 뒤늦게 학생들에게 알려져 말들이 많았다.

학교 이사장은 P목사라고 하는 분인데 목사가 어떻게 그런 거짓말을 할 수 있는가 라는 의문에서부터 사기꾼이라는 말까지 돌았다.

우연한 기회에 그 P목사라는 분을 만나게 되었는데 그 분은 또 다른 사기꾼을 만나 돈만 들어가고 학교인가를 얻지 못했노라고 해명을 했다.

그리고 자신이 동원할 수 있는 돈은 이미 다 들어가고 더 이상 돈 마련도 못해 애가 탄다고 했고 부인은 학교에서 일을 돕다가 이제는 다른 곳에 나가 돈을 버는 실정이라고 했다.

사정이 딱하게 되어있는 것만은 틀림없었다.

그래도 항상 웃는 얼굴이고 여유를 잃지 않으려 애쓰고 있었다.

이 P목사가 이선명선생님께 도움을 청해 이선생님이 학교에 정식으로 출근을 하게 되었다.

그리고 모든 서류를 새로 작성하고 이선생님께서 알고 지내던 미국인들을 찾아다니며 설득해 일이 잘 추진되어간다는 말을 듣게 되었다.

일을 하다보면 일이 제대로 진행이 안 되어 본의 아니게 사기꾼이 될 수도 있을 것이다.

의도적으로 사기를 치려고 한 것인지 아니면 일이 뜻대로 안 되어 그렇게 된 것인지 잘 알아보아야 할 테지만 P목사의 경우 어떤 경우에 해당되는지 알 수 없는 일이다.

언제나 겸손하고 미소를 잃지 않는 그가 사기꾼 소리를 듣는 것은 안타까운 일이고 세상일은 알 수 없는 일이란 생각이 들었다.

내가 귀국하고 얼마 지나지 않아 아는 친지로부터 그 한의대학이 인가가 났다는 신문 보도를 보았노라는 소식을 전해들을 수 있었다.

이선명 선생님의 노고가 컸을 것이 당연한 일이다.

같은 일도 어떤 사람이 하느냐에 따라 그 결과가 달리 나타나는 것이니 능력 있고 좋은 정신을 가진 사람을 만난다는 것이 중요한 일이 아닐 수 없다.

한국 교포 사회에 획을 긋는 큰일을 해 내셨으니 정말 다행한 일이고 자랑스러운 일이 아닐 수 없다.

워싱턴 근교에 한국인이 운영하는 한의 대학이 있다는 것은 역사적인 일이 될 것이다.

플로리다 주

플로리다 주에는 세계적인 휴양지 마이에미가 있고 디즈니랜드가 있는 곳.

그리고 플로리다의 명물 오랜지 쥬스.

플로리다 주 템파

후로리다 주에 있는 한겨레 저널 신문사에서 문학의 밤을 열자고 비행기 티켓을 보내왔다.

이선명 선생님께서 평소 한겨레 저널에 칼럼과 소설을 기고하시는 인연으로 문학의 밤을 주선해 주셨다. 기왕에 미국에 왔으니 여러 곳을 둘러보라는 배려가 아니겠는가.

워싱턴에 있는 레이건 공항.

라디오 뉴스 시간이면 9,11테러에 관한 뉴스를 들으며 살아 왔지만 실생활에 얼마나 영향을 미치고 있는가는 모르고 살아 왔다.

불법 체류자들을 찾아내 추방하기 위해 각 회사를 확인하러 다닐거라는 둥 걸리면 고용주에게 벌금을 물릴 거라는 둥 어수선한 분위기는 있었지만 공항에서 탑승할 때의 그런 긴장감은 느끼지 않으며 살아왔다.

모든 소지품을 검색했는데도 비행기문 앞에서 또 의심이 간다 싶은 사람을 골라내 허리띠를 클러 보라는 것에서부터 신발까지 벗어보라는 것이었다.

레이건 공항

왜 그렇게까지 하는가 그 이유를 모르는 바는 아니지만 기분 좋은 일이 아니었다.

남들과 같이 다 하는 거라면 몰라도 피부색이 다른 사람들만 골라내 더 유난히 검색을 하니 인종차별이 이런 것이 아닌가 하고 생각하게 됐다.

기분 좋지 않은 일을 겪으며 비행기를 타야하는 현실이 비극적인 일이다.

최첨단의 利器(이기)를 편안한 마음으로 이용할 수 없다는 현실.

우리 인류는 어디를 가고 있으며 어디쯤에 와 있는 것일까?

우리가 추구하는 것이 진정 무엇이기에 이 편리한 과학의 산물을 이용하며 불안에 떨어야하고 편안할 수가 없는가....이것은 무엇에 근거한 것인가…

인간에 대한 미움.

인간에 대한 불신이 최고조에 이른 상황이다.

무엇을 위한 과학이며 무엇을 위한 종교인가?

미국의 항공 산업은 거의 파산지경에 이르렀고 미국 경제는 점점 어려워지고 있다. 뿐만 아니라 교포들도 경제적으로 타격을 받아 좀처럼 회복되지 않고 있다고 한다.

교포들은 대부분 사업의 규모를 줄이며 살아남기 위해 애를 쓰고 있지만 예전 같은 수준으로 돌아가게 될지 모르겠다고 걱정들이 많았다.

워싱턴 레이건 공항에서 플로리다 템파까지 약 2시간이 걸렸다.

공항에 내리자 후덥지근한 열기가 덮쳐왔다.

플로리다는 사시사철 야자나무가 푸르고 따뜻한 열대성 기후지대라 미국의 부자들이 노후에 이곳으로 와 인생의 황혼기를 즐기는 곳이라고 한다.

공항에는 한겨레 저널에서 사람이 나와 기다리고 있었고 자동차가 바닷가를 달려가는데 야자수가 시원스럽게 해변가로 늘어 서 있다.

섬과 섬 사이에 놓인 다리들은 크고 작은 懸垂(현수)교로 되어 있고 하얀 칠을 해 놓아 푸른 바다 물과 대비되어 평화로움과 아름다움이 극에 달했다.

손으로 한 줌 들어올리면 금방 보석으로 변해버릴 것 같은 푸른 바다가 출렁이고 하얀 모래가 눈부신 백사장.

플로리다 주 템파 해변

비키니 옷차림의 매끈한 여인들의 몸매.

노오란 비취 파라솔이 바닷가를 따라 늘어 서 있고 야자나무는 푸른 잎을 한들거리고…

관광객을 위해 환상적인 장면을 연출한 해적선 깃발을 단 배에서 칼을 높이 치켜든 선원들이 소리를 지르며 서서히 지나간다.

삶의 고달픔이나 골치 아픈 현실을 벗어나 이 아름다운 정취에 빠져보는 시간이 얼마나 값있는 시간이겠는가.

플로리다는 뉴욕이나 워싱턴에서 느낄 수 없었던 편안함을 안겨주는 아름다운 곳으로 가히 환상적이다.

신문사에서 잡아준 호텔 주변으론 야자수들이 한들거리고 밤은 깊어 가는데 비행기를 타고 온 여독과 내일 있을 문학의 밤 행사를 어떻게 할까하는 생각으로 잠이 오지 않았다.

문학의 밤

미국에서는 교회와 함께 하지 않으면 무슨 일이고 되는 일이 없다고들 한다. 그만큼 교회가 교민 사회에 중심이 되어 영향력을 행사하고 있는 것이다.

템파 한인 장로교회에서 문학의 밤을 열기로 했는데 얼마나 사람이 올지 모르겠다고 한다. 문학에 관심을 갖는 사람들이 얼마나 있겠는가 하는 의구심이었다.

그러나 막상 문학의 밤 행사 날이 되자 예상외로 많은 사람들이 몰려들어 홀이 꽉 찰 정도 였다.

문학의 밤을 열기 위해 신대용 장로께서 성가대 대장으로 있는 성가대는 오랜 연습을 했고 신문사는 두 번이나 전면광고를 비롯해 포스터도 만들어 배포했다고 한다.

김용일 목사님의 개회 기도와 한겨레저널 이승봉 사장님의 인사말이 있은 후 성가대가 준비한 푸른 열매, 물새, 사공의 노래, 내 영혼의 햇빛 비치니. 그는 여호와, 고향의 노래, 그의 빛 안에 살며를 들었다.

교회에서 성가만 듣는 것이 아니라 가곡을 들으니 더 감미롭고 교회가 생명력으로 넘쳤다.

워싱턴 근교의 교회에서는 마치 일반 벤드들처럼 성가를 연주하며 흥을 돋구어 젊은이들이 많이 몰려드는가 하면 어떤 교회는 아직도 철저히 보수적인 방식을 고수해 재미없고 딱딱한 시간이 되어 젊은이들이 모이지 않는 교회도 많다.

성가대의 감미로운 화음은 먼 꿈나라로 사람들을 인도하였고 그 속에서 영원히 깨어나고 싶지 않았다. 멀고 먼 타관 땅을 떠돌던 탕아를 맞아들여 흥겨운 잔치를 벌여주는 고향집에 온 기분이다.

성가대 앞에서 꿈결같은 소리를 이끌어 가는 조은정씨의 지휘하는 모습은 끝나지 않는 동작으로 계속 볼 수 있었으면 좋겠다는 생각이 들었다.

인간의 동작들 중엔 여러 유형의 동작이 있지만 음악을 지휘하는 동작처럼 아름다운 동작이 있을까 하는 생각이 스친다.

지휘자의 작은 동작에서 큰 동작에 따라 조합되고 갈리는 소리들...

소리에 도취된 듯한 지휘자의 얼굴 표정…

남성 지휘자들의 지휘는 힘참과 절도가 강점이라면 여성 지휘자의 강점은 힘과 절도에 부드러움이 녹아있는 것이었다.

어쨌거나 강렬한 인상을 받은 지휘의 모습으로 영원히 잊혀지지 않으리라…

아름다운 소리가 한바탕 실내를 휩쓸고 간 후의 고요함.

그 고요한 속에서 문학의 밤을 시작했다.

해외 이민 생활에서 그날그날 바쁘게 살다보면 자신도 모르게 삭막해질 수밖에 없다.

이들에게 문학이 과연 얼마나 먹혀들지 모른다. 내가 시인으로 알려져 시인의 낭만과 서정적분위기를 나눌 수 있었으면 하는 바램으로 사람들이 모여들었는지도 모른다.

그러나 나는 불행히도 서정성을 잃은 지 오래다.

항상 세상을 부정적으로 보고 술에 젖어 살아 왔다.

우리 사회의 어두운 턴넬을 나 혼자 걸어가는 것처럼 항상 비참함 속에서 살아왔다.

그 어느 것에도 애착을 가져보지 못했고 나 자신마저도 사랑하지 못하고 살아왔다.

그러니 문학의 밤이란 나에겐 가당치도 않는 명제다. 워싱턴을 출발하면서도 이선명 선생님께 그런 점을 말씀드렸지만 이선생님께서는 그냥 자연스럽게 하면 된다고 격려해주셨고 한편에선 내 안의 역마살 귀신이 가보자고 유혹하는 소리가 들려왔던 것이다.

문학의 밤.

얼마나 영광의 밤인가?

이름 없는 무명 시인을 위해 문학의 밤을 열어주다니…

신문사에서 광고를 내기 위해 문학의 밤 주제를 무엇으로 했으면 좋겠냐고 문의를 했을 때 무심결에 시대와 문학의 역할, 시와 사회, 시인이란 무엇인가?를 가지고 하겠다고 해 놓았으니…

무거운 주제가 아닐 수 없다.

시 몇 편을 그럴듯하게 낭송하고 나서 어쩌고저쩌고 하면 한 두시간이야 금방 가겠지만 나는 그렇게 머리가 돌지를 못해 심각하고 무거운 시간을 가질 수밖에 없게 된 것이다.

시대와 문학의 역할.

문학은 인간학으로 모든 것을 아우르는 학문이므로 다양한 독서를 게을리 해서는 안 될 것이다. 독서의 양과 질이 문학적 토대가 되어 줄테니 말이다.

현장 경험과 독서, 그 위에 작가의 사상이 더해지고 상상력을 발휘해 엮어나가는 것은 새로운 세계를 창조해나가는 것이나 다름없다.

어떤 이야기를 쓸 것인가에 따라 그 방면으로 공부를 하지 않고선 안 되는 작업이다.

어느 소설가가 의사를 주인공으로 글을 쓴다면 의사의 세계를 알아야하고 어느 정도 의술과 병을 알아야 할 것이다.

밑바닥 인생이나 엘리트를 가리지 않고 그들의 인생에 대한 이해가 있어야 한다. 그리고 그런 문학적 행위는 그 사회를 구성하는 구성원들에 대한 궁극적 사랑이다.

그래서 문학은 그 시대의 반영이며 어디로 가야 할 것인가 하는 방향제시가 될 수도 있고 사회에 대한 고민이 표출되기도 하는 것이다.

그러나 우리는 오랜 군사 독제 시기를 거치면서 그런 행동에 대한 제약을 강제 당하면서 살아왔다. 그로 인해 한국은 정신이 없다라는 말을 듣기도 했고 진정한 문학이 없다라는 말을 들어왔다.

독재자들의 비위를 맞추기 위해 시인들이 청와대에 불려가 생일축하 시 낭송을 했다는 뉴스도 접하는 세월을 보냈다.

술에 취한 후배들이 선배를 바로 앞에 앉혀놓고 대한민국에 시인이 어디 있으며 작가가 어디 있는가 능멸을 해도 할 말이 없었다.

진정한 시인들, 작가들이 있었다면 그렇게 오랫동안 군인들이 사회를 억압 할 수 있었겠는가 하는 울부짖음이었던 것이다.

하루하루 살기 위해 비겁해진 사람들이 무슨 시인이며 작가인가 하는 질책이었던 것이다.

그런 질책을 외부로부터 받기도 하고 스스로가 이 시대를 비겁하게 살아 갈 수밖에 없는 현실을 자학하기도 했다.

한편으론 제가 처한 현실을 담아내기보다 서양문학을 흉내내는데 급급한 부류들도 있었고… 우리 사회와 민중과는 아무 상관도 없는… 민중은 이해도 못하는 저희들끼리의 잔치를 하는 것이고 우리의 역사에 아무런 도움도 안 되는 짓을 하기도 했던 것이다.

진정한 문학적 행위가 무엇이어야 하는가?

그것은 그 시대의 반영이며 역사적 테마가 될 수밖에 없다.

크고 작은 문제들 그리고 섬세한 관찰.

군중이 움직이는 同線과 그 동력(動力)의 원인을 파헤치는 날카로움.

송나라 때의 지식인 범중엄이란 인물은 지식인을 정의하길 지식인은 자기 개인의 기쁨보다도 세상의 걱정을 먼저 고민하는 존재라고 했다.

시와 사회.

시는 사회와 어떤 관계를 갖고 있는 것일까.

정악용 선생은 不優國(불우국)이면 非 詩也(비 시야)라 했다고 한다.

나라를 걱정하지 않는 시는 시가 아니다라는 말인데 선생의 시중에 그런 정신이 잘 나타나 있는 것이 절양가라 할 수 있을 것이다.

이미 죽은 사람과 아직 어린아이를 軍籍(군적)에 올려놓고 군포를 내놓으라고 하다 집에서 부리는 소를 끌어가자 자기의 성기를 잘라버린 장면을 보고 지은 시라고 하는데 그 시대의 부패와 횡포를 너무도 잘 말해주고 있다.

시는 그 사회를 고발하는 고발성이 강하고 감정을 전달하는 힘이 강렬하다. 절양가라는 시가 말하듯이 시가 꼭 아름다워야 할 이유는 없다. 시는 그 사회가 만들어내는 독특한 색깔이라고 할 수도 있을 것이다.

사서삼경 중에 시경은 주나라 때 각 지방을 순회하며 채집한 것들로 그것을 읽어보면 왕은 궁 안에서도 그 지방의 수령이 정사를 잘하고 있는지 아닌지를 알 수 있도록 한 것이었다.

시인의 눈을 통해 보여진 사물이나 상황들은 시인의 사색의 그물을 통과해 시어에 담겨지는 것들이다.

장황하게 늘어놓지 않아도 읽는 이의 감성을 자극해 그 마음을 분발하게 하여 시인의 가슴을 함께 느끼게 하는 힘이 있다.

시인의 의식으로 흘러 들어가는 모든 것들은 새롭게 재구성되며 언어로 다시 살아나는 것이다.

시인이란 무엇인가?

잠수함에 토끼를 싣고 다니는 것은 토끼가 잠수함의 산소 부족을 빨리 느끼기 때문이라고 한다. 그래서 사람들은 시인이 살아 갈 수 없는 사회는 잠수함 속에 산소 부족으로 토끼가 살아 갈 수 없는 것에 비유해 말하기도 한다.

시인이 살아 갈 수 없는 사회는 정신적 산소가 없는 사회나 마찬가지다.

그리고 시인은 끊임없는 자기 검증과 점검을 하는 존재로 항상 팽팽히 댕겨진 의식 속에 살아야 하는 존재이기도 하다.

그래서 시인을 천벌 받은 자들이라고 말하는 지도 모른다.

아름답고, 부드럽고, 평화로운 존재가 될 수 없다는 말이기도 하다.

끊임없는 내면의 부딪힘과 충돌.

잠시도 잠들지 못하고 날카롭게 외면의 세계를 주시하는 존재.

거미가 실을 자아내듯 순수한 의식의 끈에 시어를 꿰어내는 일을 해야 한다.

급하지 않고, 천박하지 않으며, 자기만의 색깔과 호흡을 가지고 조용히 흘러가는 물처럼 시어들이 구성되어져야 할 것이다.

시인이 어린애 같고 순수하다는 말을 들어서도 안 되고 탐미적 요소에 빠져들어도 안 될 것이다. 언어는 아름답다 할지라도 다루는 사물이나 상황은 날카로운 시선이 꿰뚫고 있음을 보여줘야 한다.

시인이 어린애처럼 순수하다는 말을 듣는 것을 자랑스럽게 생각해서는 안 될 것이다.

한 여름에 차가운 어름처럼 우리의 의식을 깨우는 냉철함은 결코 어린애 같은 사고에서는 나올 수 없다.

때로는 읽는 사람들이 시인의 초월된 고뇌를 놓치고 활자만 느끼며 어린애 같다고 말 할 수도 있다. 그런 표현은 시인을 모독하는 것이나 마찬가지다.

고뇌를 넘는 초월, 그것을 어린애 같다고 말해버리면 예수나 석가를 어린애 같다고 말하는 것과 같다.

특히 천상병 시인을 좋게 말한다며 어린애같이 살다 간 시인이라고 입이 닳도록 칭찬을 하는 것을 듣게 되면 할 말을 잃게 된다.

그 분이 어떻게 살았고 무엇을 고민하며 살았는지 전혀 모른다는 이야기가 된다.

시낭송(김소월 윤동주 천상병)

김소월을 흔히 민족의 한을 노래하는 시인이라 하기도 하고 한국인의 정서를 가장 잘 대변하는 시인이라 평하기도 한다.

그러나 역사적 시선으로 평가한다면 모든 현실을 운명으로 받아들이고 한탄하는 눈물과 애절함이다.

진달래 꽃

나보기가 역겨워 가실 때에는
영변 약산 진달래 꽃
아름 따다 가실 길에 뿌려 오리니

가시는 걸음걸음
놓인 그 꽃을
사뿐히 즈려 밟고 가시옵소서

나보기가 역겨워
가실 때에는
죽어도 눈물 아니 흘리오리다

초혼

산산히 부서진 이름이여!
부르다가 내가 죽을 이름이여!
설음에 겹도록 내가 부르노라

못 잊어

못 잊어 생각이 나겠지요
그런 대로 한세상 지내시구려

사노라면 잊힐 날 있으오리다.

위 글은 진달래 꽃 전문과 초혼, 못 잊어 에서 몇 문장씩 뽑아 본 것인데 약한 자의 체념이 그대로 드러나 있다.

주어진 상황에 적극적으로 대처하려 하기보다 한탄하는 소극적인 약자의 슬픈 절정을 보여주는 어구들이다.

민족의 정서 속에 전통적으로 지배 계급에게 억압받아오던 피지배층의 한과 일제하의 민족의 현실이 한데 녹아들어 힘없는 자의 서러움을 토해 내는 시들이라고 할 수 있겠다

주어지는 상황들을 소극적으로 받아들이며 눈물이나 질질 짜는 억눌린 자의 비애를 그려 낼뿐 저항하고 현실을 박차고 일어서려는 정신은 보이지 않는다.

윤동주

김소월 시에서 억압당하는 자의 비애와 슬픔을 운명적으로 받아들이는 것을 볼 수 있었다면 윤동주 시에서는 깨어있는 자아와 의지를 엿볼 수 있다.

서시

죽는 날까지 하늘을 우러러
한 점 부끄럼이 없기를
잎새에 이는 바람에도
나는 괴로워했다.
별을 노래하는 마음으로
모든 죽어 가는 것을 사랑해야지

그리고 나한테 주어진
길을 걸어가야겠다.

오늘밤에도 별이 바람에 스치운다.

자기에게 주어진 길을 가야겠다는 비장함이 말하듯이 그는 민족의 별이 되어 죽었다.

독립운동 죄목으로 일본 복강 형무소에 갇혀 인체 실험 주사를 맞다가 피골이 상접한 가운데 29세 젊은 나이로 죽었다.

일제 시대에 의식을 가지고 자기의 의지로 산다는 것은 곧 핍박이요 죽음이었다. 그러나 그는 자기에게 주어진 길을 가겠다고 했고 하늘을 우러러 한 점 부끄러움이 없는 삶을 살겟다고 스스로에게 다짐한대로 살다가 갔다.

하늘을 우러러 한 점 부끄러움이 없기를 바란다는 것.

이보다 더 냉엄한 계율이 어디 있으랴.

아마도 일제시대에 저항하지 않는 삶, 이것 자체가 하늘을 우러를 수 없는 부끄러움이었을 것이다.

천상병

김소월이나 윤동주 시인은 시를 통해서 그 정신 세계를 아는 것이 전부이지만 천상병 시인은 생존해 계실 때 자주 만날 수 있는 기회가 있었다.

그에게서 받는 인상은 초월이다.

세속에 살고 있으면서도 이 세상과 함께 하지 않는 삶.

세속적 가치를 초월해버린 존재.

쉽게 표현하자면 도사라고 해야 할 것이다.

어린애들의 순진 무구가 아니라 세상에 대한 달관과 독재시대를 거치는 한 지식인의 체념과 무기력.

완강한 힘, 총 칼을 휘두르는 자들에게 저항하지 못하는 자신에 대한 학대.

그것이 곧 생존의 방치였다.

그 내면의 고뇌를 놓치고 막무가내로 어린애처럼 살다 갔다고 칭찬하듯 하는 말을 들을 때면 너무나 엇나가 당황스러워진다.

귀천

나 하늘로 돌아가리라
새벽빛 와 닿으면 스러질 이슬 더불어 손에 손잡고

나 하늘로 돌아가리라
노을 빛 함께 단 둘이서
기슭에서 놀다가 구름 손짓하며는

나 하늘로 돌아가리라
아름다운 이 세상 소풍 끝나는 날,
가서, 말하리라 아름다웠더라고…

인간 세상의 잡다한 것들에서 시선을 거두워버리고 인간의 근원적 문제를 다룬 시.

한시적으로 이 세상에 머물다 가는 존재, 이슬 같은 존재의 덧없음을 미화시키고 자연을 즐기는 신선의 삶을 그려낸 시라고 할 수 있겠다.

각박한 이 세상에 어떤 형태로든 물려 돌아가는 것에서 벗어나 소풍 나온 놈처럼 유유자적하는 태도로 세상을 살자하니 좋아하지 않을 사람이 누가 있으랴.

이 시가 수많은 대중들로부터 사랑을 받는 이유가 바로 거기에 있을 것이다.

언젠가는 죽어야 한다는 큰 명제를 간직한 존재.

그런 존재들이 별로 일 같지도 않은 사소한 것들에 얽혀 자유스럽지 못한 삶을 살고 있음을 깨달았다는 반증이기도 하다.

소풍 나온 듯 사는 것이 아니라 억척스럽게 살자고 했다면 아마도 많은 사람들로부터 사랑을 받지 못했을 것이다. 왜냐하면 이미 대부분의 사람들이 억척스럽게 살고 있으면서 기쁨이 없는 삶을 살고 있으니까 말이다…

위와 똑 같지는 않지만 위의 주조를 골자로 해서 문학의 밤 행사를 진행했고 간혹 분위기를 잡기 위해서 박수를 유도하거나 웃음보를 터트려 딱딱하지 않게 했다.

마무리부분으로 가서 천상병 시인의 일화들을 몇 가지 소개하고 나의 두 번째 시집에 들어있는 시를 세 편 낭송하고 나서 문학의 밤을 끝냈다.

문학의 밤은 사람들에게 인상적이고 보람 있는 시간이었던지 꽤나 많은 사람들이 개인적으로 찾아와 인사를 했다.

문학의 밤 행사를 하는 홀 옆 식당에 몽골 사진을 전시해둔 전시회장까지 둘러보고 나서도 사람들은 얼른 흩어져 가지 않았다.

사람들을 실망시키지 않았다는 것을 느낄 수 있었고 나 자신에게도 소중하고 귀한 시간으로 오랫동안 기억에 남아 있을 일이다.

쟈니 어머니의 죽음

죽음.

죽음처럼 적막하고 쓸쓸한 것이 어디 있을까?

아무리 불러도, 아무리 몸부림쳐도 차가운 냉기만 감도는 시체.

죽음이 있는 곳엔 쓸쓸함과 고요함만 감돌게 마련이다.

온 집안이 텅 비어버린 것 같은 집.

아래층 쟈니 어머니 방문이 열려있고 사람은 보이지 않는다.

혹시 병원에 갔나 하고 있는데 쟈니가 나타나더니 자기 어머니가 어제 밤에 죽었다고 한다.

흑인들의 얼굴에서 감정을 읽어낸다는 게 쉽지 않은 일이지만 눈엔 쓸쓸함과 외로움이 담겨 있고 담담한 표정을 지으려 애쓰고 있다.

흑인들의 사후관.

그들의 조상들이 아프리카 원시림에 살 때 가졌던 죽음에 대한 이해, 사후관은 무엇이었는지 이제 이들도 다 잊어버렸을 것이다.

이제는 그 당시 흑인들이 가졌던 사후관보다도 쟈니는 성실한 기독교 신자이기 때문에 자기 어머니가 하늘나라로 가셨다고 생각하고 있을 것이다.

이틀 전에 쟈니 어머니가 아무도 없는 빈집에서 배가 아프다고 해 약국에 가 소화제를 사다 주자 고맙다고 했었는데 죽었다니 믿어지지 않는 일이다.

건강한 사람도 혼자 있을 때 몸이 아프면 곤란스러운데 그동안 몸이 불편한 사람이 아무도 없는 집에서 혼자 지내는 것이 얼마나 고통스럽고 갑갑했을까.

그래도 쟈니가 효성스러운 아들이었으니 다행한 일이다.

누구나 한번은 가야 할 길.

생명이 있는 자이면 누구나 한번은 가야할 곳, 그 누가 피할 수 있으리.

항상 그 죽음은 우리 몸 안에 있으면서 시간을 재고 있는데 우리는 그것을 잊어버리고 아웅다웅하며 살아가고 있지 않는가.

죽는 그 순간이 찾아오면 아무 것도 소유할 수 없고, 반대로 죽은 자에게 나누어 줄 수도 없다. 살아 있을 때만이 줄 수도 있고 받을 수 있다.

시간이 지나면 후회해도 소용없는 것을…

나는 월남에서 죽은 자들에게서 확실하게 배운 것은 한번 죽으면 다시는 깨어나지 않는다는 것이었다.

제대한 후 한동안 내가 가까이 알고 있는 사람들 중에 누군가 죽으면 어떻게 하나 하는 노이로제에 걸려 긴장해서 살기도 했었다.

전쟁판에서 인간이 너무도 쉽게 죽는 것을 보고 생긴 노이로제였던 것이다.

몸이 불편하면서도 항상 명랑하고 유쾌했던 여인.

비록 휠췌워를 타는 장애인이지만 항상 상냥하고 친절했던 여인이었는데 그렇게 쉽게 죽다니… 사람의 생명이란 게 이렇게 허망할 수 있을까.

비록 장애는 있지만 그렇게 허약하지 않아 오래 살 것 같았는데…

친척들이 저녁이면 모이고 교회 목사도 방문해 쟈니를 위로했다.

장지는 쟈니네 친척들이 많이 살고 있는 노스캐롤라이나로 정했다는데 5일 동안을 쟈니가 다니는 교회에서 장례 기간을 갖고 노스케롤라이나에 가서 또 5일 동안의 장례를 치른다고 한다.

죽은 자와의 이별이 그리 간단치가 않았다.

장의사에서는 안내 팜프렛을 만들어 상가 집에서 사용하도록 하는데 그 팜프렛이 인상적이어서 여기 소개해 보겠다.

안내문 전면 중앙에는 쟈니 어머니의 밝은 모습의 사진이 들어 있고 탄생 표기를 sunrise 몇 월 몇 일로 죽음은 sunset 몇 월 몇 일로 했다.

그리고 장례식에서 통상적으로 쓰는 시 같은데 장성한 아들에게 남기는 시가 담겨져 있다.

TO MY GROWN-UP SON

My hands were busy through the day,
I didn't have much time to play
The little games you asked me to,
I didn't have much time for you.

I'd wash your clothes; I'd sew and cook,
But when you'd bring your picture book
And ask me, please, to share your fun,
I'd say, "A little late, son."

I'd tuck you in all safe at night,

And hear your prayers, turn out the light,
Then tiptoe softly to the door,
I wish I'd stayed a minute more.

For life is short, and years rush past,
A little boy grows up so fast,
No longer is he at your side.
His precious secreats to confide.

The picture books are put away,
There are no children's games to play,
No goodnight kiss; no prayers to hear,
That all belongs to yesteryear.

My hands once busy, now lie still,
The days are long and hard to fill,
I wish I might go back and do,
The little things you asked me to.

위의 시는 죽은 어머니가 다 큰아들에게 어렸을 때 많은 시간을 같이 해주지 못한 것에 아쉬움, 안타까움이고 옛날로 돌아 갈 수 있다면 예전에 함께 하지 못했던 시간들을 함께 하고 싶다고 끝을 맺는 시다.

죽은 자가 살아 있는 아들에게 애틋한 시 한편을 남기고 간다는 발상도 참 싱그럽고 이런 의식을 행하는 이들의 삶이 그렇게 각박하지 않음을 말해주고 있다.

죽은 자와 산 자간의 이별.

죽은 자를 떠나보내는 이들의 의식의 깊이와 순수함이 이방인에게도 전달되어 온다.

자본주의 최첨단의 나라인 미국에 이렇게 소박하고 인간적인 장례문하가 있다는 것에 경외감마저 든다.

쟈니 어머니의 남자 친구

쟈니는 자기 어머니의 남자 친구를 아버지라고 하지 않고 어머니의 남자 친구라고 소개했다. 부를 때도 "해리" 하고 이름을 불렀다.

이 해리라는 사람은 요리사라고 하는데 집에서 노는 날이 더 많았고 쟈니 어머니와 가끔 함께 있는 것이 눈에 뜨일 때도 있었다.

요리사인 남자친구와 한집에서 사는 쟈니 어머니가 해리에게서 음식을 얻어먹는 것을 한 번도 보지 못했다.

음식은 안 만든다 해도 가끔 주방이라도 정리를 해주면 좋으련만 그런 모습도 볼 수 없었다.

한 번은 쟈니에게 왜 해리는 집에서 요리를 하지 않는가 물어 보았더니 자신도 모르는 일이라고 했다.

그래서 우리나라 속담에 구두장사 아내 맨발로 다닌다는 말이 있는데 너네 나라는 요리사 식구들은 언제나 배가 고프다는 말이 있어야 하겠다고 했더니 쟈니만이 웃을 수 있는 그 특유의 웃음을 케케거리며 웃었다.

이제 쟈니 어머니가 죽었기 때문에 그가 집에 있어야 할 이유가 없어졌는데도 여전히 해리는 한집에 있었다.

여자가 죽고 난 후에 남자 친구와 아버지의 그 차이점이 무엇인지 모를 일이다.

해리는 쟈니 어머니의 여섯 번째 남자로 돈을 벌면 포커 놀음으로 돈을 다 날려버리는 위인인데 쟈니 어머니가 죽으면서 잘 돌봐주라고 유언을 남겼다고 했다.

마약

가끔 쟈니 큰아들이 집에 오면 “하이!” 하고 인사를 건넨다. 그러면 “롸잇” 하고 대답을 하고 나서 “아유 롸잇 미스터 킴!” 하고 꼭 되묻곤 해 심성이 착한 놈이구나 하는 인상을 받았다. 간혹 음악을 아주 크게 틀어놓곤 할 때는 아직 젊은애라서 기분을 풀려고 그러나 보다 생각했고…

그런데 이게 웬 일인가.

어느 날 밖에 나갔다 들어오는데 제 누이동생 방에서 누이동생 모자를 쓰고 거울을 들여다보며 씩 웃는 표정이 정상이 아니었다.

그러나 나를 발견하고는 여느 때처럼 “아유롸잇 미스터킴” 하고 인사를 했다.

그러고는 제 방으로 가더니 귀청이 떨어져나가게 음악을 크게 틀어놓고 위 아래층을 오르락내리락 하지 않는가.

“쾅쾅쾅” 갑자기 방문을 두들기는 소리가 나더니 “컴 아웃 컴 아웃” 하고 소리를 질렀다.

이게 웬 일일까…

문을 열고 나가자 그 사이 아래층에 내려가 밖에 대고 늑대우는 소리를 내기도 하고 인디안들처럼 소리를 지르더니 갑자기 현관 유리

문을 주먹으로 쳐 와장창하고 깨트렸다.

그러고나서 집에 설치 해놓은 비상 싸이렌을 작동시켜 요란한 소리가 온 동네를 시끄럽게 한다.

밖에 있던 화분을 들고 위 아래층을 오르락내리락하는데 평소에 보던 얌전한 애가 아니다.

어떻게 해야 할지 몰라 당황하다가 쟈니에게 전화를 걸었다. 그러나 전화를 받지 않아 메시지만 남겼다. 이럴 땐 어떻게 해야 좋은 걸까… 제 정신이 아닌 상태에서 나에게 대들면 어떻게 해야 하나 하는 걱정도 생기고 집에 불이라도 지르는 것은 아닐까 하는 온갖 걱정이 다 들었다.

나는 중요한 것들 몇 가지만 챙겨 밖으로 나갔다.

쟈니가 빨리 와야 할텐데… 그로서리에 나가 새로 바뀐 젊은 주인에게 사정 이야기를 했더니 자니도 자기 아들이 미약을 하고 있다는 것을 알고 있다고 한다.

그리고 내가 경찰을 부를까 했다가 안 불렀다고 했더니 잘했다고 하지 않는가.

경찰이 왔다가 애가 흥분해 말을 안 들으면 경찰들은 무조건 총을 쏘아버린다고 한다. 그러면 개죽음이라는 것이다.

시간이 조금 지난 후 쟈니가 혹시 집에 왔을까하고 와봤더니 쟈니가 와 있었다.

나를 보더니 전화를 해주어 고맙다고 했다. 아들놈은 언제 그랬냐 하듯이 조용해져 있었다. 그리고 쟈니가 시키는 대로 해 조금 전에 광기를 부리던 것이 꼭 거짓말 같았다. 마약을 하고 제 멋대로 하는 애라면 아버지가 뭐라고 하면 대들며 반항을 할텐데 전혀 그러지 않고 착한 소년 같이 얌전했다.

쟈니는 아들놈을 병원에 데려 갔다가 나중에 학교에 보낼 거라고 했다.

아들놈이 방에서 옷가지를 챙겨 현관으로 가져오자 차에 태워 어두워지는 거리로 사라져 갔다.

마치 꿈을 꾸고 난 것 같았다.

집 안은 조용해졌고 고요만 가득했다.

쟈니 아들은 병원에 갖다온 후로도 몇 번이나 마약을 해 그 때마다 병원을 데리고 다녔고 쟈니는 이웃 사람들에게 부끄럽다고 했다.

마약 중독자들은 밥을 안 먹기 때문에 살이 마르고 마약을 하지 않으면 병든 닭처럼 매가리가 없이 비실거린다고 하더니 쟈니 아들놈이 그랬다.

핏기가 없는 얼굴에 걷는 것도 간신히 걸었고 항상 쇼파에 누워 있는 시간이 많았다. 쇼파에 누워 있는 모습이 꼭 송장같이 보이고 사람 구실을 못할 것만 같았다.

이혼했다는 쟈니 마누라도 자기 아들이 마약을 하고 속 썩이는 것을 아는지 간혹 전화를 해 아들을 바꿔달라고 했다.

쟈니에게서 새로운 모습을 발견했다.

아들놈이 그렇게 반복해 속을 썩이는데도 큰소리치거나 때리지 않고 몇 시간씩이나 설득을 했다. 식탁에 앉혀놓고 타이르면 아들놈은 "유아롸잇" "유아롸잇" 하고 머리를 끄덕였다.

쟈니는 어떻게 하는 것이 좋은 아버지인가를 알고 있고 그것을 끈기 있게 실천하고 있었다.

지성이면 감천이라는 말이 맞는 말일까…

쟈니가 그렇게 인내심을 가지고 아들을 교육시키더니 아들놈이 드디어 마음을 바꾸어 먹기로 결심했나보다.

얼굴빛이 달라지고 행동이 달라졌다.

음식도 제대로 먹기 시작하더니 몸에서 활기가 생겼고 페인트를 사다가 혼자 페인트 칠도 하고 집 주위를 말끔히 청소도 하지 않는가.

나도 내일처럼 기쁘고 쟈니가 대견해 보였다.

좋은 아버지가 어떤 것인가를 행동으로 보여준 사나이다.

흑인들의 자녀 교육이 어떤가 하는 것을 알 수 있는 기회는 많다. 상가에서 아이들이 좋아할 장난감이 있어도 사달라고 조르는 아이를 보기 힘들다. 간혹 장난감을 만져보는 제 아이를 보게되면 부모들은 주의를 준다. 함부로 만지지 말라고… 장난감과 제 부모 얼굴을 번갈아 보다가 사주지 않을 것 같다하면 얼른 얼굴을 돌려버리고 만다. 때를 쓸 엄두마저 내지 않는 아이들이다.

한국 아이들처럼 때 쓰고 울고 하는 모습은 전혀 찾이 볼 수 없다.

TV프로

미국의 텔레비죤 프로는 다양하지만 그 중에서도 좀 특색 있는 프로는 아직 미혼모들이 자기가 낳은 아이를 데리고 나와 자기의 남자친구의 아이가 맞는가 아닌가 유전자 조사를 하는 프로일 것이다.

유전자 조사를 해서 남자친구의 아이로 판명이 나면 대개의 남자친구들은 결혼을 하겠다고 하고 자신이 아기 아빠가 아니라고 하면 남자가 기뻐 날뛰며 방송국을 나가는 장면을 볼 수 있다.

성이 문란하고 자유롭다보니 그런 문제를 공개적으로 방송국에서 하는 것이 하나의 오락물이 되어 시청자들을 붙들어 놓는 사회라고 할 수 있겠다.

그런가 하면 삼각관계의 사람들을 등장시켜 서로 연적과 온갖 상소리를 주고받으며 말다툼을 벌이는 장면도 볼 수 있다. 옛날 애인이 보는 앞에서 새 애인과 키스를 열정적으로 해 사람의 오장을 뒤집어 놓기도 한다.

바로 며칠 전까지만 해도 애인 사이였는데 새 애인을 바로 앞에서 끌어안고 키스를 하니 가만히 있을 수 없어 흥분을 참지 못하고 상대방을 잡아 죽일 듯 달려드는 게 다반사다.

그래서 방송국에서는 덩치 큰 남자들을 대기시켜 서로 가까이 접근하지 못하게 하면서 프로를 진행시킨다.

원 세상에 참 별난 프로도 다 있지…

한참 흥분해 날뛰다 울기도 하고 웃옷을 들어올려 자신의 젖가슴을 다 들어내 보이며 상대를 야유하는가 하면 심한 경우에는 옷을 다 벗어버리기도 하는 것이다.

이런 사람들을 어떻게 섭외를 하는지… 무엇 때문에 이런 프로를 방영하는지 이해가 안 갈 때가 많다. 아마도 당사자들은 돈을 몇 푼 준다고 하니까 나오는 것이 아닐까.

섭외과정에서 서로 어느 정도 내막을 알고 나오는 것이겠지만 막상 연적이 나타나면 흥분하여 못 견디는 것이었다.

남자에게 새 여자가 생긴 경우가 있기도 하고 반대로 여자에게 새 남자가 생긴 것을 알고 황당해 하는 남성들도 있다.

남이 모르게 당사자들끼리 풀어야 할 감정을 여러 사람이 보는 데서 적나라하게 펼쳐 보이는 사람들.

어색한 것도 없고 부끄러움도 없는 표정들이다.

여러 유형의 인간들이 나와서 감정을 쏟아 붓는 것을 보고 간혹 방청객들 중에서 가만히 있지 못하고 참견하기도 한다. 제 마음에 안 드는 사람에게는 비아냥거려 화를 돋구어 놓기도 해 방청객과 출연자 간에 감정싸움으로 변해 방청객과 말싸움이 벌어지기도 했다.

이혼법정

이혼하려는 부부들이 서로의 주장을 늘어놓는 이혼 법정을 공개하는 것도 특색 있는 TV 프로일 것이다.

재판장은 엄숙하기보다 동네 사랑방 같은 분위기이고 여판사는 마치 입심이 쎈 수다장이 아줌마같이 생긴 흑인 여성이 온갖 표정을 지어가며 두 사람의 주장을 경청하다가 수다를 떨면 재판정 안은 웃음바다가 되곤 했다.

이혼하려는 부부들도 서로 따발총을 쏘아대듯 열을 올리다가 웃음을 침지 못하고 웃이대는 비람에 심각히던 분위기가 풀리고 서로가 좋은 감정으로 변하게 하는 경우도 생기곤 한다.

이혼 법정을 공개하기도 하고 생활 속에서 일어나는 사소한 시비를 공개하는 텍사스 법정이라는 TV프로도 있다.

방송파가 개인들의 사생활에 관여하는 요소도 있다고 할 수 있겠지만 생활 속에서 흔히 일어 날 수 있는 일들을 일반에 공개 해 사회적 소모를 막는 기능을 도모하고 있다는 것을 느낄 수 있다. 사생활이라고 할지라도 이미 사회적으로 일반화된 일들이어서 사생활 보호라는 의미를 부여하기에도 그 가치가 별로 없다고 판단되기 때문에 공개가 가능 할 수 있을 것이다.

또 한 가지 한국과 대조되는 것은 연속극을 방영 할 때 하는 광고를 한국에서는 드라마를 시작하기 전이나 끝나고 나서 하지만 이들은 한창 연속극을 하는 중간에 하기 때문에 한창 감상에 젖어 있다가 찬

물을 맞는 기분이다.

시청자들의 기분보다도 광고가 우선이라는 것을 은연중에 내보이는 것으로서 상품이 인간보다 우위에 있음을 공공연하게 세상에 선언하는 것이나 마찬가지다

아무리 장사 속으로 한다지만 너무나 얌체 같다는 생각을 지울 수 없다.

부시 대통령의 비판

요즘 한국에서 일어나는 반미 운동에 대한 우려를 하는 사람들을 많이 만나게 된다.

그런 사람들 대부분이 맹목적 친미주의자인 경우가 많다. 그들이 내세우는 반미에 대한 불만적인 이유는 6.25때 우리를 도와준 혈맹인데 어떻게 반미를 할 수 있단 말인가 하는 것으로 요약된다. 그들에게 근본적인 반미를 하는 것이 아니라 미국이 행하는 정책에 대한 반대라고 아무리 설명해도 끝까지 반미로 규정지으며 못마땅하다는 표정을 지우지 않는다.

내가 같이 살고 있는 집 주인 흑인 쟈니에게 부시를 어떻게 평가하느냐고 물어보면 부시는 형편없는 사람이라고 서슴없이 말하며 그는 학창시절에 마약까지 했던 사람인데 어떻게 대통령까지 됐는지 모르겠다고 한 수 더 뜨곤 한다.

크린톤은 스켄들을 이르켜 문제가 되곤 했지만 훨씬 정치를 잘했다고 평가를 내리며 크린톤의 여성 편력은 개인 문제로 돌리곤 하는 것이다.

그리고 한국에서 보내준 "말" 이라고 하는 잡지를 들고 워싱턴

디시 한복판에 있는 유니온 스테이숀에 나갔다가 충격적인 말을 듣기도 했다.

2003년 11월호에 내가 쓴 기사가 실려 있어 친지가 보내 준 것인데 책표지에 부시 대통령과 럼스필드 장관의 얼굴이 들어 있는 것을 보고 옆에 앉아 있던 백인들이 인상을 찌푸리며 왜 악마들의 얼굴이 들어 있는 책을 가지고 다니는가하고 불만을 터트렸다.

같은 미국인들도 자기가 좋아하는 정치인과 정책이 있고 거기에 따른 불만이나 지지를 보내는데 남의 나라 사람으로서 오직 혈맹이라는 이유만으로 무슨 일을 하던 지지만 해야한다는 논리는 너무 비굴하다는 생각이 들지 않을 수 없다.

자주 독립국가로서 도움 받은 것에 대한 고마움은 고마움이고 정책에 대한 지지나 반대는 별개의 문제로 생각하는 의식을 가지는 성숙된 자주적 민족이 될 때도 된 것이 아닌까…

독립 기념일

미국이 1776년 7월 4일 선언한 독립 기념일은 단순한 형식적 기념 행사로 그치는 것이 아니라 우리나라의 정월 초하루 같이 민중 속에 살아있는 명절날이기도 하다.

그래서 장사하는 사람들은 년 중 가장 장사가 잘되는 대목 날로 꼽고 있다.

독립 선언서에 특기할 만한 항목은 국민을 폭압하는 정권에 대해서는 혁명을 이르켜도 된다는 문항일 것이다. 이것은 다분히 영국 정부를 의식한 항목이겠지만 미국인들의 자유에 대한 의지를 표방한 것이라 할 수 있을 것이다.

7월 4일은 바로 미국의 독립 기념일이라는 사실을 알고 난 후 박정희 전 대통령 시절의 7.4 남북 공동 성명의 의미를 새겨보며 나는 실로 놀라운 사실을 발견했다.

왜 하필이면 미국의 독립 기념일 날 남북 공동성명을 발표했을까?

박 전 대통령은 미국에게 어떤 메시지를 전달하려 했을까?

우리는 요즘 보수단체에서 친북적인 사람들이 반미를 한다고 비판을 가하고 있는 것을 볼 수 있다. 그러나 보수단체가 박 전 대통령 당시에는 친북적이고 반미를 한다고 비판하기보다 자주국방이라고 박 전 대통령을 옹호했었다. 똑 같은 사안인데도 누가 하느냐에 따라 평가가 달라지는 것이다.

개혁 세력들이 북한과 대화를 하면 친 북이고 반미로 몰아 부치며 색깔 공세까지 가하는 것이다. 이런 이중적 잣대를 가지고 있는 보수단체들의 의식은 도대체 무엇인가?

박 전 대통령은 7.4 남북 공동성명 뿐만아니라 이휘소 박사를 통해 원자탄을 가지려 한다는 의심까지 받고 있었다. 박 전 대통령만큼 미국에 대하여 노골적으로 반항한 사람도 없을 것이다. 그래서 미군들이 대량으로 철수하기도 했지만 어떤 언론도 반미를 하고 친북을 한다고 비판하지 않았었다. 모두가 용비어천가를 부르듯 그를 지지했었다.

누가 하든지 국가와 민족을 위한 일이라면 힘을 합치고 지혜를 모아야 할 것이다.

똑 같은 일인데도 자기가 하면 애국이요 남이 하면 비판을 일삼는 그런 관념적 애국주의에서 하루 빨리 벗어나야 할 것이다.

북한 인권의 날

북한의 인권이 문제가 되는 것은 하루 이틀이 아니다.

탈북자들이 전하는 것들 말고도 여러 경로를 통해서 그들의 실상이 온 세계에 알려지고 있는 실정이다. 그래서 그들의 인권에 대하여 말이 많았던 것도 사실이다.

왜 그들의 인권에 대하여 침묵하고 있는가! 하고 우리 내부에서도 곧잘 터져 나왔던 말이다. 그러면 거기에 대하여 반박하는 말들은 우리가 언제 인권이 있었던가 군사독재시절 그렇게 많은 민주 인사들이 탄압 받고 인권이 무너져 있을 때는 가만히 있더니 왜 북한의 인권에는 관심이 그렇게 많은가 하고 그 의도에 대하여 다른 암수가 깔려있는 것으로 의심을 하기도 한다.

실제로 미국에서 북한의 인권의 날이 제정되도록 미국의 공화당 의원들을 찾아다니며 로비를 벌이는 극우 보수 교민단체가 있어 그것이 가능했다고 한다.

보수 교민단체 임원이 북한의 경제적 어려움에서 발생되는 문제들까지 인권문제로 결부시켜 인권문제의 심각성을 말하는 것도 들었다. 먹을 것이 없어 이제 막 태어난 어린아이를 그 자리에서 죽이는 일도 비일비재하다는 것이었다.

그래서 그 인권들이 제대로 지켜지지 않으면 어떻게 할 요량으로 인권의 날을 만들었는가 하고 인권의 날을 반대하는 단체에서 물었을 때 어물어물 넘기던 그 극우보수 단체의 핵심맴버의 태도는 너무도 무책임한 것이었다.

북한 당국자들이 북한 인민들의 인권에 대해 제대로 처리하지 않으면 미국에게 북한을 공격하라고 할 것인가 하고 물으니 꼭 그렇지는 않다고 어물거리며 넘어갔다.

그 자리에 여러 사람이 많이 있었기 때문에 그렇게 얼버무리며 넘어갔다고 생각하지 않을 수 없다. 대개의 보수적 성향의 사람들은 북한과 무슨 놈의 대화냐 무조건 때려부셔야 한다고 하는 사람들이 대부분이었으니까. 뿐만 아니라 노무현 정부는 남로당 정부라든가 남한이 전부 빨갱이로 넘쳐난다고까지 한다.

N.A.K.A라고 하는 단체는 북한 인권의 날에 대하여 반대를 하는 단체다.

미국에서도 교포들 간에 극우 보수단체와 진보적 성향의 단체간의 생각들이 극과 극이었다.

N.A.K.A라고 하는 단체에서 북한 인권의 날에 대하여 반대하는 이유는 이제 겨우 남북간에 평화적 대화를 해 가는 마당에 왜 그들을 자극할 법을 만드는가하는 것이다.

그래서 미국이나 남한이 북한과 대화를 하는 중에 부작용이 생기지 않을까 하는 우려와 내정간섭이라는 빌미를 줄 수도 있기 때문이다.

경제적 이유까지 인권과 결부시킨다면 아이엠이프를 겪을 당시 내가 한국에서 봉사하러 다니던 단체에서 본 것들도 상당히 심각한 것이다. 자기 주민등록증도 없는 사람들이 그렇게 많은 것도 처음 알았고 아이를 내다 버리는 사람들이 너무 많아 봉사 요원들이 다 돌보지 못할 지경이었다. 천주교 재단에서 학교까지 설립해 그 아이들을 고등학교까지 가르치고 있는 것도 처음 알았다. 도대체 정부는 무엇하고 있는가! 흥분했던 기억도 있다.

남의 인권을 말하기 전에 우리 안에 인권도 아직 다 안 되고 있다는 사실을 잊어서는 안 될 것이다. 북한에 탈북자가 있듯이 남한에서는 어떻게든지 미국으로 들어갈려다 붙잡히는 불법 밀입국자가 하나 둘이 아니어서 거의 매일 미국의 신문에 보도되고 있다는 사실을 알아야 할 것이다.

뿐만 아니라 아이를 미국에서 출산하겠다고 미국으로 가는 임산부는 얼마나 되는지 알 수 없는 일이다. 만약에 미국이 무한정으로 비자를 내준다면 남한의 얼마나 많은 사람들이 미국으로 갈는지 모를 일이다. 탈북자가 있듯이 남한에도 기회만 있으면 미국으로 갈려고 하는 사람들이 많다는 것을 어떻게 설명할 것인가.

탈북자만 가지고 북한에 대하여 우월감을 가질 일이 아님을 일깨우는 우리의 현실이다.

노점상

백악관에서 몇 백 미터 떨어지지 않은 곳에 노점상들이 즐비하게 있다는 것도 미국적인 요소가 아닐까 생각된다. 아마도 한국 같으면 꿈에도 생각 못할 일이 아닐까…

그것도 각계 각층의 소수민족들이 대부분인 노점상들.

그 노점상들이 겉보기와는 달리 수입이 꽤 짭짤한 것으로 알려져 있고 노점 행상을 할 수 있는 권리금이 한국 돈으로 치면 억대가 넘어간다고 한다.

노점상을 하는 사람들 상당수가 한국 사람인데 한 사람이 자동차를 십여대 소유하고 있는 사람도 있다고 했다. 세계를 좌지우지하고 있는 국가의 중심, 그리고 대통령이 있는 백악관이 가까운 곳에서 한국 사람이 자동차 행상을 하며 가지고 있는 자부심도 대단했다.

같은 거리라도 장사가 잘 되는 곳이 있고 안 되는 곳이 있어 그것도 공평하게 하기 위해 장사하는 날마다 전을 펴는 자리가 다르다고 했다. 서로 돌아가며 장사가 잘 되는 자리에서 장사를 할 수 있도록 했다는 것이다.

서로 피가 다르고 민족이 다른데도 없는 자들에 대한 배려가 이러할 진데 입만 벌리면 백의민족이라며 단일 민족으로 사는 것을 떠벌리면서도 없는 자들이 길거리에 나서서 먹고 살겠다고 하는 것을 끈질기게 쫓던 한국의 현실이 떠오른다.

9,11사건이 있고 나서 경계가 심해지긴 했지만 서민들이 먹고 살아가는 일에는 아무런 영향이 없다는 것이었다. 그런 대형사고가 난 후 안전을 위해서도 백악관 근처에서의 상행위는 근절돼야한다는 논리가 성립되어 노점상들이 백악관 근처에는 얼씬도 못하게 할 것 같지만 그렇게 하지 않고 끝까지 없는 자들, 서민들을 보호하는 이들의 정신이 있기에 오늘날의 미국을 가능케 하지 않았을까.

노점을 하는 한국인이 "아휴 한국 같으면 어림없는 일이지 어떻게 청와대 근처에서 우리 같은 놈들이 노점상을 하겠어요. 아무리 미국 놈들이 어쩌네 저쩌네 해도 어떻게 애내들을 쫓아오겠어요 시에서 나오는 공무원들도요 여기 나와서 음료수 한 병 안 먹어요. 오히려 어떻게든지 도와줄려고 하고요. 바람 불고 비 올 때면 늘어놓은 것들 치우는 거 다 도와주고 그래요. 아마 한국 같으면 매일 나와서 뭐 뜯어먹을 거 없나 하겠지요. 애들은 안 그래요" 자신도 한국에서 대학을 졸업하고 공무원 생활을 하다가 왔다는 노점상의 말이 머리 속까지 파고들며 공감을 일으킨다. 한국의 문제는 곧 공무원들의 문제라고 해도 과언이 아니기 때문이다. 열심히 일하는 공무원들도 있지만 너무도 공무원 자질이 없는 사람들이 많기 때문에 일 잘하는 사람들도 도매금으로 넘어가는 것이다. 충청도 지방에 취재하러 갔다가 들은 말은 더 충격적이었다. 대한민국은 말단에서부터 윗대가리까지 싹 바뀌어야한다고 한탄을 하던 힘없는 백성의 탄식… 힘없는 백성이 담당 공무원을 찾아가 아무리 하소연을 해도 소용이 없는 사회… 답답한 가슴을 치면서 어데 찾아 갈 데도 없는 백성들 모습이 백악관 앞 노점상의 얼굴에 오버랩되며 우리의 현실을 생각게 한다.

미국인들이 공무원들에게 갖는 권위 의식은 백악관이라거나 공무원이라고 권위를 부리지 않고 오만을 떨지 않는 데서 권위가 생성됨을 할 수 있다.

권위를 부리지 않는 데서 나오는 권위가 진정한 권위임을 깨닫게 해주는 것이다.

농부들의 장날

워싱턴 디시 한복판의 길을 막고 농부들과 시민들 간에 직거래를 할 수 있도록 하는 것도 눈에 띄는 대목이다.

워싱턴 디시 7가, D스티리트와 E스트리트 사이의 길을 막고 매주 한 번씩 농부들이 물건을 팔고 있다.

우리나라로 말하자면 종로나 을지로의 길을 막고 장사를 하는 셈이다.

우리도 항상 농부들과 소비자들 간의 직거래를 말하지만 이렇게 파격적으로 시내 한 복판 길을 막고 하는 것은 보지를 못했다.

농부는 유통 과정을 거치지 않고 바로 소비자에게 물건을 파니 값을 더 받을 수 있고 소비자는 유통과정의 과도한 마진이 붙지 않은 가격으로 물건을 사니 비싸지 않아 서로 좋은 것이다.

농부와 소비자들 간의 만남의 장소를 마련할 수 없어 못한다는 생각이 얼마나 허황된 것인가를 워싱턴 디시의 실천적 행정에서 찾아 볼 수 있다.

이리저리 핑계를 대며 꼭 해야 할 일을 하지 않는 것은 직무유기나 다름없다.

정부가 있는 것은 국민들을 위해서 있는 것이지 국민들에게 대우받고 권위를 부릴려고 있는 것이 아니다.

이래서 못하고 저래서 못하고, 못하는 이유를 대는 공무원이 아니라 이러저러한 속에서도 이렇게 한다라는 정신을 보여주는 공무원이 곧 국민들을 위한 공무원이요 행정일 것이다.

시내 한복판의 길을 막고 시민과 농부들의 만남을 성사시키는 워싱턴 디시의 발상은 파격적인 발상일 뿐만 아니라 국민을 위한 것이라면 어떻게 해서라도 한다는 정신이 있음을 보여주는 것이 다.

17년 매미

평소 알고 지내던 매릴랜드 대학의 램시 교수에게 오랫만에 전화를 했다.

간단한 인사가 끝난 후 램시 교수는 올해 17년 매미가 나타나는 해이니 매미를 주제로 글을 써보라고 했다.

우리나라에서는 해마다 여름이면 매미가 나타나 나무 그늘에 누워 매미 소리를 자장가 삼아 오수를 즐기곤 하는데 미국에서는 매미가 17년 만에 한 번씩 나타난다니 신비하다는 생각이 들었다.

그리고 17년 전에 매미소리 때문에 괴로움을 당했다는 말을 듣고 호기심이 동해 매미가 나타나기를 기다렸다.

17년 매미는 6월초에 나타나 6월말까지 살다가 사라진다고 했다.

램시 교수한테서 그 말을 들은 지 며칠 되지 않아 정말 매미들이 나타나기 시작했다. 애벌래 상태로 땅 속에서 기어 나와 무엇이던지 본능적으로 타고 올라갔다. 세워 둔 자동차 바퀴에도 올라가고 나무나 풀잎, 전주대에도 기어올라가 허물을 벗었다.

애벌레 상태에서 목덜미 뒤쪽으로 머리를 먼저 내밀고 나오기 시작하는 매미의 모습은 하얀 색깔을 띄고 있었다. 몸을 최대한 뒤로 젖히며 빠져나오다 거의 다 나왔다 싶으면 몸을 다시 앞으로 숙이고 앞다리로 허물을 잡고 있었다. 온몸이 하얀 색인데 눈만 빨간 색인 것이 왠지 정감이 가지 않는 생물이다. 시간이 가면서 엷은 회색빛으로 변하는 매미들이 주변을 뒤덮기 시작하는데 그 숫자가 너무 많아 공포감마저 들 정도였다.

허물을 벗는 과정에서 잘 못 자리를 잡고 허물을 벗다가 땅에 떨어져 죽기도 하고 몸이 다 못 빠져나온 상태에서도 죽었다. 허물을 벗으려 준비하는 놈 위로 기어올라가 자리를 잡은 놈 때문에 밑에 깔린 놈은 세상 구경도 못하고 죽기도 했다.

뿐만 아니라 새들의 먹이가 되어 죽기도 하고 고양이나 개들도 매미를 잡아먹고 다람쥐들도 매미를 먹었다. 심지어 사람들까지 매미 요리가 별미라고 고급 식당에서 요리로 만들어 판다고 광고를 내기도 했다.

잔디밭이나 나무들, 아스팔트길까지 온통 매미들로 뒤덮여 온 세상이 그야말로 매미 세상이 되고 말았다. 그리고 이 매미들이 24시간 울어대 마치 유령들이 사는 세상이 되어버린 것 같았다.

매미들이 그렇게 울어대는 것은 수놈이 암놈을 만나기 위해 울어대는 것이라는데 정말 그 소리가 대단했다.

매미 때문에 실없는 사색의 시간을 갖지 않을 수 없었다. 왜 17년에 한 번씩 나타나는 것인가… 땅 속에 있는 놈들이 어떻게 17년이 되었다는 것을 알고 나오는가… 참 오랫동안 생각에 잠겨보았지만 그 이유를 알아내지 못했다.

워싱턴에서의 이별

퍽퍽하고 아무 맛도 없는 햄버거를 씹으며 외로움을 달래던 시간도 이제 끝을 내야 할 때가 되었다.

고맙게도 두 세 군데서는 영주권을 내줄 테니 같이 있자고 제의도 해 주었지만 웬지 한국으로 오고만 싶었다.

아마도 향수병이 도졌는지도 모를 일이다.

월남에서 경험한 바로는 해질 녘이 되면 우울해지고 마음이 안정이 안 되어 술을 마시곤 했었다.

이제는 술을 많이 못 마시게 되어 약한 포도주를 마시며 혼자 있는 시간을 달래기도 하고 영어를 뇌에다 입력시키겠다고 라디오를 켜놓고 생활을 하지만 공허하기만 했다.

왕복 항공권은 일 년 오픈이 아니어서 한국 여행사로 보내 처리를 해달라고 했는데 티켓을 못 받았다고 하는 바람에 비행기 티켓 살 돈을 만드느라 애를 먹기도 했다.

워싱턴에서 한국으로 바로 가는 직항로보다 값이 싸다는 노스웨스트 항공권은 뉴욕에서 출발해 디트로이트로 가서 동경 행을 바꿔 타고 동경에서 또 한국행으로 바꿔 타야 한다.

시간이 급하지 않은 사람은 이용 할만하기도 하고 뉴욕을 둘러 볼 겸 뉴욕으로 출발하기로 했다.

평소에 알고 지내던 분들과 그냥 헤어지기가 아쉬워 애난데일에 있는 바다횟집에서 간단하게 저녁 식사를 했다.

대부분의 교포들이 먹고사는 문제에 매달려 세상 돌아가는 것에 관심 없이 살아가는 것에 반해 미국의 현실이나 한국의 현실에 항상 관심이 많은 분들이었기에 자연 세상 돌아가는 이야기들이 나왔다.

미국에서도 신문의 편집권이 완전히 보장되어 있지 않다고 한다.

대부분의 유력 신문들의 사주가 유대인들이기 때문에 유대인들의 이익을 대변하는 쪽으로 신문의 논조가 흐른다고 한다.

뉴욕에서 발행되는 뉴욕 타임스가 워싱톤 포스트보다는 좀 낳은 편이긴 하지만 그 신문에 고정 칼럼을 쓰는 사람이 한 번도 제 마음대로 칼럼을 써보지 못했다고 고백하는 기사를 보았다고 한다.

이런 말을 들으면 충격적이지 않을 수 없다.

모든 자유가 보장되는 것으로 알고 있는 미국에서 이런 일이 벌어지고 있다니 믿기지 않는 일이다.

그러나 자리를 함께 한 사람들 모두가 맞는 말이라고 하니 당황하지 않을 수 없다.

월드 트레이드 쎈타가 빈 라덴에 의해서 붕괴되고 즉시 부시가 빈 라덴을 응징하겠다고 나서면서 부시의 인기가 상승한 것도 따지고 보면 언론의 역할이 컸다는 것이다.

다른 나라 같으면 그런 일이 생겼는데 어떻게 대통령 인기가 상승될 것인가 하는 의문이 들지 않을 수 없다.

우리나라에서 그런 일이 생겼다면 인기가 올라가기는커녕 국가 안보를 어떻게 했길래 그 모양이냐고 대통령 자리에서 쫓겨났을 것이다.

한국의 유력 언론이 특정 지역이나 특정 정당을 대변하는 것이나 별 차이가 없는 일이다.

중동 지역의 문제가 미국의 심장부로 옮겨져 미국 시민들이 그렇게 많이 죽었는데도 대통령 인기가 올라가는 나라, 쉽게 이해가 되는 일인가.

미국의 막강한 힘으로 빈라덴을 비롯해 무슬림 국가를 혼내 줄 것을 요구하고 그것을 당연시하는 언론에 미국인들이 반응하는 것.

바로 언론에 의해 조작되는 미국인들의 의식을 감지 할 수 있다

미국은 유대인들을 위한 대리전을 치르고 유대인들의 영향력에서 벗어날 수 없다는 것이다. 금융이나 정치, 농업, 언론 모두를 유대인들이 장악하고 좌지우지하는 현실이 그것을 증명하고 있다.

다음은 교포 신문에 소개된 시온 의정서라는 것인데 얼마나 유대인들이 세계를 향해 고도의 전략을 쓰고 있는가를 알 수 있는 문건이다.

시온 의정서

◎ 자유와 평등사상을 바탕으로 해
개인주의를 새로운 가치관으로
확산시켜 국가 체제나 민족에
대한 귀속 의식을 약화시킨다.

◎ 비 유대 국가들을 끊임없는
분쟁에 몰아넣어 스스로
국력을 소모케 한다.

◎ 유대인이 수완을 발휘하는
금융 투기 분야에 각 국이 몰입하게
만들어 각국 경제를 약화시키며
이러한 상황이 확대될 때
대규모 국제 공황을 연출한다.

◎ 시각 교육을 조직적으로
보급시켜 인간으로 하여금
이를 탐닉하게 하여 사색력을
마비시킴으로서 건전한
행동으로부터 멀어지게 만들어
다루기 쉬운 동물로 개조한다.

◎ 이상의 전략을 효과적으로
수행하기 위해서는 매스컴과
재력을 적극적으로 활용한다.

위의 시온 의정서를 읽고 나면 생각이 좀 있는 사람들은 많은 사색의 시간을 갖게되리라 생각된다. 세상 돌아가는 것이 이미 시온 의정서대로 움직이고 있었지 않았나 하는 생각 때문에…

얼마나 집요하고 교묘하게 세계를 조종하고 있는가…

세계의 중심은 유대인이 되고 나머지는 그들의 노예가 되어야하는 고도의 프로그램이 작동하고 있음을 감지하는 사람들은 모골이 송연할 것이다.

결국 미국을 조종하는 세력은 유대인이고 미국의 영향력 밑에 있는 국가들은 유대인들의 영향력 하에 있다는 결론이다.

미국의 실체는 무엇인가?

미국의 유명한 사람들 중 많은 사람들이 유대인이란 사실을 숨기며 살고 있다.

미국을 움직이는 사람들.

그들 대부분은 유대인이란 사실, 우리는 그것을 간과해서는 안 될 것이다.

자유의 여신상

미국의 상징이기도 한 자유의 여신상.

오른손에는 횃불을, 왼손에는 독립 선언서를 들고 있는 상으로 불란서에서 미국의 독립 기념을 위해 만들어 선물한 여신상.

1789년 일어난 불란서 혁명은 불란서뿐만이 아니라 전 세계인들에게 자유란 추상적 개념을 현실 속으로 끌어다 보여준 사건이기도 하다.

왕이나 국가 조직에 대하여 한 개인이 자유로울 수 있다는 것은 상상 속에서나 가능했던 일.

그러나 그 개인들이 모여 왕이나 국가 조직에 반항해 시민으로 새롭게 탄생한 사건이기도 하다.

봉건 영주시대를 마감하는 역사적 사건.

루이 16세는 탕플 감옥에서 루소나 볼테르를 원망했고 종이와 잉크를 원망하는 시대가 온 것이다.

시민을 일깨우는 사상가들이 책을 만들어 배포하는 것을 보고 나폴레옹은 책이 세상을 지배한다고 했고 볼테르는 교육이 인간을 해방시킨다고 했다.

그리스 시대와 로마시대를 거치며 자유와 평등이 논의되었지만 이렇게 개인을 자유롭게 하지는 못했다.

신의 피조물이란 지위에서나 권력에 의한 예속적 관계를 벗어나는 개인들은 새로운 경험을 하고 있는 시대라고 해야 할 것이다.

어떠한 개인이 되는 것이 바람직한 것인가.

세속의 모든 것에서 벗어나 신이 되 보겠다고 나서도 누가 뭐랄 사람은 없다.

자유로운 경제활동이나 존재에 대한 스스로의 만족을 찾는 일은 개인의 자유 속에 두어지고 있지만 궁극적 목표가 무엇이어야 한다고 제시되거나 설정되어 있지는 않다.

자유로운 활동을 한다고 하면서도 불안하고 어떤 확신이 없는 개인들이 너무나 많은 것이 현실이다.

자유.

자유를 찾기 위한 피투성이의 얼굴과 자유를 쟁취한 후의 불안한 얼굴.

두 개의 얼굴이 양면에 있어야 한다는 듯 자유의 여신상의 얼굴은 쏟아지는 비에 가려 제대로 보이지 않는다.

푸른 물결이 출렁이는 바다를 바라보며 뉴욕 항에 있는 자유의 여신상.

비바람이 불어 자유의 여신상 가까이 가지 못하고 자유의 여신상에 딸린 자유공원에서 바라보며 조심스럽게 사진을 찍었다.

빗물이 카메라로 들어가지 않도록 옷을 머리 위까지 끌어 올려 카메라를 덮어가며 사진을 찍는데 잘 나올까 걱정이다.

궂은 날씨 때문인지 주차장도 텅 비어있고 사람들도 보이지 않는다.

자유의 여신을 보기가 그렇게 쉬운 일이 아니라는 듯…

자유가 거저 얻어지는 것이 아니라는 듯…

피의 대가를 치르지 않고 자유를 얻은 민족은 이 세상에 없을 것이다.

자유.

오늘날의 인류가 누리고 있는 자유.

그 자유를 누리기 위해 인류가 치른 희생은 얼마나 컸고 자유를 위해 싸운 역사가 없다면 그 역사가 얼마나 보잘 것 없을까…

인간들이 발견한 가치 중에 자유만큼 큰 것은 없을 것이다.

자유와 평등.

자유가 없는 생명, 평등하지 못한 사회는 인간이 살 수 없는 세상이다.

정신적, 육체적인 자유와 물질적인 평등이 이루워진 사회.

그런 세상에서 살다가 죽어도 어차피 죽는다는 불쌍한 존재들이다. 언젠가는 죽어야 할 존재들, 그 존재들이 살아있는 동안 인간답게 살다가 죽도록 만들어진 사회를 꿈꾸는 것이 그렇게 어려운 일일까.

맨하탄

뉴욕은 원래 네델란드가 뉴 암스텔담이란 지명으로 식민지를 설립했는데 1664년 영국이 무력으로 네델란드인들을 몰아내고 뉴욕이란 이름으로 개명한 역사를 간직한 곳이다.

처음 뉴욕에 떨어졌을 때 전화번호가 바뀌어 연결이 안 되던 이종사촌 동생과 연결이 되어 이번에는 호강하며 뉴욕을 둘러보게 되었다.

그것도 자동차를 타고 뉴욕 거리를 여기저기 돌아다니는 호사를 누리게 됐다.

빌딩이 숲을 이루고 있다는 말을 들었을 때 그 말이 실감이 나지 않았지만 막상 와보니 그 말이 맞는다. 멀리서 보면 빌딩 하나하나를 볼 수 없고 가까이 오면 빌딩의 꼭대기 끝이 제대로 보이지 않았다.

몇 층이나 될까 세어보면 평균 30-40층이었다.

워싱턴은 양반들이 사는 동네라는 말을 수 없이 들었는데 그 말이 괜한 말이 아니로구나 하고 실감이 된다.

자동차들이 양보를 하지 않고 틈만 있으면 끼어들었다.

차를 몰고 나왔다가 핸드백이나 가방을 곧 잘 잃어버리는데 대개가 야바위꾼들에게 걸리는 경우라고 한다.

차 밖에 돈을 떨어트려 놓고 빈틈을 노려 반대쪽에서 다른 놈이 들고튀기도 하고 멀쩡한 자동차 바퀴를 펑크가 났다고 해 내려가 보는 사이 옆에 있던 놈이 들고튄단다.

그야말로 눈감으면 코 베어 간다는 말이 맞는 도시다.

한 낮이면 사람들이 바글거리다가도 밤이 되면 가난한 흑인들만 남아 딴 세상이 되는 도시.

밤과 낮이 다른 두 개의 얼굴을 한 도시.

Hudson강과 East강에 둘러싸여 세계적인 자연 경관을 자랑하는 도시이기도 하다.

맨하탄을 처음 식민지로 개척한 사람은 벨기에 사람.

전설에 의하면 Canarsee 부족에게 25불에 상당하는 연장과 옷가지를 주고 구입한 땅이라고 한다.

1705년 영국의 영토가 되어 앤 여왕이 자기의 사촌을 첫 통치자로 임명하였고 미국 혁명 기간에는 영국이 불 태웠지만 미국인들은 새로운 국가의 수도로 정해 초대 대통령 죠지 워싱턴은 연방정부 테라스에서 대통령 선서를 하기도 했다.

워싱턴으로 수도를 옮기기 전까지 미국의 수도였던 역사와 미국의 긍지가 살아있는 도시.

그러한 도시에 있던 트윈 빌딩. 미국을 상징하기도 했던 월드트레이드 쎈타가 무너졌으니 미국의 자존심이 무너지고 미국의 안보가 의심받게 된 것은 당연한 일일 것이다.

월드 트레이드 쎈터

월드 트레이드 쎈타의 잔해를 치우는 동안 뉴욕은 악취 때문에 사람이 살수가 없었다고 한다. 시신 썩는 냄새를 맡으며 살아야 했던 뉴욕 시민들의 기분은 어땠을까?

무엇을 생각했을까?

한국에서도 삼풍백화점이 무너졌을 때 수많은 사람이 죽었다.

그 당시에도 유가족들은 피붙이의 살점을 하나라도 더 건지기 위해 이리저리 뛰어다니지 않았던가.

잔해들 틈에 찢기고 갈려 썩는 시신들의 냄새를 맡으며 살아야 했던 사건.

삼풍백화점의 붕괴는 한국의 부정부패에 벼락이 떨어지듯 생긴 사

월드 트레이드 쎈터에서 희생된 사람들을 위한 애도의 표시

고이지만 벌써 그 사건은 우리의 뇌리에서 살아지고 있다.

돈만 준다면, 돈만 생긴다면 무슨 짓이던 다 할 준비가 되어 있는 사람들.

그런 사람들이 기회를 기다리고 있는 세상.

그래서 정치인들을 바꿔놓고도 금방 그놈이 그놈이라고 한탄을 하는 세상이다.

정권을 잡기 전에는 뭐를 개혁하고 뭐를 개혁하고 할 것이 많다가도 정권을 잡으면 이건 이래서 못하고 저건 저래서 못하고 핑계를 대며 단물을 빨아먹다 세월만 보내는 것이 한국의 정치판이 아닌가.

개혁을 명분으로 정권을 잡고 나면 생각이 바뀌어버려 결국은 사람만 바뀔 뿐이지 개혁을 해야 할 사안들은 그대로 남아 있을 뿐이다.

아마도 개혁을 해야 할 사안들은 계속 남아 정치인들의 개혁을 부르짖는 빌미가 되고 정권을 잡으면 그 사안들은 정치인들의 단물을 빠는 자원이 되어 줄 것이다.

삼풍백화점의 시신 썩던 냄새를 특수한 용기에 담아 없어지지 않게 해가지고 공무원이나 관료들, 정치인들이 수시로 맡으며 각성하게 하면 어떨는지…

뉴욕 사건의 성격과 우리나라 삼풍의 경우는 다르지만 도시 안에서 건물이 붕괴 되 많은 사람이 죽었다는 점은 동일하다.

그렇게 평화롭던 도시에 하늘의 재앙이 내리듯 아무 죄 없는 사람들이 그렇게 많이 죽다니…

이것은 단순히 미국의 문제만이 아니고 인류의 문제로 세계인들이 함께 고민해야 할 일이다. 세계는 하나다 하는 말이 싫든 좋든 이제는 현실이 되어 누가 언제 어느 나라를 가게 될지 모르고 누구나 어디를 가서든 무슨 일이나 하게 된 상황이다.

월드 트레이드 쎈타에서 죽은 사람들은 당연히 미국인들이 많지만 한국 사람들도 몇 십 명이나 되고 세계 여러 나라 사람들이 희생되었다.

세계가 거대한 하나의 유기체로 서로 얽혀 있는 세상이니 남의 나라 일로 치부하고 있을 수만도 없는 것이다.

허물어진 잔해들은 다 치웠다고는 하지만 벌써 일 년이나 되었는데도 주변의 건물들은 깨어진 유리창들을 갈지 않아 아직도 상흔이 그대로 남아 있었다.

희생자들을 임시로 기리기 위해 설치해 놓은 나무판자 벽에는 희생자들 이름이 적혀있고 옷이나 천에도 갖가지 사연을 적어 걸어 놓았다.

그 가슴 아픈 사연들은 임시 설치물로는 부족해 거리까지 넘쳐 주변 건물 벽에도 가득 넘쳐 을씨년스럽기까지 했다.

무역쎈타가 있던 자리를 보기 위해 찾아오는 사람들은 입장표가 있어야만 들어 갈 수가 있다고 했지만 입장표는 무료로 나누어주었다.

거대한 축조물이 없어진 자리, 그 허망함과 공허함을 표현하려는 듯 그 자리를 제로 지대라고 이름을 붙였다.

폭격을 맞아 아무것도 없이 다 사라진 곳과 같이 되어버린 자리, 제로 지대.

그 거대한 위용을 과시하던 축조물을 잊지 못하겠다는 듯 TV에서는 얼마나 많은 시간을 방영해주었던가.

그리고 폭파를 당하던 순간들, 마치 영화의 한 장면을 찍어낸 듯한 사건.

믿을 수 없는 일.

트레이드 쎈터가 공격당할 거라는 것을 유대인들은 미리 알고 있어 그 날 유대인들은 그 건물에 없었다는 말도 떠돌았고 미 정보국 CIA에서도 다 알고 있었다는 소문에서 한 발 더 나아가 CIA가 꾸몄다는 말까지 나돌았다.

제로지대는 언제까지 그렇게 제로지대로 남아 있을까?

텅 비어있는 자리, 공허한 자리로…

미국

동서의 길이가 4500km.

북쪽에 있는 로키 산맥에서 멕시코만까지는 6400km.

하와이 섬은 본토에서 3200km 거리이고 가장 큰 주는 알라스카주로 텍사스 주의 두 배가 되는 면적이다. 텍사스주는 불란서보다 더 큰 주이고.

이렇게 거대한 국가를 돌아다니며 다 보려면 얼마나 돌아다니며 보아야 할는지 어림도 되지 않는다.

중국을 돌아다니면서 느꼈던 것은 1년은 돌아다녀야 웬만큼 볼 수 있지 않을까 했었는데 미국은 대중교통이 제대로 되어있지 않아 1년 갖고는 어림도 없을 거란 생각이다.

중국이나 몽골, 러시아 등 아시아 쪽은 기차역에서 내려 그 지방 특색 있는 음식들을 사 먹을 수 있는 낭만이 있었지만 미국에서는 그런 낭만을 찾아 볼 수가 없다.

술을 한 잔씩 걸치면서 유쾌한 모습으로 여행하는 여행객을 볼 수 없는 기차간.

물가는 비싸면서 낭만은 찾아 볼 수 없는 여행.

배낭 여행자가 즐길 수 있는 여행지는 아니다.

규격화되어버린 도시. 규범에 길들여진 사람들, 순수한 면은 보이지만 순박함이나 포근한 정은 발견되지 않는다.

규격화되어진 사람들의 건전한 행동양식이 있을 뿐이다..

자연 속에 사는 애미쉬 사람들까지도 그네들이 정해놓은 규칙을 따르려는 사람들이어서 자연스러움이나 편안함이 베어 나지 않는다.

아시아의 사람들에게서 느낄 수 있는 순박함이나 편안함은 발견되지 않는 것이다.

그러나 자연을 보호하려는 의지나 야생 동물과의 공존은 특색 있는 모습들이다.

그것은 동물에 대한 사랑보다도 성경에 있는 말씀대로 하느님으로부터 부여받은 이 세상 관리자로서 관리의 의무를 다하려는 노력일 뿐이라고 말하기도 하지만…

개인의 자유를 최대한 보장하고 개인들은 그 자유를 누리느라 바쁜 사회.

규범화되고 그 규범에 잘 길들여져 있으면서도 그 개인이 무엇이어야 하는지 몰라 총을 아무 이유 없이 사람들에게 쏘아대는 정신 이상자 행동을 하는 사회.

아이들까지도 총을 갖고 와 자기 반의 친구들을 쏘아 죽이는 세상.

정신 이상자도 아니면서 정신 이상자 행동을 하는 사람들.

이것이 미국이 안고 있는 가장 큰 문제가 아닐까?

정신병자라면 정신병원에 입원을 시키면 되는 것이지만 그렇게 할 수도 없는 문제.

개인이 누리는 자유.

그 개인이 어떻게 되어야 하는가 하는 고민이 없이 바로 간 개인의 자유.

긴 역사를 통해 그 민족의 생활 속에, 사람이란 무엇이어야 하는가 하는 물음의 결과가 녹아들어 있는 사회에서는 그런 일이 쉽게 일어나지 않을 것이다.

우리네 시골에서 농부가 논두렁에 앉아 내 뱉는 "사람이 그러면 쓰간디 그러면 못쓰는 법이여" 뭐라고 꼭 꼬집어 하는 말은 아니지만 사람이 해선 안 되는 것이 무엇인지 이미 다 알고 있는 것, 그런 것들이 세상 밑바닥까지 통용되려면 상당히 긴 역사가 있어야만 할 것이다.

오히려 현대화되면서 그런 것들이 깨져 나가는 것이 모순적이긴 하지만…

무감각한 범죄. 죄의식이 없는 범죄들이 이미 한국에서도 많이 나타나고 있다.

개인의 자유라는 이름으로 방치되어지는 존재,

핵가족이 되면서 일가친척이나 가까운 가족들로부터 서로 고립되는 개인.

늘어나는 이혼율.

어려서부터 혼자 떨어져 살아야 하는 사람들이 늘어나는 사회.

사회로부터 격리되고 단절되는 개인들은 자신들의 세계를 따로 만들어 나갈 수밖에 없다.

죽고 사는 것도 결국 개인 문제일 수밖에 없고, 죽음으로 자신이 고립된 하나일 뿐이란 것을 스스로에 대하여 증명하려는 행위.

누군가를 죽이는 것도 그 상대를 자기화 하여 외로운 자기 자신을 죽이는 것이라고 생각하는 것은 아닐까…

자살 사이트가 만들어지고 자기 자신을 죽여주면 돈을 주겠다고 하는 세상.

자유라는 이름으로 외롭게 방치되어지는 개인.

우리는 분명 새로운 고민을 해야 할 때가 된 것이다.

우리 스스로 어떤 개인으로 승화되어야 하는 것일까? 하고…

Melting Pot

Melting Pot. 미국의 또 하나의 다른 이름 멜팅 팟

모든 인종들을 도가니에 넣어 녹여내듯 하나되어 살아가는 사람들.

피부색이 다르고 민족이 달라도 아메리카 합중국에 들어오면 한 국민이 되어 살아가는 거다.

전 세계에서 몰려드는 사람들이 만들어내는 삶의 현장.

어느 곳 어떤 화장실엘 가더라도 화장지가 준비되어 있는 나라.

짧은 시간 내에 세계 강대국이 된 나라.

짧은 시간에 강대국이 된 것이 땅이 크고 자원이 많아서가 아니라 공무원들이 모든 사람들에게 미국을 사랑하고 싶은 사회라는 것을 느낄 수 있도록 일하기 때문이다.

끊임없이 비합리적인 제도는 뜯어고쳐 공무원들이 비합리적인 일을 할래야 할 수 없는 것도 미국을 강대국으로 만들어 가는 이유가 될 것이다.

그러나 한국에선 현재 90이 넘은 원로 문인이 서울 근교에 살며 서민 아파트 한 채가 있다하여 수입도 없는 분에게 건강보험료를 강제로 부과해 제때에 건강보험료를 안내면 재산을 압류하겠다고 한다

니 기가 막힐 일이다.

앞뒤 생각하지 않고 밀어붙이기로 일하는 곳은 더 이상 공무원이길 포기한 사람들이다

의료보험 공단이 아니라 보험을 빙자한 공갈단이나 다름없다.

일제시대를 거치면서 국민에게 봉사하는 기관이란 인식의 결여와 창의적으로 일하지 못하고 일제의 눈치를 보며 일하든 공무원들이 또 다시 장기 군사독제 시대에 국민을 통제하는 하부기관으로 전락해 모순적인 일을 하던 타성에서 아직도 벗어나지 못하고 있는 것이다.

상층부에 잘 보이고 국민을 괴롭히는 조직, 그 조직은 공무원이 아니라 조폭, 똘만이 조직이나 다름없다. 보통 사람이 불편한 것이 있다하여 대통령을 만나겠는가 장관을 만나겠는가 담당 공무원을 만날 수밖에 없는 상황에서 공무원이 개혁되지 않고는 국민들은 좋은 나라, 살기 좋은 사회라고 느끼지 못할 것이다.

한국의 지식인들이 현대화를 하는데 기여한 공로도 많지만 의식없이 그저 잘 먹고 잘 살면 그만이라고 살아온 부류들이 얼마나 많은가. 그런 사이비 지식인들 때문에 지식에 대한 혐오감이 사회에 만연되기도 했다.

똥 만들 재료를 남들보다 편하게 구하는 것으로 만족하는 지식인들…그것을 자랑으로 생각하는 지식인들…

그런 사람들이 오늘도 어디선가 비리를 저지르고 비합리적인 제도를 디리밀며 국민을 괴롭히고 있는 것이다.

군사독제 시절 필요하지도 않는 기구를 중복되게 마구 만들어서 측근들 자리를 만들어주던 조직들도 이제는 정리를 해야 할 것이다.

그런 조직에서 일하는 사람들은 군고구마 장사를 하더라도 스스로 그만두어 국민들의 부담을 덜어주는 것이 자기 인생을 떳떳이 사는

일이 될 것이다.

당연히 정비되어야 할 조직에 빌붙어 살겠다고 데모를 하는 것도 떼거지 근성에 지나지 않는다. 지금 생산현장에 일 할 사람이 없어 걱정하는 곳이 한 두 군데가 아니다. 땀 흘려 일하면서 더 좋은 자리를 찾아가도 되고 아니면 그런 곳에서 일하는 것을 자랑스럽게 생각하는 풍토를 만드는 것도 보람 있는 일이 아닐까…

미국을 무조건 찬미 할 것이 아니라 무엇이 좋은가를 알아내 그것을 배우려는 노력을 해야 할 것이다.

미국의 찬가만 부르며 국방은 그들에게 맡겨두고 해외 골프 여행이다 해외 몸 보신여행이다 흥청망청 한다면 언제 자주적인 국가가 되겠는가.

게다가 제 자식은 군대까지 안 보내고…

미국에게 신세나 지자는 친미가 되어서는 안 될 것이다.

오늘의 미국이 세계 속에 강대국으로 급부상한 이유는 공무원들의 성실과 공정성 말고도 지식인들의 신랄(辛辣)한 내부비판이 살아있기 때문일 것이다.

중요 사안마다 위정자들의 아픈 곳을 지적해 비판하는 미국의 대표적 지성인인 언어학자 노엄 촘스키를 비롯해 "들어라 양키들아"를 쓴 사회학자 C 라이트 밀스, "멍청한 백인들을" 쓴 작가 겸 영화감독 마이클 무어는 요즘 한창 선거판으로 달아오른 부시 진영에 불을 지르는 듯한 다큐맨타리 영화 "화씨 9/11" 를 만들어 부시를 괴롭히고 있다. 뿐만 아니라 사회학자 이마뉴엘 윌러스틴, 칼럼비아대 명예교수 하워드 진 같은 사람들이 내부에서 끊임없이 비판하고 문제 제기를 함으로서 사회에 바른 기강이 살아 있도록 기여하고 있다.

비판이 없는 곳은 썩을 수밖에 없다. 내부의 부패와 무능을 키워 스스로 붕괴되고 마는 결과를 초래 할 뿐이다.

우리의 장기 군사독제는 건전한 사회비판까지도 용공으로 몰아 비판을 받지 않으려 했다.

자신의 친일 경력이나 무능, 비리까지도 빨갱이 타령으로 위장해 감추려다 스스로 붕괴되었다고 해야 할 것이다.

그 대표적인 예가 유신을 몰아 부칠 때 내걸었던 "유신 반대하는 붉은 간첩 잡아내자" 일 것이다. 유신을 반대하는 것하고 공산주의하고 무슨 관계가 있는가?

보수라는 명칭을 붙이기도 알맞지 않은 그 비민주적인 세력들은 빨갱이 타령만 잘 하면 출세도 하고 자신의 껄끄러운 것도 감출 수가 있었나.

그들이 내 세우는 경제 신장도 한탕주의 경제로서 미래가 없는 경제를 만들어 놓았다.

당대에 뽑아 먹을 대로 다 뽑아 먹어 더 이상 한국에서는 뭔가를 할 수 없어 인건비가 싼 나라로 이동하는 경제 구조를 만들어 놓았다. 짧은 기간에 경제 성장을 이루웠다고 자랑하는 이면에는 세계에서 부동산 값이 가장 비싸다는 뉴욕보다 부동산 값을 더 올려놓아 더 이상 기업을 하기엔 좋은 곳이 못되게 만들어 놓았다는 것을 자성해야 할 것이다.

부동산이 비싸고 인건비가 비싼 곳에서 만들어 내는 물품들은 당연히 생산비가 비쌀 수밖에 없다. 그 비싼 물건을 국제 시장에서 누가 사겠는가.

사돈의 떡도 싸야 사먹는다는 말이 있다. 우리의 형제들이 시골에서 농사를 짓고 있다는 사실을 알면서도 중국산 농산물이 우리의 시장을 점령하고 있다는 사실이 그걸 증명하고 있다. 우리는 싼 것을 찾으면서 외국인들에게 우리 물건을 사달라고 한다면 그 물건이 팔리겠는가!

이미 상당수의 기업들이 해외 이주를 했거나 문을 닫을 판이다.

이런 경제 구조에서 다음 세대가 어떻게 먹고 살 것인가. 한탕주의 경제 구조를 만들어 부동산 투기를 일삼았던 그들은 지금 L.A나 워싱톤까지 몰려가 부동산 투기를 조장하고 있다.

그들이 자랑하는 경제 신장은 철학이 없는 경제, 과시경제, 한탕주의 경제로 미래가 없는 경제를 만들어 놓아 다음 세대들은 너무도 힘들게 살아야 하는 경제 구조가 되었다.

이런 것을 생각한다면 어떻게 경제 신장을 자랑할 수 있겠는가?

미국의 힘.

내부의 비판이 용인되고 그들의 인권이 보장되는 미국.

미국을 오늘날의 강대국으로 만들어내는 데는 사회 정의와 인권, 복지라고 해야 할 것이다. 그것은 공무원들의 성실과 지식인들의 내부비판으로부터 나온다고 요약될 수 있다.

우리 나라의 공무원들도 대부분은 잘하고 있고 전에 보다는 좋아졌다고 한다.

그러나 현대 행정의 시작을 일제로부터 시작해 국민에게 봉사해야 한다는 철학이 빈곤하다. 일제 시대의 공무원, 군사독제하의 공무원으로 일한 경험보다 진정한 민주주의 공무원으로서 일한 경험이 너무도 짧다.

민주 시대의 공무원으로 다시 태어나는 강력한 내부 혁신이 필요한 현실이다.

수해민에게 지급될 보상금을 자기가 착복하고 거짓으로 서류를 꾸미는 그런 공무원, 복지 혜택을 받아야 할 처지에 있는 사람들을 괴롭히고 자존심을 자극해 건강 보험금을 받아내려는 의식없는 부류들은 공무원 세계에 발을 못 붙이게 하여야 할 것이다.

공무원 자질이 없는 사람들을 솎아 내야만 국가라는 거대한 조직이 살아 움직이는 신경세포가 되어 국가가 활력을 찾을 수 있고 국민들이 살기 좋은 나라라는 것을 피부로 느낄 수 있을 것이다.

공무원 하나하나가 살아 있는 세포가 되어 국민에게 봉사하는데 어떻게 국가가 발전하지 않을 수 있을 것인가.

미국의 공무원조직들이 하루아침에 거저 된 것이 아니라 1824년부터 시작된 잭슨파 민주주의 개혁운동과 1901년 데오도르 루즈벨트 대통령의 진보주의 운동이 그게 기어 했다고 할 수 있다. 그 진보주의 운동 실체는 정치인들의 부패를 일소하고 검사들의 개혁과 공직자들의 정직성을 강력히 요구했던 것이다.

1824년 잭슨파 운동은 공무원들이 무슨 비리를 저지르지 않아도 한 자리에 오래 있으면 나태하고 권위를 갖게 된다는 이유로 갈아 치웠다.

잭슨파 운동은 사회 각 방면의 개혁에 불을 질렀고 그 정신이 노예해방운동에까지 영향을 미쳤다. 인간을 노예로 부려먹는다는 것은 부도덕하다는 정신의 출발이었던 것이다.

남북이 가지고 있는 산업적인 환경과 농업적인 환경의 충돌이 아니라 그 내면에 흐르는 정신은 개혁정신, 인도주의 정신이 흐르고 있었던 것이다.

뿐만 아니라 대 공항기를 맞으면서 프랭클린 루즈벨트 대통령의

뉴딜정책이 사회 안전망을 탄탄히 구축한 것도 오늘의 미국을 만드는데 기여했다고 해야 할 것이다.

잠시 죠셉 메카시 같은 인물이 나타나 공산주의를 비난하며 유럽에 대한 마샬 정책까지 빌미삼아 그를 공산주의자라고 매도했지만 결국은 그의 주장이 허위로 드러나고 말았다.

전후 어려워진 경제적 궁핍을 이용해 공산주의가 파고 들것을 염려해 2백만 달러를 유럽에 지원해야 한다고 했던 정책은 성공적인 정책으로 평가받았다는 사실이 그의 주장이 허구임이 증명되었다. 마샬 뿐만 아니라 트르만 대통령도 경제적으로 부유해진 국민은 공산주의를 싫어한다고 생각했던 것이다.

애국으로 위장된 편집증과 신경불안증 또는 무지가 상대를 극단적으로 몰아가기 위해 공산주의를 들먹거리는 것은 양치기 소년의 늑대소동이나 다름없다.

전 전두환 대통령에 대하여 긍정적인 생각을 가진 사람은 거의 없을 것이다. 그러나 그가 우리 사회에 확실히 보여준 것이 한 가지 있다. 그것은 그의 임기 중에 통행금지를 없앤 것이다.

다른 민간 정부에서 통행금지를 없앨려고 했다면 오늘날의 국보법 폐지논란만큼이나 큰 논란이 있었을 것이다. 그러나 그 당시에 국가원로라고 나서서 노골적으로 반대를 한 사람이 얼마나 되었는지 모르겠다.

통행금지가 없으면 금방 나라가 절단이 날것 같이 불안해 그것을 지켜야한다고 생각했지만 우리는 너무도 평화롭게 잘 지내고 있다. 그리고 그 당시 통금은 공산당이나 빨갱이의 활동을 막기보다 힘없는 서민들이 걸려들어 막심한 피해를 보던 규제였다.

힘 있는 자들, 속된 말로 빽 있고 돈 있는 자들은 아무런 불편이 없었고 힘없는 국민들만 괴롭히던 규제였다. 방범이나 경찰에게 걸려 경찰서로 넘겨지지 않으려면 돈을 몇 푼씩 집어주고 해결을 봐야했던 사회 악법이었던 것이다.

이 한 가지 점으로 봐서는 전두한씨가 선견지명이 있었고 대한민국의 서민들을 위해 좋은 일을 한 샘이다. 그 당시 그가 국가 보안법도 없애고 부동산 투기도 잡았다면 광주시민들에게 큰 속죄가 되었을 것이다.

온전한 흰색이 되기 위해선 검은 색이 옆에 아무리 많이 있다하여도 흰색을 지켜야만 흰색일 수 있듯이 온전한 민주주의가 되기 위해서는 아무리 곁에 공산당이 있다하더라도 진정한 민주주의를 지켜야 할 것이다. 그래서 그 민주주의를 지키기 위해 생명을 바칠 수 있는 가치를 가지도록 해야 할 것이다.

민주주의나 공산주의나 별 치이기 없고 그게 그거라면 생명을 걸고 지킬 가치가 뭐가 있단 말인가!

우리 사회에 만연한 관념적 애국주의, 빨갱이 타령만 잘 하면 애국으로 아는 애국 착각병이 빨리 사라져야 한다. 이제 한 호흡 길게 멀리 민족의 장래를 내다보고 일하는 사람들이 사회 전면에 나서서 민족을 끌고 가야 할 것이다. 조급증 환자들이 나서서 경망스럽게 설치며 애국으로 위장하는 시대는 막을 내려야 한다.

쟈니

이방인을 한 집에 재워주고 같이 살아준 쟈니가 너무도 고맙다.

한국 사람들이 흑인이라고 깔보고 기피하는 흑인이지만 그에게서 기피할만한 점을 조금도 발견하지 못했다.

단지 성적으로 자유분방한 점이 있지만 그것은 쟈니 뿐만 아니라 백인들도 똑 같은 것이어서 크린톤 같은 사람은 백악관에서 그 짓을 해 망신을 당하지 않았던가.

아이들이 집에 올 때면 내게서 김치 냄새가 나 못 견뎌 하기도 했지만 집을 공개하고 사생활이 노출되는 것을 감수하며 함께 살아 주어 내가 미국인들의 삶이나 흑인들의 삶을 알게 해주었으니 참으로 고마운 친구가 아닐 수 없다.

백인 우월주의 단체에(ku klux klan) 희생되던 흑인의 근대사나 흑인들이 노예생활을 하던 시절에 대한 아픔 때문인지 그는 인류사에 관한 책이라든가 흑인들이 압박 받든 시절의 자료를 꽤나 많이 가지고 있었다.

경제적으로 어려운 생활을 하고 있지만 항상 마음의 여유를 잃지 않는 그에게서 인간의 어떤 모범형을 느낄 수 있고 두 가지 직업을 가지고 열심히 일하는 그의 성실성을 통해 미국인들의 정신을 체감할 수 있었다.

미국을 스쳐 다니며 풍물만을 보는 것이 아니라 미국의 깊은 곳을 알기 위해 한 곳에 머물러 생활하며 체험하는 과정에 중요한 부분이 되어준 쟈니에게 다시 한 번 고마움을 표한다.

추울 때가 되면 비닐로 창문을 다 막아주고 히타를 틀어주던 쟈니의 자상한 마음씨는 인간에 대한 기본적인 사랑의 정신을 보여 준 것이라 생각된다.

또한 교포들이 어려운 이국 생활 속에서도 고국에 어려운 일이 생기면 기금을 만들어 보내는 것도 고국에 대한 사랑이 뜨겁기 때문일 것이다.

사랑같이 무서운 병균이 어디에 있겠는가.

우리 사회의 당면한 문제도 사랑으로 푼다면 쉽게 풀릴 것이다. 북한에 대한 정책도 사랑의 정책으로 간다면 폭탄보다도 더 무서운 효과를 가져오지 않을까…

일제 36년은 우리가 전선을 형성해 싸운 것이 아니라 일방적으로 당했던 세월이다. 그럼에도 그들과는 평화적으로 잘 지내면서 북한과는 잠시 싸웠다 하여 원수 대하듯 하는 논리로만 간다면 민족의 미래는 밝지 못 할 것이다.

남북문제가 잘 풀려 우리가 힘을 쓰는 민족이었다면 어떻게 고구려사를 중국이 자기들 마음대로 할 수 있을 것인가.

아마도 2차대전이 끝날 때 민족의 지도자들이 지혜롭게 처신했다면 남북이 분단되지도 않았을 것이고 만주 일대가 우리의 강토가 되어있을 것이라고, 이런 상상을 해보면 안 되는 일일까.

한 호흡 길게 숨을 들여 마시고 멀리 바라보는 느긋한 민족이 되기가 그렇게 힘든 일일까…

국가 보안법 때문에 남남 갈등이 더 첨예화되어 가고 있는 양상이다.

박정희 전 대통령이 자신의 부하 총에 맞아 죽은 것이 국가 보안법이 없어서 였을까?

아마도 국가 보안법을 없애고 제대로 된 민주주의를 했다면 그는 그렇게 불행하게 죽지는 않았을 것이다.

진정한 민주주의는 국가 보안법에 의해서 지켜지는 것이 아니라 민주주의다운 민주주의를 할 때만이 그 가치가 지켜 질 것이고 그 가치가 우리에게 자긍심을 줄 것이다. 진정한 민주주의에 살고 있다고…

그리고 그 가치가 우리 모두를 민주주의를 지키는 수호자로 만들 것이다.

해방공간과 6.25를 거치며 나타난 성급하고 광적인 애국주의, 자신의 본 모습을 감추기 위한 위장된 애국주의에서 벗어나 이성적 애국으로 바뀔 때도 되었다. 숨을 길게 들여 마시고 멀리 바라보고 가는 민족이 되길 소망하며 끝을 맺는다.

김 낙 영

워싱턴 햄버거

초　판 발행일 2005년 2월 20일
개 정 판 발행일 2006년 11월 30일
재　판 발행일 2010년 6월 15일
지 은 이　김낙영
펴 낸 곳　초록낙타
주　소　서울 강북구 수유동 516-58 미광빌라 가동 203
출판등록　제9-00169호
전화번호　02-990-7231
전자우편　gwk88@yahoo.co.kr

ISBN 89-958709-1-5-03980
978-89-958709-1-5-03980

값 10.000

잘못된 책은 구입하신 서점에서 바꾸어 드립니다